元華文創

學校品牌行銷

School Branding, Marketing, and Parental Choices

與教育選擇權

蔡金田
温富榮
———
著

學校品牌形象與行銷策略是學校辦學績效的重要指標，引領著家長教育選擇權的行使。
家長教育選擇權的決定因素眾多，但學校品牌形象與行銷策略有關鍵性的影響因素，
為學校永續經營的關鍵與突破辦學困境的良方。

序 言

　　學校品牌行銷對於教育選擇權的影響，同等重要於教師的教學效能與學生學習效能。學校品牌透過行銷，強化了利害關係人對於學校辦學的信任感與認同感，進而影響學校經營的良窳，此乃為學校永續經營發展的重要關鍵。

　　目前整體教育環境正處於少子女化的時代，學校品牌行銷與學校永續經營有著密切關聯性。學校若能在品牌行銷方面，做系統性、脈絡性與前瞻性的規劃與執行，學校整體經營效能才能提升，對於利害關係人的教育選擇權，必有相當程度的影響效果。學校的競爭力能夠予以強化了，才易於創造教育的藍海。

　　本書共分為三個部分。首先，第一部分為理論脈絡，共分為二章。包括背景脈絡與相關研究。內容主要敘述學校品牌行銷與教育選擇權的背景，筆者研究動機及目的等，並藉由國內外相關論文及期刊的文獻，梳理歸納，以探究學校品牌行銷與教育選擇權之內涵。其次，第二部分為實證分析，共分為二章。包括實證研究的設計與實施、實證研究分析與討論。內容以臺中市、彰化縣與南投縣之六年級學生家長為研究對象。最後，第三部分為發展趨勢。係依據調查問卷之統計分析結果，據以形成實證研究分析結果與討論，以建構未來學校品牌行銷與家長教育選擇權之發展趨勢。

　　本書在撰寫過程中，承蒙多位師長指導與斧正，以及承蒙元華文創股份有限公司的鼎力支持相助，方能順利出版。謹致上最誠摯的敬意與謝意。

雖然本書撰寫過程力求嚴謹，但疏漏之處尚難避免，尚祈各方先進不吝指正，是幸。

蔡金田 溫富榮 謹識

2021 年 9 月

目 次

表目次

圖目次

第一部分　理論脈絡

第一章　　緒論

　　本研究旨在國民中學學校品牌形象、行銷策略與國民小學家長教育選擇權關係之研究。爰此，本章主要說明本研究背景與動機；其次根據研究動機，提出研究目的與待答問題，並針對重要名詞加以解釋與界定；最後說明本研究的範圍與限制。全章共分為四節，第一節為研究背景與動機；第二節為研究目的與待答問題；第三節為名詞釋義；第四節為研究範圍與限制。

第一節　研究背景與動機

壹、研究背景

　　在社會變遷快速、資訊發達、訊息傳播迅速的 21 世紀，由於低出生率（0.60‰）造成少子女化現象；國小學齡人口 6-11 歲 107 學年度之 120 萬人，112 學年度達到高峰 127 萬人後，開始下降至 154 學年度之 66 萬人，減少 54 萬人（或 45.1%）；對於國/高中階段而言，12-17 歲學齡人口未來亦將持續減少，由 107 學年度之 140 萬人，降至 154 學年度 71 萬人，減少 68 萬人（或 48.9%）（內政部，2021）。國民中學階段在籍學生人數將快速減少，造成國民中學辦學極大的衝擊與挑戰。除國民教育法、教育基本法賦予家長教育選擇權外，教育部亦依據教育基本法公布實驗教育三法（教

育部，2021），鼓勵教育創新與實驗，保障學生學習權及家長教育選擇權，以落實教育基本法鼓勵政府及民間辦理教育實驗之精神。處在這種多變與衝擊的教育潮流中，學校教育必須經歷創新與變革，才能突破此一教育困境與挑戰。

王如哲（2002）指出，面對劇變的環境，唯一不變的就是變，唯有不斷引進革新，才能促成進步，處在這種多變與挑戰的知識潮流中，學校教育必須經歷學習與變革，才能克服知識經濟的教育挑戰。而在自由市場競爭之下，辦學績效良好的學校，更能吸引大多數家長的認同，而辦學不力者可能在市場中消失，行銷策略工作正是提升競爭力的策略之一（王湘栗與張明輝，2009）。

為提升自我競爭力，國民中學辦學如何在少子女化及家長教育選擇權浪潮下，建立自我學校品牌形象及採用有效的行銷策略以爭取家長的認同，乃成為學校所致力探討的課題。DiMartino 與 Jessen（2016）指出，學校在市場行銷活動中所代表的品牌影響了父母對孩子入學的認識和興趣，進而影響家長對學校的看法，最終決定是否入學。學校品牌形象的營造可能需要發展獨特的學校特色，塑造具自我風格的特色學校，再輔以多元化的行銷策略，較能獲得學生與家長的認同，吸引其選擇至此所學校就讀。

研究者目前任職於南投縣 A 鄉鎮國民小學服務。A 鄉鎮目前有三所公立國中，分別是 B 國中、C 國中與 D 國中。從 106 學年度、107 學年度、108 學年度與 109 學年度國一新生入學統計表中，可以看出 B 國中實際就讀學生人數遠高於原學區人數（如表 1-1）；而 D 國中及 C 國中實際就讀人數低於原學區人數（如表 1-2、表 1-3）；D 國中在 109 學年度實際就讀人數有稍微回升（如表 1-2）。這些現象應存有許多因素。家長對於學校選擇

的呈現，反應了各校國一新生入學的現象。此現象的可能因素，是研究者欲探究的重要背景。

表 1-1 B 國中 106-109 學年度實際入學人數表

學校	學年度	應入學人數	實際入學人數
B 國中	106	234	294
	107	203	301
	108	205	303
	109	172	253

資料來源：研究者訪談該校主管人員後自行整理

表 1-2 D 國中 106-109 學年度實際入學人數表

學校	學年度	應入學人數	實際入學人數
D 國中	106	77	58
	107	125	64
	108	122	68
	109	55	64

資料來源：研究者訪談該校主管人員後自行整理

表 1-3 C 國中 106-109 學年度實際入學人數表

學校	學年度	應入學人數	實際入學人數
C 國中	106	478	278
	107	570	356
	108	382	360
	109	320	292

資料來源：研究者訪談該校主管人員後自行整理

　　這些可能因素是否與學校品牌形象、行銷策略有關？此乃攸關家長教育選擇權的行使，亦是學校發展的重要關鍵。

貳、研究動機

　　依據上述研究背景說明，本研究動機如下所述：

一、學校品牌形象經營是校際競合的重要利器

　　隨著少子女化時代的來臨，國民中學走向教育市場化的競爭型態，各校為爭取家長與學生的認同，無不積極透過轉型、改造方式營造學校特色，創造獨一無二的差異性價值，建立自我學校品牌形象。蔡金田、施皇羽與施又瑀（2012）在大學品牌知名度與院系偏好對高中學生選填意願之影響研究指出，品牌知名度三個層面「品牌辨識」、「品牌象徵」、「品牌回憶」及院系偏好對高中生選填意願具有 72%的影響力。換言之，21 世紀教育新遊戲規則已進入「品牌領導」的時代，無論在任何競爭型態的環境中，「優質品牌」已成為各校努力的重要方向（胡政源，2006）。

　　如何建立學校自身的「優質品牌」呢？Kotler（2002）提出要建立優勢的品牌，可以藉由一個代名詞、一句口號、一種顏色、一種符號及一段故事的方式來呈現。透過品牌可以傳達六種層次的意義：屬性（attributes）、利益（benefits）、價值（values）、文化（culture）、個性（personality）和使用者（user）等。其中，屬性就是自身品牌留給消費者的第一印象，如品牌是屬於高品質的或屬於耐用的等印象。利益（benefits）則是指消費者買的是品牌所屬的利益而非屬性層面，因此必須將品牌屬性轉換成為功能性或情感性的利益層面，如耐用的屬性可以轉換為可以使用很久的功能面向的利益，品質的屬性可以轉換成使用成效高的功能面向的利益等。價值（values）是傳達製造商的價值，也就是製造學校的價值。文化（culture）是代表製造國的文化特徵，也可以說是學校自我的獨特文化特徵。個性（personality）是指投射特定的個性，將品牌想像成一個人或動物時，呈現在消費者心中的想法。使用者（user）是暗示使用者或消費者類型。

　　品牌不只是產品，更是產品差異化的象徵。讓顧客留下深刻印象，是品牌認同無可取代的地位（童鳳嬌與林志成，2007）。蔡金田（2009）指出，在一個以品牌為中心的社會，品牌的建立與吸引學生到學校就讀，兩者間具有密不可分的關係，學校如何在眾多競爭者中建立品牌與行銷以區別教育成效與服務品質，是學校教育有效吸引學生就讀的重要利器。建立具差異化品牌、獨特性的優質品牌，可以讓身為顧客的學生和家長留下深刻的印象。因此，探討現今國民中學教學現場中各校自我學校品牌形象、家長教育選擇權與行銷策略的現況，實有其必要性，此為本研究動機之一。

二、行銷策略是傳遞學校品牌的重要工具

　　品牌與行銷的概念對於國民中學的經營而言相當重要，亦是影響家長教育選擇權的重要因素。有良好的學校品牌形象也需要有有效的行銷策略才能相得益彰。Kotler 與 Keller（2012）認為，行銷策略是公司試圖直接或間接告知，說服和提醒消費者有關產品或服務以及他們提供的品牌的手段。行銷組合的元素代表了公司及其品牌的聲音；企業可以通過這些手段與消費者進行對話並建立聯繫。羅明忠（2013）研究指出，學校關係行銷對家長參與行為有正向影響；Oiam（2006），也認為如果學校無法將優良品質適當透過行銷手法呈現出來，那麼學校的優良表現將無法真正有效表現出來。不同的學校應該如何選擇適合自身的學校品牌形象及行銷策略以影響家長的教育選擇？其重要因素，可能在於資源的分配。在國內探討策略管理的相關研究中可以得知，行政效能高的學校，能充分利用有限資源，達到有效率地資源配置（黃曉芬，2003）。

　　善用學校特有資源，整合有限的人力與物力才能發展出學校特有品牌。Ranchhod 與 Kofkin（2003）提出教育組織如想要發展具有一致性與有價值的品牌，須注意以下七個原則：決定組織的願景、執行調查研究、重點研究關鍵顧客、執行競爭分析、執行內部行銷、進行整合行銷計畫與評估品牌價值的提升情形。其中，必須先進行調查研究，以確認內部教職員與外部家長、學生與社區成員心目中理想學校的價值與標準（蔡金田，2018）。

　　首先，重要顧客的界定，以引導策略的規劃與提昇學校品牌形象；其次，執行競爭分析，探討與其他競爭者的差異；最後，執行內部行銷，優先訓練教職員，形塑校園特有文化，為行銷策略重要策略。蔡金田（2011）在一所國小校長在行銷策略的實踐探究指出，校長行銷的主要角色：首先，

以身作則並影響行銷策略觀念；其次，規劃學校願景、建立學校特色，提升學校形象；最後，應能掌握環境脈動與家長需求之市場導向。換言之，家長在進行教育選擇權時，往往可能會將不同學校的學校品牌形象與行銷策略進行比較評估，從中選擇對於孩子而言為最理想的學校就讀。

　　研究者目前服務的南投縣，統計 105 學年度、106 學年度、107 學年度與 108 學年度，國小六年級畢業生總人數與國一新生人數，如表 1-4 所示。從近四個學年度資料中可以發現，國一新生人數皆少於國小六年級畢業生人數。這其中應該有眾多因素。是否與家長背景及學校背景有相關？深入探討不同背景的家長與不同背景的學校如何做家長教育選擇權，實有其重要性與必要性。此為研究動機之二。

表 1-4　南投縣 105-108 學年度小六畢業生與國一新生人數

學校	學年度	小六畢業生人數	國一新生人數
南投縣	105	4353	3690
	106	4144	3526
	107	3911	3254
	108	3751	3109

資料來源：研究者訪談該縣主管人員後自行整理

三、家長教育選擇權是牽動教育市場的必然趨勢

　　現代企業面對市場高度競爭的環境，採取以「顧客為中心」的營運方式，相當重視高度服務及有效行銷的概念，如提供客製化的商品產出、滿

足消費者的個別需求及重視顧客滿意度等，以追求績效，這是企業發展生存的主要方針（Daft, 2004）。

鄭孟宗（2014）指出，受到企業經營模式影響及追求整體教育資源綜效，教育市場化的探討，在國內外呈現蓬勃之探究；其次，家長教育選擇權理念與整體教育市場化學校經營關係呈現高度密切；再者，國內中小學教師對教育市場化之學校經營模式持樂觀其成之態度，也認同學校需要市場化；最後，教育市場化認同、行銷策略知覺與行銷策略運作之間有高度相關。

依據「教育基本法」第八條第三項規定：「國民教育階段內，家長負有輔導子女之責任；並得為其子女之最佳福祉，依法律選擇受教育之方式、內容及參與學校教育事務之權利。」亦即在未成年之學生無法依法選擇受教育方式的前提下，身為法定監護人的家長有輔導子女之責任，並得為其選擇最佳的受教育方式。另教育部通過之《高級中等以下教育階段非學校型態實驗教育實施條例》、《學校型態實驗教育實施條例》以及《公立國民小學及國民中學委託私人辦理條例》等實驗教育三法（教育部，2020），不僅鼓勵教育創新與實驗、保障人民學習及受教育權利、增加人民選擇教育方式與內容之機會等，提供法源依據，並藉由前瞻法案之訂定，讓教育理想有更多發展空間（張錦弘，2015）。

在教育有更多發展空間的同時，也提供家長有更多的教育選擇機會。如同選擇市場商品一般，可以針對個人的喜好與需求，選擇符應自身需求的學校品牌。林進丁（2011）提出過去學校面臨的大環境較為單純，學校教師們只需全心全力投入於自身的教學工作，不必走出校園外將學校的各項教育產品行銷給家長及社會大眾。然而在現今教育變遷中，學校面臨教育市場化的嚴峻競爭挑戰，為了因應家長不同的喜好，各校紛紛致力提升

自身學校的競爭力，向企業學習經營的理念與策略，因而行銷的理念與策略逐漸獲得學校的重視與採用。

隨著時代趨勢的演變及資訊透明及容易取得的狀況下，家長意識到自己的權利，在教育風潮推波助瀾的情況下，家長樂意行使為子女選擇學校的權利（謝馨瑩，2020）。我國實驗教育三法（教育部，2020）的頒布，提供了家長另類教育的選擇機會；尤其是學校型態實驗教育實施條例，對於現行公私立中小學而言，可謂注入了新的活水源泉（李柏佳，2016），也因此加速了教育市場化的腳步。

在家長教育選擇權的理念下，屏東縣自 2012 年起，開始試辦大學區制。以行政轄區為大學區範圍，讓學生家長有自由選擇大學區內學校就讀的權利；試辦多年後，調查統計分析結果，學生家長對於教育選擇權的行使，普遍獲得支持，學校的品牌行銷亦獲得家長的認同（李達平，2012）。高雄市政府亦自 2016 年起，首度成立大學區的模式；經高雄市教育局統計，截至 109 學年度為止，大學區學校計有 32 所，這 32 所學校中，學生數低於 100 人的學校有 23 所，占 72%，全數位於原高雄縣區域（鍾乙豪，2020）。大學區提供了家長教育選擇權的行使的另一種機會。此外，臺中市自實驗教育三法通過後，實驗教育機構紛紛成立，公辦實驗教育學校有 5 所，另有 16 所私立實驗學校供家長選擇（謝馨瑩，2020）。南投縣目前雖然未實施大學區制度，但為因應教育發展的趨勢，屏東縣及高雄市的教育制度的改變，亦可做為南投縣教育政策未來發展之參考。

當前學校競爭壓力與日俱增，需要不斷提升學校競爭優勢，並須能符應國際潮流與在地需求（林來利，2012），才能使學校永續經營。在以顧客為中心的學校經營理念下，促進家長對學校正向積極實際參與行為及參與行為意向（侯靖男，2009），共同面對體制內的傳統教育及體制外的另類教

育雙面競爭；並以良好的辦學模式來提升教學品質，吸引家長將其子女送到學校就讀，成為學校有系統的招生利器，這是本研究之研究動機之三。

四、學校品牌形象、行銷策略，影響家長教育選擇權

隨著十二年國民教育政策的推動，國民小學教育型態更加多元化、充滿無限的發想空間。蔡金田（2009）認為在品牌的競局中，擁有實力才能擁有生命力。學校生態雖非全然等同於企業，但近年來企業的腳步進化總牽引著教育的脈動，品牌的浪潮亦逐漸衝擊著學校教育生態，成為理論與實務界探討的一片藍天。學校方面因應品牌浪潮亦應採取積極對策，透過全面性學校資源盤查，分析自身的獨特性與優勢面，整合相關資源發展學校特色，並逐步成為特色學校建立自我特色學校品牌形象，並透過有效行銷策略以影響家長教育選擇偏好。

一所學校品牌形象良好的學校，可能會引起多數家長與學生等顧客群的喜好，進而排除任何因素選擇此校就讀，換言之，如學校品牌形象優劣將可能使學區學生流失快速，家長選擇越區就讀情況亦有發生之可能性。由此可知，營造良好的學校形象對於提升學生的就學率與學校的知名度，將有助於學校的招生與經營獲得莫大的權益。而學校品牌可分為學校品牌形象的功能性、學校品牌形象的經驗性及和學校品牌形象的象徵性三大構面。學校品牌不僅能為學校帶來許多額外的權益，亦即學校品質的保證；此外，其功能能讓該學校與它校做一區別，讓學校的教職員、家長、學生與社區民眾對學校產生向心力（張淑貞與蘇雅雯，2011）。

學校建立專屬的特色品牌後仍需擬定系統性的行銷組合策略，才能將品牌有效的行銷推廣，提高品牌知名度。學校轉向以市場行銷為導向，學校正在採用行銷概念框架，以保持競爭力，從而在教育行業中進一步生存。

因此，出現了"教育行銷"一詞。（Singh, 2020）研究調查結果顯示，教育行銷組合因素對學校的父母選擇產生了顯著的積極影響。"教育行銷"旨在創建客戶並通過客戶滿意度產生利潤的教育服務行銷，教育行銷側重於為教育服務制定理想的組合，以使學校能夠以正確的視角生存和發展，鑑於行銷可以影響消費者的行為，服務行銷組合可以幫助學校發展整體且經過深思熟慮的服務。Chawla, M 提出行銷組合策略學校所提供的產品與服務（Product）、影響入學的關鍵因素價格（Price）、學校的交通位置或便利性（Place）、學校各項廣告與宣傳（Promotion）等行銷策略面向（Chawla, 2013）。然而，學校在運用行銷策略組合時，並無法完全移植各種行銷組合到現今教育現場之中，畢竟行銷策略方式和企業行銷的理念價值和目的有所不同，仍應隨學校差異性採取不同的行銷組合。

　　蔡金田（2013）在國民小學學生家長知覺學校教育品質滿意度之探究-以一所國民小學為例研究指出，家長知覺學校教育品質滿意度中「師資素質」、「環境設施」、「課程教學」等層面有顯著相關。換言之，家長滿意度之高低，影響著家長教育選擇權，並衝擊著學校辦學經營優劣。因此，學校要如何把學校品牌的功能發揮到最大，須思考建立學校品牌的策略，讓學校能依所屬的特色及屬性，打造屬於獨特的學校品牌，以為學校帶來最大的權益。因此，探究國民中學學校品牌形象、行銷策略與家長教育選擇權之關係為本研究動機之四。

第二節　研究目的與待答問題

　　基於前述的研究背景與動機，本節旨在探討國民中學學校品牌形象、行銷策略與家長教育選擇權之關係。為讓研究能更聚焦及正確導引、檢核研究方向。茲分述如下：

壹、研究目的

　　基於上述的研究動機，提出本研究之研究目的如下：

一、探討國民中學學校品牌形象、行銷策略與家長教育選擇權之現況。

二、瞭解不同國民小學六年級學生家長個人背景變項對國民中學學校品牌形象、行銷策略與家長教育選擇權之差異。

三、瞭解不同國民小學六年級學生家長所處學校背景變項對國民中學品牌形象、行銷策略與家長教育選擇權之差異。

四、探究國民中學學校品牌形象、行銷策略與家長教育選擇權之關係。

五、探究國民中學學校品牌形象、行銷策略對國民小學家長教育選擇權之影響效果。

貳、待答問題

　　基於上述研究動機與目的，提出本研究待答問題如下：

一、國民中學學校品牌形象、行銷策略與家長教育選擇權的現況如何？

二、不同個人背景變項的國民小學六年級學生家長在國民中學學校品牌形象、行銷策略與家長教育選擇權各構面的表現上是否有顯著差異？

三、不同學校背景變項的國民小學六年級學生家長在國民中學學校品牌形象、學校行銷與家長教育選擇權各構面的表現上是否有顯著差異？

四、國民中學學校品牌形象、行銷策略與國民小學家長教育選擇權之關係為何？

五、國民中學學校品牌形象、行銷策略對國民小學家長教育選擇權影響效果為何？

第三節　名詞釋義

　　為使研究主題易於瞭解，本節針對國民中學學校品牌形象、行銷策略與家長教育選擇權之關係，作概念界定與說明，俾利於後續研究，茲分別釋義如下：

壹、國民中學

　　國民教育分為二階段：前六年為國民小學教育；後三年為國民中學教育（全國法規資料庫，2020）。本研究的國民中學係指 109 學年度臺中市、彰化縣、南投縣之公立國民中學。

貳、國民小學家長

　　國民小學家長，指國民教育階段學生之父母、養父母或監護人（全國法規資料庫，2020）。本研究的國民小學家長係指 109 學年度臺中市、彰化縣、南投縣之公立國民小學六年級學生家長。

參、學校品牌形象

　　蔡金田（2009）指出，學校品牌形象指品牌的有形的物質、無形的感受與互動因素。首先，有形的物質如學校標誌和學校名稱；其次，無形因素如教學品質、學校風氣、組織文化、歷史經驗與傳承、學生身心發展等；再者，學校品牌的互動因素與市場導向主要指學校與社會各界的關係，如學生家長、社區、校際、新聞媒體、學術單位、歷屆校友、生源學校等。本研究所稱學校品牌形象，包含一、品牌功能性；二、品牌經驗性；三、品牌象徵性等三個構面。

　　本研究透過問卷五點量表方式，了解家長對學校品牌形象的認知情形。從「完全同意」到「完全不同意」，計分方式分別為 5，4，3，2，1，得分越高者表示越符合該項目，反之則不符合，平均 3 分以上者為中等程度。

肆、行銷策略

　　本研究所謂行銷策略包含一、外部行銷；二、內部行銷；三、互動行銷等三個構面。外部行銷又分成（一）推廣策略、（二）通路策略與、（三）產品策略與、（四）價格策略；內部行銷又分成（一）行政策略、（二）教學策略、（三）獎勵策略與、（四）資源策略；互動行銷策略又分成（一）內外行銷策略與、（二）外內行銷策略。

　　本研究透過問卷五點量表方式，了解家長對行銷策略的認知情形。從「完全同意」到「完全不同意」，計分方式分別為 5，4，3，2，1，得分越高者表示越符合該項目，反之則不符合，平均 3 分以上者為中等程度。

伍、家長教育選擇權

　　本研究家長教育選擇權包含一、教學品質；二、校園安全；三、教師素質等三個構面。

　　一、教學品質指教師教學計畫與實際教學間之差距，為教學過程中教師的教學決策行為。學校教師依教學目標與學生特性，運用教學策略及學校資源引導學習，使學習有效且滿意，達成教育理想與目標；二、校園安全指教職員工能對學校可能發生意外之人、事、時、地、物，加以檢視及預防，於意外發生後，能立即、正確、有效處置，使損害減至最低，事後立即檢討及改善，達成學校零事故之安全目標。三、教師素質指教師進行教育活動的基本品質及基礎條件，為教師在其職業生活中，調節和處理與他人、集體、社會、職業工作關係所應遵守的基本行為規範或行為準則，植基於此所表現出來的觀念意識和行為品質。

　　本研究透過問卷五點量表方式，了解家長對教育選擇權的認知情形。從「完全同意」到「完全不同意」，計分方式分別為 5，4，3，2，1，得分越高者表示越符合該項目，反之則不符合，平均 3 分以上者為中等程度。

第四節　研究範圍與限制

　　本研究旨在研究國民中學學校品牌形象、行銷策略與國民小學家長教育選擇權之關係。為期使研究之論述與架構更為嚴謹，茲將研究之研究範圍與研究限制說明如下：

壹、研究範圍

本研究為達成上述研究目的，以問卷調查法進行實證資料之蒐集與分析，研究之範圍分別從研究對象、研究內容兩方面加以說明：

一、研究對象

本研究之對象係 109 學年度臺中市、彰化縣、南投縣公立國民小學六年級學生家長。

二、研究內容

本研究旨在研究國民中學學校品牌形象、行銷策略與國民小學家長教育選擇權之關係，包含學校品牌形象、行銷策略與家長教育選擇權等三個層面進行分析。以家長性別、年齡、學歷、學校位置、學校規模、學校縣市為背景變項。

首先以品牌功能性、品牌經驗性、品牌象徵性為學校品牌形象之三個構面；其次以外部行銷策略，內部行銷策略及互動行銷策略為行銷策略的三個構面；最後以教學品質、校園安全及教師素質為家長教育選擇權三個構面。

貳、研究限制

本研究雖然已在研究設計上力求嚴謹，在資料蒐集上力求兼容與廣博，在分析與解讀上力求精準與正確，但礙於客觀性因素，難免有一些研究上的限制，茲依次敘述於後：

一、研究方法限制

本研究採問卷調查法，就國民中學學校品牌形象、行銷策略與國民小學家長教育選擇權彼此關係做推論與描述；但其中牽涉了家長個人價值觀、自我評價及教育信念的差異；同時，也受到實際學校情境的影響，彼此間的個別差異頗大，所考慮因素多樣，或仍有所疏漏，無法深入徹底了解。因此本研究問卷編製題目時，著重於家長自我陳述及對學校品牌形象、行銷策略自我知覺的瞭解與家長教育選擇權之實踐；且家長人數眾多，調查問卷的回收率可能偏低；為降低上述情形發生機率，特別請學校商請家長填寫，以避免產生研究樣本之偏誤及影響問卷回收率。

二、研究內容限制

本研究以臺中市、彰化縣、南投縣之公立國民小學六年級學生家長為研究對象。因家長個人與所處的學校環境、學校情境等因素關係相當複雜，尚有其他變項無法一一納入，可能無法完全涵蓋所有的因素。

三、研究結果推論之限制

本研究針對臺中市、彰化縣、南投縣之公立國民小學六年級學生家長，探討其國民中學學校品牌形象、行銷策略與國民小學家長教育選擇權之關係，並未包括私立小學。故研究結果在推論上僅止於臺中市、彰化縣、南投縣之公立國民小學，並不適用其他縣市之教育機構或教育類型學校。

第二章　　文獻探討

　　本章主要在探討國民中學學校品牌形象、行銷策略與國民小學家長教育選擇權關係之相關論述與研究，以做為本研究調查研究論述之基礎。主要分成四節，第一節為學校品牌形象；第二節為行銷策略；第三節為家長教育選擇權；第四節為國民中學學校品牌形象、行銷策略與國民小學家長教育選擇權之相關研究。

第一節　　學校品牌形象相關研究

　　蔡金田（2009）指出，在品牌的競局中，擁有實力，才能擁有生命力。

　　21 世紀企業的新遊戲規則，已進入「品牌領導」的時代（胡政源，2006）。在全球化新經濟時代中，無論何種產業，品牌所建立的形象已成為消費者採購的最重要依據（余美惠與陳斐娟，2013）。換言之，無論從全球化的公司，或到家庭企業，學校品牌形象的建立絕對是一個重要的關鍵。爰此，如何經營好學校品牌形象、在消費者心目中塑造一個對品牌正向的印象及感覺是極為重要的任務（陳惠文，2011）。學校在面臨少子女化嚴酷趨勢下，學校品牌形象的建立乃有助於吸引教育顧客，亦是學校有效持續生存的利器。

壹、學校品牌形象的意涵

根據 MBA 智庫對於品牌（Brand）是一種識別標誌、一種精神象徵、一種價值理念，是品質優異的核心體現。培育和創造品牌的過程也是不斷創新的過程,要在這個高度競爭市場屹立不搖,產品本身必須要符合創新而產生的力量,進而晉升自身品牌資產。品牌被認為是公司無形的資產,創新的過程必須持續不斷的進行。

學校可視為一種企業,提供服務,而家長與學生即為消費者,學校品牌就是學校和家長與學生間的一種無形契約,它提供了教學品質的保證(余美惠與陳斐娟,2013)。葉連祺(2003)針對學校品牌的特性與內涵,將學校品牌定義為:學校根據教育目標和理念,針對教育和服務學生的目的,所形成具專有校名和經營特色,吸引學生就讀,並與利害關係人想法和經營觀有關的一種概念。換言之,學校品牌形象指家長於子女學校生活中,接收自己或子女品牌傳遞之訊息後,在心中形成對該品牌之主觀印象與看法,形塑一種對於該品牌既定之觀感。學校可視為一種企業,提供服務,而家長與學生即為消費者,學校品牌就是學校和家長與學生間的一種無形契約,它提供了教學品質的保證(余美惠與陳斐娟,2013)。葉連祺(2003)針對學校品牌的特性與內涵,將學校品牌定義為:學校根據教育目標和理念,針對教育和服務學生的目的,所形成具專有校名和經營特色,吸引學生就讀,並與利害關係人想法和經營觀有關的一種概念。換言之,學校品牌形象指家長於子女學校生活中,接收自己或子女品牌傳遞之訊息後,在心中形成對該品牌之主觀印象與看法,形塑一種對於該品牌既定之觀感。

Park 與 MacInnis （1986）認為,學校品牌形象是企業經由行銷活動所創造出的一種知覺,透過這個知覺了解品牌的本質。上述學者將品牌分為

功能性、象徵性與經驗性形象（楊台寧與謝秉訓，2012）。而學校品牌形象
是消費者主觀上對品牌抱持的一種理性或情緒性的知覺，透過對品牌所傳
達的訊息理解後，逐漸塑造出該品牌的形象（kapferer, 1994）。

　　Keller（1993）則以品牌聯想來說明學校品牌形象，將有關品牌資訊或
概念的記憶視為一種品牌節點（Brand Node）與資訊節點（Information Node），
將其連結後形成各種形式的品牌聯想以及對於消費者的意義。例如：提到
Dior，可能讓人聯想到「高貴」、「華麗」、「有質感」，而提到 Levi's 可能讓
人聯想到「實穿」、「流行」，這些代表了消費者對 Dior 與 Levi's 的學校
品牌形象看法（蔡進發與蕭至惠，2017）。建立學校品牌形象的重點在於品
牌聯想的強度、喜好度與獨特性，品牌必須不斷藉由與消費者溝通，將品
牌資訊與消費者現有的品牌知識連結，使消費者對於品牌產生正向的知覺。

　　Park、When、Milberg 與 Lawson （1991），以消費者利益為基礎，將
品牌概念形象（Brand Concept-Image）分為功能性形象（Functional Image）、
象徵性形象（Symbolic Image）與經驗性形象（Experiential Image）等三類。
Park 等人，認為所有產品理論上皆可定位為功能性、象徵性與經驗性的形
象。

　　品牌概念形象分為功能導向概念（Function-Oriented Concept）與尊貴
導向概念（Prestige-Oriented Concept）兩類，整體來說兩者所提出功能性形
象的概念是相同的。功能性形象是指產品的設計概念解決消費者對於該產
品所產生的潛在問題，因此強調品牌在產品本身在功能上不同於競爭者
（Sankar & Lozano, 2013）。象徵性形象品牌的產品則反映了非產品本身相
關的屬性，以滿足消費者內在的需求為其強調的重點（曾聖文與陳宇軒，
2013），因此其產品通常以提升自我價值、追求自我認同與社會認同、團體
之間的角色來定位。象徵性形象品牌以廣告推廣為主要的方法（林予雯、

陳姿伶與蔣憲國，2013），廣告中通常以呈現消費者一個困難或狀況，接著使用該產品之後問題隨之解決，藉以建立其品牌特徵並藉以塑造其排他品牌的形象，彰顯排除目標顧客的障礙進而強化與目標顧客的關係（Farhana & Mosarrat, 2012）。經驗性形象則強調使用該品牌產品之後消費者所產生的感官上的刺激、多變性或是愉悅感等內在的經驗性需求，進而鼓勵消費者經常性消費（Same & Larimo, 2012）。而有些品牌則混合了這三種形象（蔡翼擎、鄭妃秀、林譽庭、陳芊頤與魏好真，2019）。而象徵性與尊貴性形象其意涵也十分相似（林建煌，2019）。由於學校品牌形象是存在於消費者的記憶中的一種知覺，消費者對於不同的品牌會有不同的知覺形象。

Frandse、Gotsi、Johnston、Whittle、Frenkel 與 Spicer（2018），將學校品牌做三類的描述。其說明敘述如下：

一、功能性（functional）

學校品牌理念的功能性主要在於協助消費者以產品及服務）通常意旨學校品牌形象從其功能性實際外部問題，較偏重於產品或服務的外在、物質性，不但能夠即時迅速解決突發狀況，也有預防未來潛在問題的發生（Jukic, 2017）。比如說，學校若能滿足家長或學生的外在、物質性需求，如在環境資源、學校建築空間設備解決家長的需求，就是符合學校在家長心中功能性的需求（洪詩喬，2017）。

二、經驗性（experiential）

學校品牌形象的經驗性，主要強調滿足消費者追求多元刺激的需求，或是家長與學校從互動的經驗中，對於學校所提出的產品或服務所產生的印象的歷程；換言之，經驗性利益與學校相關產品屬性有關，學校相關產品屬性涉及家長感官愉悅及認知刺激滿其經驗需求（Ryu & Park, 2020）。

學校教育學校品牌形象的經驗性,比較偏重於心理層面,以提供消費者或家長的感官與認知上的愉悅與刺激或愉快的經驗,例如:家長在與學校互動過後,對學校在內心產生了美好的經驗或是行政服務體驗。

三、象徵性(symbolic)

學校品牌形象的象徵性主要在強調滿足消費者或家長內部需求,學校品牌形象的象徵性比較較偏重社會層面,比如說學校在社會的聲望及角色定位等(Jayarangan, 2018)。此部分常與連結個人與群體、自我形象的表現如學校的社會聲望、學校在社會上的地位,甚至是畢業生在社會的成就,都能夠對學校品牌形象的象徵性的形成造成決定性的影響。另外,學者 Ranchhod 與 Kofkin(2003),亦提出學校應發展兼具一致性與有價值的品牌,並專注於品牌的建立與規劃有利的行銷策略。兩人進一步提出品牌的金字塔來建立品牌的區塊,如圖 2-1 所示。

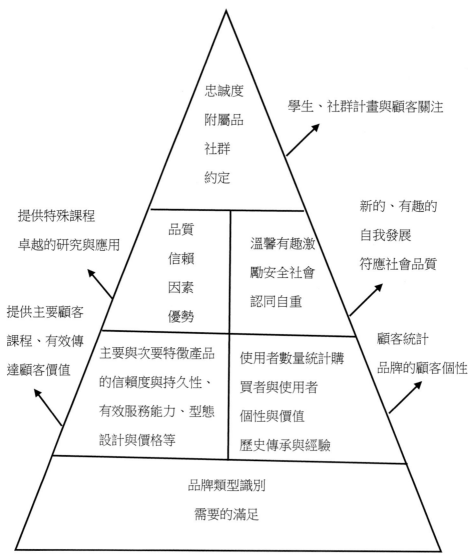

圖 2-1 品牌建立區塊的次層面

資料來源：學校行政的理念與分析（頁 86），蔡金田，2018，元華文創。

Ranchhod 與 Kofkin 的金字塔品牌區塊，具備了品牌有形的物質、無形的感受及互動因素（蔡金田，2018）。

綜合不同學者對學校品牌形象的看法，學校品牌形象是消費者在日常生活中接收流行品牌的廣告等行銷活動傳遞之訊息後，在心中形成一種對該品牌主觀的印象與看法，進而塑造出一種學校品牌形象的歷程。換言之，學校品牌形象指家長於子女學校生活中，接收自己或子女品牌傳遞之訊息後，在心中形成對該品牌之主觀印象與看法，形塑一種對於該品牌既定之觀感。

貳、學校品牌形象的理論概念

以顧客行為理論為概念的研究中，對於學校品牌形象來源主要可分成兩個構面，一個是以實體對象為構面（謝明慧與楊達凱，2015），如對產品、企業組織及人格等；其代表學者為 Aaker, Biel 等。、另一個是以屬性聯想為構面，如屬性、態度、利益等；其代表學者如 Keller，這兩個構面的內容有著極高的重複性，都在描述學校品牌形象來自於對產品的知覺，以及對企業組織的態度（謝明慧與楊達凱，2015）。

一、學校品牌形象的實體定位

實體定位係指從產品的功效、品質、市場、價格等方面，突出該產品在廣告宣傳中的新價值（Dick & Kunal, 1994）。實體定位強調該品牌與同類產品的不同之處，並且以能夠提供給消費者帶來的更大利益為重點。這是一種差異化的策略，用意在確保本產品的獨特的市場位置（Fayvishenko, 2018）。因此，實體定位可以區分為市場定位、品名定位、品質定位、價格定位和功效定位（羅依婷、何黎明、邱靖文與黃怡嘉，2013）。

（一）市場定位（Market positioning）

　　市場定位也稱作「行銷定位」，是市場行銷工作者用以在該市場上的客戶和潛在客戶的心目中塑造產品的形象或產品個性（identity）的行銷策略（Fayvishenko, 2018）。一個產品的定位是潛在購買者如何看待該產品，「定位」表達出該產品在消費者心中的地位以及與競爭者的「位置」的關聯性（戴芳，2010）。

（二）品名定位（product name positioning）

　　品名定位以產品名稱或品名作為定位重點的定位方式。任何產品都有一個名稱，但並不是隨機地選定一個名稱都可以的（Lucht, 2013）。品名應具有的特質如下：

1. 應有帶給消費者好處的涵義
2. 應該能夠表現出該產品的品質及特質
3. 應該容易發音、容易記憶及辨認
4. 具有不同的獨特性（戴國良，2019）。

（三）品質定位

　　所謂品質定位，是指產品透過自己本身品質進行定位的過程，透過廣告中突出產品的具體品質，運用各種策略的運用，讓消費者體驗產品的品質優勢（Bulut, 2017），在消費者心中留下明確、清晰的印象，進以維護自己的產品地位及產品形象。

　　當消費者選購商品時，質量品質問題總是被看得很重，毫無疑問，質量品質高的產品是被消費者看好的商品，透過廣告的策略將重點定位在產品自身的高品質，被認為是一種有效的廣告定位策略（Bulut, 2017）。

（四）價格定位

定價方法有成本導向、競爭導向和顧客導向三種類型，以產品單位成本為基本依據，再加上預期利潤來確定價格的成本導向定價法，此方法被認為是中外企業最常用、最基本的定價方法（Kalafatis, Tsogas, & Blankson, 2000）。成本導向定價法細分總成本加成定價法、目標收益定價法、邊際成本定價法、盈虧平衡定價法等幾種具體的定價方法。

（五）功效定位

所謂功效定位法是指通過突出產品適應消費者需求的某些獨特功效來確定其市場位置的定位方法。在不同的產品類別中，企業可以發展的獨特功效也大不相同。

綜上所述，實體定位係指從產品的功效、品質、市場、價格等方面，突出該產品在廣告宣傳中的新價值，在不同的產品類別中，企業可以發展的獨特功效也大不相同。企業要保證功效定位的成功，就必須密切關注市場，不斷選擇並培育獨特的產品優勢。

二、品牌的屬性聯想

品牌聯想即是消費者看到一特定品牌時，從他的記憶中引發出對該品牌的括感覺、經驗、評價、品牌定位等想法，這些想法的來源來自於消費者本身的使用經驗、口耳相傳或廣告信息日常生活中。

聯想的內涵分為屬性聯想、利益聯想及態度聯想三種型態。

（一）屬性（attributes）聯想

屬性的聯想是有關於產品或服務的描述性特徵。屬性聯想又分為「與產品有關」以及「與產品無關」兩類，屬性聯想是執行該產品或服務功能的必備要素（Thellefsen & Sørensen, 2015）。

（二）利益聯想

　　品牌利益聯想是指消費者認為某一產品或服務的屬性能給他帶來的價值和意義。利益聯想又可分為功能利益、情感利益和體驗利益三種（Blankson & Kalafatis, 2001）。

（三）態度聯想

　　品牌態度是指消費者透過學習和強化習得的方式，對某一種產品或服務產生喜惡反應的習慣性反應，態度聯想是形成消費者的品牌行為的基本要件（Riza, 2015）。態度聯想呈現了消費者對一個品牌的總體評價，是最抽象、也是層次最高的品牌聯想。

參、學校品牌形象相關研究

　　近幾年來，在少子女化的趨勢影響下，學校紛紛意識到競爭生存的壓力，優良的學校品牌形象確實有其價值和必要。因而日積月累之下，學校品牌形象的相關研究也逐漸增加。

一、國內論文部分

　　研究者從臺灣碩博士論文知識系統查詢學校品牌形象相關論文，從2009 年起，迄今 2020 年，共計有 9 筆學位論文。8 筆為碩士論文，1 筆為博士論文，如表 2-1 所示。由此可見此項議題之重要性。

表 2-1 國內論文學校品牌形象相關研究

研究者 （年代）	主題	研究 對象	研究 方法	研究結果
鄭琦蓉 （2008）	高雄市國民小學學生家長對行銷策略與學校形象關係之研究	高雄市國民小學學生家長	問卷調查法	1.家長於行銷策略之知覺為中上程度。 2.家長學校形象認知教師專業形象層面表現最高。 3.行銷策略認知程度和學校形象認知程度，因為年齡、性別、是否為學校家長會、學校志工成員、教育程度、學校位置不同而有所差別。 4.行銷策略認知程度較高的學生，家長對於學校形象感知程度越強。
劉名斐 （2008）	車籠埔國民小學潛在顧客選擇學校的考量因素與學校形象知覺之研究	車籠埔國小及其鄰近學校學區內幼稚園大班學生家長或監護人	問卷調查法	1.潛在客戶選擇學校時，最著重安全考量，其次則是資源及理念層面之考量因素。 2.教育程度較高的母親，其潛在顧客對學校選擇的考量因素，持有較正面的看法。資源和理念層面係潛在顧客決策越區就

（續下頁）

研究者 （年代）	主題	研究 對象	研究 方法	研究結果
				讀的主要考量因素。 3.潛在客戶對於學校國民小學成就及理念層面之學校形象比較不能認同。
黃正泓 （2009）	國民小學教育人員知覺行銷策略與形象關係之研究—以基隆市為例	基隆市公立國民小學之教育人員	問卷調查法	1.國小教育人員對於學校形象的知覺程度以教師形象層面的之平均數為最高。 2.行銷策略與學校形象呈現正相關。 3.行銷策略對學校形象具預測力。
董榮康 （2009）	高級中等學校形象一致性之研究	私立高級中學	問卷調查法	1.強化應用形象媒介傳達學校之形象。 2.多舉辦社區活動。 3.改善學校軟硬體之設施。 4.定期實施教職員座談。 5.增加親師聯繫，主動地提供學校資訊。 6.利用各式集會場合，加強師生之互動。

（續下頁）

研究者 （年代）	主題	研究 對象	研究 方法	研究結果
許莉琳 （2010）	臺東縣國民 小學行銷策 略學校形象 與家長滿意 度之關係研 究	臺東縣國民 小學學生家 長	問卷 調查法	1.臺東縣國小家長對學校形象 　現況屬於中上的程度。 2.臺東縣國小家長對於形象的 　認知，教育程度在中低學歷與 　中高學歷之教育表現形象層 　面呈現顯著差異，月收入於一 　萬元以下之家庭及六萬元以 　上家長於教育表現形象方面 　具顯著之差異。
許育禎 （2010）	臺北市優質 學校品牌管 理之研究	臺北市優質 學校獲獎之 臺北市國民 中小學	問卷 調查法	1.臺北市優質之學校，具備優質 　因素的程度，隨著成員的性 　別、年齡、最高學歷、服務年 　資、學校性質……等背景變項 　差異，而有知覺上的不同。 2.臺北市優質學校之優質因素和 　品牌管理，呈現高度之正相關。
張淑芬 （2010）	彰化縣國民 小學教育人 員對學校品 牌管理認知	彰化縣國民 小學教育人 員	問卷 調查法	1.國小教育人員對於學校形象 　各個層面之認知，因性別、職 　務、年齡及學校規模具顯著之 　差異。

（續下頁）

研究者 （年代）	主題	研究 對象	研究 方法	研究結果
				2.國民小學教育人員對學校形象各個層面認知介於重要至非常重要之間。
林怡佳 （2011）	國民小學學校品牌形象之研究	南投縣二所國小教育人員及學生家長	問卷調查法	1.學校品牌形象，以經驗性為佳。 2.影響學校品牌的主要原因係年齡與教育程度，其隨著成員的性別、服務年資、年齡、學校性質、學歷等背景變項不相同，具知覺上之差異，其家長學校形象知覺程度愈強。
張哲彰 （2014）	嘉義市國民小學家長行銷策策略覺知、選校因素與轉學想法關係之研究	嘉義市學生家長	問卷調查法	1.嘉義市國民小學家長選擇學校，對每一環節特別相對重視，校長與家長之間之看法有部份之差異。 2.嘉義市國民小學家長對於學校的行銷策略具高度之評價，推廣策略仍有進步之空間，其人員之策略為佳。

（續下頁）

研究者 （年代）	主題	研究 對象	研究 方法	研究結果
				3.嘉義市大部份國小家長信任學校之辦學績效，且大部份家長不曾有過轉學的念頭。
				4.不同教育程度、性別之家長，對選擇學校之考量、行銷策略之評價與轉學的想法相同。
				5.越區就學家長和住在學區內的家長看法明顯不同。
				6.行銷策略推展較佳的學校，該校家長越不會有轉學之想法。
				7.家長對於行銷策略之評價、家長選校之重視程度，兩者得以預測家長轉學想法。

資料來源：研究者自行整理

二、國內期刊部分

　　研究者從臺灣碩博士論文知識系統查詢學校品牌形象相關國內期刊，從 2017 年起，迄今 2021 年，共計有 4 筆相關期刊，如表 2-2 所示。

表 2-2 國內期刊學校品牌形象相關研究

研究者（年代）	主題	研究對象	研究方法	研究結果
楊欣怡（2017）	淺論學校如何運用 Line@社群行銷平台提升學校品牌形象	家長	問卷調查法	1.學校創新經營傳遞學校特色與願景，進行跨領域教學，發展特色課程。 2.創新經營學校，辦理親師生參與活動，體驗學習及實作機會。 3.學校創新經營應善用環境特色，運用各方資源，將美學理念融入學校空間之營造。 4.學校創新經營應積極參加各項特色學校競賽與申請計劃，提升學校口碑與學校品牌形象。
陳怡均（2018）	學校行銷策略對學校形象之影響-以互動行銷為調節變數	家長	問卷調查法	1.學校行銷策略正向影響學校品牌形象。 2.學校行銷策略對於學校品牌形象具正向顯著之影響。學校在產品、通路及推廣策略使用越多，對於塑造良好學校形象將越有幫助。

（續下頁）

研究者 （年代）	主題	研究 對象	研究 方法	研究結果
				3.互動行銷正向影響學校的品牌形象。
				4.互動行銷對學校形象有正向顯著之影響。
				5.當加入互動行銷為調節變數，學校行銷策略與學校形象之關係無顯著影響。
洪詩喬 （2018）	學校品牌形塑可行乎？	家長	問卷調查法	1.分析社會脈絡，確立與學校定位，進行 SWOT 分析學校內外部環境；針對學校文化與特色，樹立學校願景，以建立學校品牌。
				2.凝聚品牌之共識，展現學校特色，品牌實為學校競爭之重要利器，學校應加強品牌之覺知，共同推展學校特色品牌；如：校名、標誌、裝飾設計等學校文化意象，建構學校識別系統，展現學校特色，落實與推展品牌價值。

（續下頁）

研究者 （年代）	主題	研究 對象	研究 方法	研究結果
				3.重視內外部家長或地方人士之意見，推展內外部行銷，宣傳學校品牌形象，爭取信賴與相關資源，營造優質學校環境。 4.建構回饋的機制，永續經營品牌，反覆檢視、調整、評估其歷程，建立永續經營的學校品牌形象。
莊貴枝 （2020）	私立高級中等學校形象管理指標建構	學校經營管理者	問卷調查法	1.本研究歸納私立高級中等學校形象管理指標權重系統涵蓋6個層面，22個向度。 （1）「學生形象」 （2）「學校經營管理團隊形象」 （3）「學校關係人形象」 （4）「環境與設備形象」 （5）「教師專業與課程形象」 （6）「學校文化形象」。 2. 學校經營管理者及學校招生行政人員皆認為「學生形象」為權重最高者，為 6 層面之首，相對較低層面則為「學校文化形象」。

資料來源：研究者自行整理

三、國外期刊部分

研究者查詢學校品牌形象相關國外期刊，從 2015 年起，迄今 2021 年，共計有 4 筆期刊論文。3 筆為期刊，1 筆為博士論文，如表 2-3 所示。由此可見此項議題之重要性。

表 2-3 國外期刊學校品牌形象相關研究

研究者 （年代）	主題	研究 對象	研究 方法	研究結果
Varadarajan . B. (2016)	Branding Strategies of Private International Schools in India.	校長	質性 研究	1.數據分析得出了概念框架組成部分：（a）品牌願景，（b）品牌使命，（c）品牌價值，（d）企業文化，（e）品牌名稱，（f）功能能力，（g）品牌傳播，（h）情感收益。 2.學校領導者還整合了品牌願景，使命和價值觀。與內部利益相關者（如學術管理人員和教職員工）一起開發和共同創建品牌，從而獲得了他們的高度認可。

（續下頁）

研究者 （年代）	主題	研究 對象	研究 方法	研究結果
				3.學校領導者應該更有效地使用社交媒體和其他技術工具，以每天講述其品牌（即學校）的故事。
				4.父母的情感利益使該品牌獲得了最高的回憶。父母認同學校的品牌，口口相傳招收到更多的學生。教育目標包括：使學校多樣化，維持或增加入學率，以及提供更多多樣化的雙語課程。
				5.教師和家長之間的緊密溝通為品牌建立過程做出了貢獻。
				6.品牌戰略家可以通過依次實施願景、使命、文化和品牌名稱等各種要素，將品牌作為戰略。

（續下頁）

研究者 （年代）	主題	研究 對象	研究 方法	研究結果
Frank Anthony Patti （2017）	Branding in Independent Schools: Identifying Important Aspects of the School Branding Process	學校教 職員工	質性 研究	1.研究發現內部溝通的重要性，內部交流在整個企業品牌研究中被關注。商業研究亦密切關注對這種內部溝通有效的溝通類型。 2.大多數參與者都提到了學校負責人傳播新品牌信息以及他所做的一切的價值。 3.教職員工似乎理解他們可能是品牌塑造過程不可或缺的一部分。 4.許多適用於產品的品牌戰略可以幫助在競爭市場中對學校進行（重新）品牌化和（重新）定位。 5.在整個品牌推廣過程中，以教師為品牌行動者，對於成功的品牌推廣工作至關重要。 6.以清晰透明的方式來組織教師的回饋過程，教師必須看到

（續下頁）

研究者（年代）	主題	研究對象	研究方法	研究結果
				他們可能影響最終產品的回饋，為準備品牌推廣過程，領導階層應向教師傳達他們的聲音是獨特而重要的，但不是過程中唯一重要的聲音。 7. 來自 Accel 集團 和 Hillview School領導團隊的許多參與者告訴研究者，在他們的工作中，教師很難理解品牌和營銷。
Stephenson, A. L., Heckert, A., & Yerger, D. B. (2015)	College choice and the university brand: exploring the consumer decision framework	學生	質性研究	1.大學生和高中生之間在評估品牌資產規模方面幾乎沒有顯著差異。 2.品牌資產的決定因素遠比與認知相關的決定因素重要。 3.在象徵性屬性中，社會形象（即對大學的正面評價)和個性(即對大學表現出誠實，真誠等屬性的程度）都對品牌產生積極影響。

（續下頁）

研究者（年代）	主題	研究對象	研究方法	研究結果
				4.市場地位（就市場領導力而言）不影響品牌資產。
				5.所有服務屬性都很重要。
				6.高質量和高收益（增加就業機會）都對品牌資產產生了重大而積極的影響。
				7.高品質和高收益之校友的想法，其售後服務對品牌資產產生了顯著的負面影響，這與文獻綜述不一致這種違反直覺的發現可能是缺乏對此類屬性的了解的結果。增加就業機會對品牌資產產生了重大而積極的影響。
				8.消費者屬性不會影響高等教育中的品牌資產。
				9.最初預期通過提高知名度來增加品牌資產的營銷活動是微不足道的。

（續下頁）

研究者 （年代）	主題	研究 對象	研究 方法	研究結果
				10.品牌資產驅動力的重要程度遠高於與知名度相關的驅動力。
				11.在評估首選品牌和最終選擇品牌的價值時，只有關係和社會形象才有意義。
				12.的價值時，只有關係和社會形象才有意義。
				13.口口相傳對最終選擇品牌有明顯的負面影響，但對首選品牌沒有影響。

資料來源：研究者自行整理

肆、學校品牌形象相關研究歸納分析

綜合上述歸納，茲將學校品牌形象相關研究分析如下：

一、國內論文部分

（一）研究層級分析

在研究層級分析方面， 9 筆論文中，有 8 筆碩士論文，1 筆博士論文，如表 2-4 所示。

表 2-4 國內論文學校品牌形象相關研究層級彙整表

研究層級	_研 究 者_									次數
	1 鄭琦蓉	2 劉名斐	3 黃正泓	4 董榮康	5 許莉琳	6 許育禎	7 張淑芬	8 林怡佳	9 張哲彰	
碩士	●	●	●	●	●	●	●	●		8
博士									●	1

資料來源：研究者自行整理

（二）研究方法分析

在研究方法的使用分析方面， 9 筆論文中，有 9 筆使用量化研究，2筆質性研究，如表 2-5 所示。

表 2-5 國內論文學校品牌形象相關研究方法彙整表

研究方法	研 究 者									次數
	1 鄭琦蓉	2 劉名斐	3 黃正泓	4 董榮康	5 許莉琳	6 許育禎	7 張淑芬	8 林怡佳	9 張哲彰	
量化	●	●	●	●	●	●	●	●	●	9
質性		●							●	2

資料來源：研究者自行整理

（三）研究構面分析

　　根據研究分析，影響學校品牌形象相關因素，歸納以品牌功能性、品牌經驗性與品牌象徵性為最多，如表 2-6 所示。

表 2-6　國內論文學校品牌形象相關研究構面彙整表

研究者（年代）	學校品牌形象構面												
	學校	課程	環境	團隊	教學	學習	家長	意象	聲譽	社區	品牌功能性	品牌經驗性	品牌象徵性
鄭琦蓉（2008）	●		●	●	●	●	●				●	●	●
劉名斐（2008）	●	●	●	●	●	●	●	●	●		●		●
黃正泓（2009）	●	●	●	●	●			●	●				●
董榮康（2009）	●	●	●	●	●			●	●				●
許莉琳（2010）	●			●			●	●	●	●			●
許育禎（2010）				●			●	●	●	●			●
張淑芬（2010）	●		●	●	●	●	●	●	●	●			●

（續下頁）

研究者（年代）	學校品牌形象構面												
	學校	課程	環境	團隊	教學	學習	家長	意象	聲譽	社區	品牌功能性	品牌經驗性	品牌象徵性
林怡佳（2011）	●	●	●	●	●	●	●	●	●	●	●	●	●
張哲彰（2014）	●	●	●					●		●	●	●	●
次數統計	8	5	8	8	8	7	7	8	8	6	9	9	9

資料來源：研究者自行整理

二、國外期刊部分

（一）研究層級分析

　　在研究層級分析方面，4筆期刊中，有1筆博士論文，3筆，如表2-7所示。

表 2-7 國外期刊學校品牌形象相關研究層級彙整表

研究層級	1 Cheng, A., Trivitt, J. R., & Wolf, P. J. (2015)	2 Trivitt, J. R., & Wolf, P. J. (2011)	3 Varadarajan, B. (2016)	4 Varadarajan, B., & Malone, T. (2018)	次數
博士			●		1
期刊	●	●		●	3

資料來源：研究者自行整理

（二）研究方法分析

在研究方法分析方面， 4 筆期刊中，有 3 筆量化，1 筆質性，如表 2-8 所示。

表 2-8 國外期刊學校品牌形象相關研究方法彙整表

研究方法	1 Cheng, A., Trivitt, J. R., & Wolf, P. J. （2015）	2 Trivitt, J. R., & Wolf, P. J. （2011）	3 Varadarajan, B. （2016）	4 Varadarajan, B., & Malone, T. （2018）	次數
量化	●	●		●	3
質性			●		1

資料來源：研究者自行整理

（三）研究構面分析

　　根據研究分析，影響學校品牌形象相關因素，歸納以品牌功能性、品牌經驗性與品牌象徵性為最多，如表 2-8 所示。

表 2-9　國外期刊學校品牌形象相關研究構面彙整表

研究者（年代）	學校品牌形象構面												
	學校	課程	環境	團隊	教學	學習	家長	意象	聲譽	社區	品牌功能性	品牌經驗性	品牌象徵性
Cheng, A., Trivitt, J. R., & Wolf, P. J. （2015）	●	●			●			●	●	●	●	●	●
Trivitt, J. R., & Wolf, P. J. （2011）	●		●		●	●	●	●		●	●	●	●
Varadarajan, B. （2016）		●	●	●	●	●	●		●		●	●	●
Varadarajan, B., & Malone, T. （2018）	●	●	●	●	●	●			●	●	●	●	●
次數統計	3	3	3	2	3	3	3	3	3	3	4	4	4

資料來源：研究者自行整理

　　綜合國內論文、國內期刊與國外期刊分析，本研究將學校品牌形象分為 1.品牌功能性；2.品牌經驗性；3.品牌象徵性等三個構面。品牌功能性又分成（一）學校、（二）課程與（三）產品策略；品牌經驗性又分成（一）團隊、（二）教學、（三）學習與（四）家長；品牌象徵性又分成（一）意象、（二）聲譽與（三）社區。以此做為學校品牌形象構面分類依據，如圖 2-2 所示。

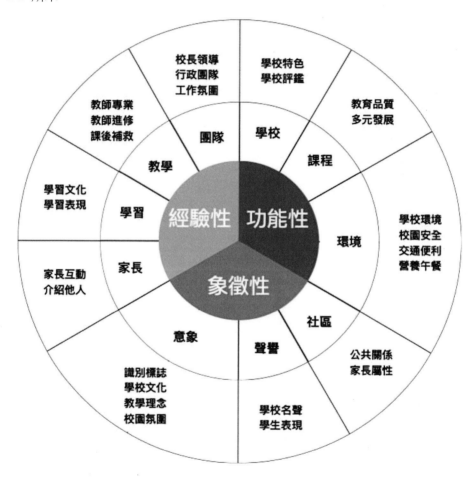

圖 2-2 學校品牌形象三構面

資料來源：研究者自行整理繪製而成

三、相關背景變項分析

　　分析對學校品牌形象有影響的相關背景變項中,明顯以性別、年齡、學歷、學校位置、學校規模、學校縣市等有較高的共識,如表 2-10 所示。故本研究採用上述六項內涵為學校品牌形象的個人背景變項與學校環境變項,做為日後研究結果之交互檢證。

表 2-10 學校品牌形象相關背景變項分析彙整表

研究者 (年代)	性別	年齡	學歷	學校位置	學校規模	學校縣市
鄭琦蓉 (2008)	●	●	●	●	●	●
劉名斐 (2008)	●	●	●	●	●	●
黃正泓 (2009)	●	●	●	●	●	●
董榮康 (2009)	●	●	●	●	●	●
許莉琳 (2010)	●	●	●	●	●	●
許育禎 (2010)	●	●	●	●	●	●

研究者 （年代）	性別	年齡	學歷	學校位置	學校規模	學校縣市
張淑芬 （2010）	●	●	●	●	●	●
林怡佳 （2011）	●	●	●	●	●	●
張哲彰 （2014）	●	●	●	●	●	●
次數	9	9	9	9	9	9

資料來源：研究者自行整理

四、學校品牌形象架構圖

綜合上述相關研究分析結果，本研究學校品牌形象架構圖，如圖 2-3 所示。

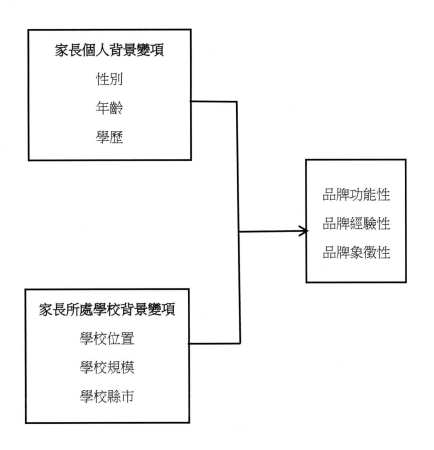

圖 2-3 學校品牌形象架構圖

資料來源：研究者自行整理

第二節　行銷策略相關研究

　　全球化讓國際間的互動及交流更加快速、頻繁。後現代主義
（Postermoderism）的興起，促使學校市場化，加上少子化、異質化的衝擊，
教育更應當開放，走出學校象牙塔之外。透過多元的管道，走出多樣態的

學校特色，讓學校長青基業，立於不敗之地。學校也須因應時代的變遷，不斷求新應變，並進行符合教育本質的行銷策略。

壹、行銷策略的意涵

　　Kotler and Karen 首先提出教育機構的行銷策略（Brock, 2019）。這本書中作者提出教育行銷的基本原則。在 1993 年，John Holcomb 在教育行銷一書對美國公立學校提供了對學生、學校行政人員、學校管理人員提供更加有效能的服務。Hockley 在教育管理（Educational Management）書中討論有關學校組織文化，人力資源、消費者行為、財政管理及計畫管理等議題（Tahir, Rizvi, Khan, & Ahmad, 2017）。在 1990 年代初期，研究顯示教育行銷的定義是帶有非常狹隘的傳播行銷定義，這個定義的假設強調，為了某的教育機構的行銷的成功要素的前提要嚴格地檢視教育機構的決策過程及機構本身的對外形象（Joyce & Krentler, 2015）。在學校市場化的思潮影響下，學生是學校客戶的概念，也首先在這個研究中提到。

　　二十年後，行銷策略學者強調教育在符合社會、倫理、教育責任的前提下，是可以來行銷的（Stachowski, 2011），因此行銷策略正式成為被大眾所接受。行銷策略也在 1980 年初被美國大學廣為運用（Maringe & Mourat, 2012）。Oplatka and Hemsley-Brown 強調教育機構要能夠在高度競爭的環境之下，僅透過教育機構的行政效能是不足夠的，必須要透過行銷策略的運用。一般而言通常指的是對個人學生提供客製化的服務（Petruzzellis & Romanazzi, 2010）。對於「行銷」一詞的定義，國內外學者的看法觀點各有特色，Kotler Philips 提出「行銷是一種社會性與管理性的過程，個人或群體可透過此過程，創造或交換產品與價值，因而滿足各自的需要與欲望」（Kotler & Kevin, 2016）。MrCarthy 也認為：「行銷觀念係組織在有獲利的

前提下，將滿足顧客的需求為機構的主要努力目標」，並於 1988 年提出行銷亦即包含產品（product）、價格（price）、通路（place）和推廣（promotion），簡稱「4P 組合」的觀念。而 McCarthy 將 4P 概念，增加了人員（people）、過程管理（process management）與實體設備（physical evidence）三項，擴展為 7P 的概念（McCarthy, 2018）。

　　另外，行銷是人類為解決供需配合問題、為促銷交易、滿足顧客需求、達成組織目標、所採取的各種活動，行銷的價值經由策略管理將有形或無形的價值性產品、服務或理念，在動態環境的系統下，透過策略的規劃與整合性的策略進行價值交換的歷程，以促使達到個人或組織的目標使命（吳清山，2004）。另外，陳啟榮（2012）也指出在一個環境營造出一個動態、適合引導商品流動，來滿足目標市場需要與消費者的期望，並透過方案、產品、人員、推廣、形象、價格和通路等策略，來達成行銷的整體歷程。

　　學校運用行銷策略，乃指學校為達成其教育理想，並以社會的長期福祉為目標，運用行銷的理念與策略，將其願景與優勢，透過內部行銷、外部行銷與互動行銷，滿足其特定對象之需求（施皇羽，2017）。Kotler 與 Fox（1994）提出行銷是周密而有系統地闡述所設計方案分析、計畫、執行和控制，旨在對一個目標市場引起價值性的自願交換使達到組織的目標。行銷過程是考量消費者的需求，將商品或服務透過形象塑造、價格定位、通路鋪設、產品推廣等一系列整體性規劃，經由交換過程以滿足其需求，並同時共創組織與社會利益的一種管理過程（李春玲，2006）。運用整體規劃的行銷策略可以有效的達到組織推廣性目標。換言之，行銷策略是指學校與家長互動過程中，提供家長有形或無形的產品與服務，擬定行銷策略加以分析、規劃、執行與控制，以符合家長滿意與學校目標達成之目的。

　　外部行銷指針對學校外部的顧客，選擇目標市場，確立目標，運用產

品、價格、通路、推廣策略，透過品質管理、通路規劃、價格管理、廣告與推廣，滿足家長的需求；內部行銷可以定義為一種哲學。它涉及組織內部的營銷技術，建立以客戶為導向和提升員工的忠誠度為目的。透過其運作過程，有效地實施營銷計劃（Thomaidou, 2021）。換言之，在實施外部行銷前，將教職員工視為內部市場，將學校產品或無形的服務利用正式管道或非正式管道行銷給內部成員，使其需求與價值受到肯定，並隨時推出精心設計的『內部產品』傳遞給內部成員，透過其滿意進而達到外部顧客的滿意；互動行銷指學校教職員工在提供服務給家長時，充分瞭解家長及社區人士的意見與建議，用於學校辦學的規劃與設計，促成學校內部教職員工與家長良好互動之行銷歷程。

學校是以人為主而發展出來的活動，用來發展個人的性格，因此也是構成社會的主要發展因素。教育是在家庭裡的活動，擴及於固定的地點如學校，以群體的活動型態進行教育活動，在這些教育的過程中，大眾傳播媒體對於教育有著關鍵性的影響，學習在教育有系統的活動，由學習目標引導著的學習（Mocan, Maniu, & Ionela, 2019）。吳清山（2004）認為行銷策略管理必須依循一定的程序，並做好行銷策略，人人善盡行銷管理責任，才會產生行銷管理價值，如圖 2-4 所示。

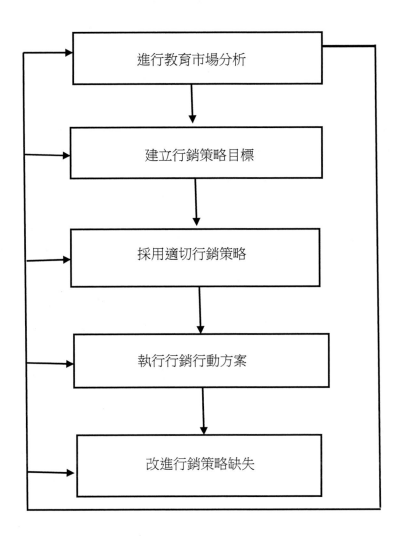

圖 2-4 行銷策略管理實施程序

資料來源：學校行政的理念與分析（頁 96），蔡金田，2018，元華文創。

綜合以上國內外學者對於行銷的內涵的看法，所謂行銷是指提供者與消費者雙方互動的過程中，提供消費者需要或需求的有形或無形的產品與服務，以擬定的行銷策略來分析、規劃、執行與控制，目的在符合個人的滿意與組織目標達成雙贏互惠的歷程。而行銷策略，乃是將學校有形或無形的產品透過行銷策略與方式，行銷給利害關係人，讓相關利害關係人，能加以選擇所需資訊。換言之，行銷策略指學校與家長互動過程中，提供家長有形或無形的產品與服務，擬定行銷策略加以分析、規劃、執行與控制，以符合家長滿意與學校目標達成之目的。

貳、行銷策略

Kotler 與 Fox 曾指出，行銷在教育組織的主要功能為：完成教育組織的任務，提升教育市場的滿意度，增進教育行銷活動的效率及吸引教育行銷資源（Vrontis, Sakka, & Amirkhanpour, 2015）；行銷大師 Kotler（2016）也肯定運用行銷來提升教育參與的必要性。孫在國（2019）更認為，教育行銷能協助教育組織檢視自身條件及內外環境變化趨勢，改善教育品質，有效提升學校形象，爭取外部資源，提升學校的競爭力。

一、7P 行銷模式

行銷在早期被稱為市場學、銷售學與營銷學（黃俊英，2003；黃義良，2004）。行銷最早在營利機構採用，1970 年代左右成為一門應用科學，而後逐漸擴大為非營利機構的一般性社會交換活動（Tahir, Tahir, Rizvi, Khan, & Ahmad, 2017）。行銷學一般使用 McCarthy 所提出 4P（產品、通路、價格、促銷）理念為原則，Booms & Bitner 以 4P 為基礎，提出了 7P 的行銷組合，除了以往的 4P 之外，新加入了參與人員、過程與實體證據三個構

面，根據 Koval（2019）之定義，將 7P 說明如下：

（一）產品或服務（Product）

　　產品或服務係指可見的產品本身或與產品相關的各種不同特定的服務（Chhun, Vuthy, & Keosothea, 2020），也可被認為是產品售後的服務與產品的品質保證。

（二）價格（Price）

　　表示消費者對此服務的需求程度與期望程度是否相符合的預期心理，此預期心理的符合程度在無形的專業服務中特別的重要。

（三）通路（Place）

　　通路或地點涉及到服務的所能到達之處與產品的配銷方式，有些服務是直接送到家中或公司，有些服務則是需要運送的需求。行銷的通路係指當顧客的需求傳遞到生產者後，生產者提供讓顧客滿意的形象或外觀促使購買成功後，而將產品送到顧客手中的途徑；換言之，家長在選擇學校時，其通路或地點是為其主要考量。首先為公共交通工具的便利性；其次考量學校所在地點是否位於市區？（Isyanto, Yani, & Sinaga, 2020）。

（四）推廣或促銷（Promotion）

　　企業對於顧客的期望的掌握是非常重要的，因為顧客對於產品或服務的期望若落空，那麼企業就會冒著失去顧客的危險（Gura & Gura, 2018），員工必須適時地對其顧客的服務去促銷、行銷，已達到持續且正面的行銷關係。

（五）人員（People）

　　人員包括企業的員工、正在交易的顧客及其他顧客、還有潛在顧客，而服務人員的衣著、外表、態度以及在跟顧客的互動時，給顧客產生的形象，在在都會影響到服務的品質（Gura & Gura, 2018）。

（六）實體表徵（Physical evidence）

　　實體表徵指的是傳遞服務的環境，換句話說公司與顧客互動的地方及招牌、設備等都會影響溝通的進行，這些都是事實體表徵的重要例子（Madan & Schoutens, 2011），也就是說商品與服務本身的展示，關係到企業與顧客之間的溝通成效，而有形展示的重要性在於顧客能從中得到實質的線索，直接體會到公司或企業所提供的服務質與量，而企業能提供最好的服務是將無法觸及的東西變成有形的服務。

（七）過程（Process）

　　過程指的是傳遞服務的實際過程、機制和活動流程，也就是顧客獲得服務前所必經的過程（Kukanja, Omerzel, & Kodric, 2016），一套標準化的流程或是授權的過程，都能提高顧客評價。比如說顧客在獲得服務前必須排隊等待，如顧客在知名餐廳用餐需要等待，那麼時間的耗費即為此餐廳重要的考慮因素。

二、7S 行銷模式

　　7S 的行銷模式涵蓋了組織在執行商業行為、行銷策略或是數位行銷模式的基本能力，被認為是可以適用於大部分產業行銷的策略（Loozer, 2019）。7S 適合用來設計一個公司或機構的行動計劃，這種模式被認為適用於引進數位科技相關議題的最好模式，其主題被認為可媲美智慧洞察報告（Smart Insights Reader）。7S 分為主觀因素及客觀因素兩種，主觀因素包含策略、結構及系統，反之客觀因素包括形式、職員、技巧、系統及共同的價值（style, staff, skills, systems and share values）（Loozer, 2019）。在使用 7S 時應該要注意的是共同價值和上級目標（superordinate goals）是互通的。

　　Kotler 與 Fox 曾指出，行銷在教育組織的主要功能為：完成教育組織

的任務，提升教育市場的滿意度，增進教育行銷活動的效率及吸引教育行銷資源（Vrontis, Sakka, & Amirkhanpour, 2015）；行銷大師 Kotler（2016）也肯定運用行銷來提升教育參與的必要性。孫在國（2019）更認為，教育行銷能協助教育組織檢視自身條件及內外環境變化趨勢，改善教育品質，有效提升學校形象，爭取外部資源，提升學校的競爭力。

三、行銷策略

　　黃義良（2004）在國民中小學行銷策略指標與行銷運作之研究指出，行銷策略包含了外部行銷策略、內部行銷策略與互動行銷策略等三部分，如圖 2-5 所示。

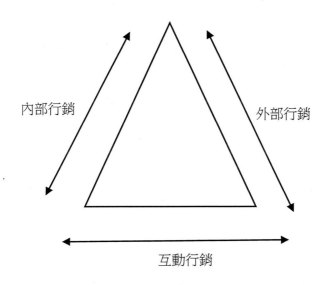

圖 2-5 行銷策略三層面

資料來源：「國民中小學行銷策略指標與行銷運作之研究」，黃義良，

2004，國立高雄師範大學教育學系，博士論文，頁 29，高雄。

行銷策略三層面分述如下：

（一）外部行銷

外部行銷，也就是傳統的行銷策略—發掘市場、確定目標與產品、價格、通路、推廣策略等行銷組合的運用，其執行對象針對外界的顧客或競爭者（Damaso & Jorge, 2019）。近年來，由於個別化消費者市場日益成熟，要符應這樣消費市場的行銷策略，必須將原本以「生產者」為主的行銷體系思考核心轉變為「消費者」的行銷體系思考核心。一般行銷管理工作，通常都會包括研究和選擇目標市場，再以各種行銷方案，透過產品品質管理、通路規劃、價格管理、廣告和推廣決策的制定，來滿足目標客戶的需求（Riviere & Kosunen, 2017），由於行銷工作乃針對學校外面顧客的作為，所以稱為學校「外部行銷」（Damaso & Jorge, 2019）。Pietsch 與 Leist（2018）認為學校外部行銷策略除了產品、價格、配銷及促銷等 4P 策略之外，招生管理亦是影響 4P 策略的規劃的重要因素之一。茲就學校外部行銷策略的內涵說明如下：

1. 產品策略

學校的產品包括服務的範圍、服務的品質、服務的程度、服務的內容及校友服務等項目（Riviere & Kosunen, 2017）。就學校服務特性而言，可分為具體呈現的有形產品以及期望藉由參與所期望得到的實質利益兩方面為主。具體呈現的有形產品如教師的教學品質、學校的地點及課程的多樣化；而藉由參與所得到的實質利益例子包括取得文憑或證書後所能得到的利益如在社會上的就業機會（Riviere & Kosunen, 2017）。

2. 價格管理策略

學校的價格策略包括學費的收費的標準、付學費管道的方便性條件、家長、學生所感受到的價值、學校提供課程的品質與學費的適配性等

（Cuesta, Gonzzlez, & Larroulet, 2016）。目前在公立學校因為有收費統一，較沒有價格管理的迫切需求，唯班級費或家長費的收支應公開辦理，並以合理的程序及合法的程序來進行（余美惠與陳斐娟，2013）。

3. 配銷規劃策略

學校的配銷規劃包括學校地點、學校外觀、學校內的硬體設施、學校的週邊服務及相關服務的分佈等項目。如何將學校辦理的教育相關活動的無形服務有形化，進而轉換成學生、家長及相關人員的正面印象（Khan & Qureshi, 2010）。因此學校軟硬體環境的配合，以達到學校的方便性，其場所與陳設益形重要。

4. 促銷管理策略

學校可以利用不同的管道跟方法將學校辦理的活動及對學生、家長的服務傳送到社區，以達到學校促銷管理，進而增進社區及家長對於學校的良好印象，進而達到行銷策略的目的（Lincoln & Casidy, 2018）。常見的學校廣告型態為（1）學校內的廣告：如公佈欄、電子看板、走廊看板、書籍封面跑馬燈等；（2）教材：教具、錄影帶、軟體、書籍、活動簡介及工作手冊；（3）促銷方案：學費抵免、獎助學金等。

5. 招生管理策略

招生管理的責任始於學校行政人員的推展及內部成員，如：學校內部的教職員工的參與。因此，確認學校組織的辦學理念、願景目標的管理與發展任務及任務的分配，對願景目標進行短程、中程及長程的規劃，並發展各項方案的實施策略等，都是招生管理的主要工作，各層級的參與環環相扣，缺一不可（Khanna & Chopra, 2019）。Booms與Bitner，根據McCarthy的4P概念，發展的教育行銷的理論，說明重點如下：國民中小學「價格策略」指為在最低教育價格和最高教育品質的雙重考量之下，激勵學生優異

表現、減免清寒學生費用和提供價廉物美之服務或產品，學生、學生家長及社區在時間、心理和經濟成本上都覺得物超所值得到滿意（Boyles, 2019）。

（二）內部行銷

內部行銷係指先將學校的產品或是無形的服務利用正式管道如會議或非正式管道行銷給內部的教職員工，這樣的方式是將教職員工視為一個內部市場來經營，學校在從事外部行銷之前，基本條件是應先做好「內部行銷」。內部行銷第一步須讓內部成員的需求及價值認為被肯定並受到重視，隨時推出精心設計的「內部產品」傳遞給內部顧客，以期望透過內部顧客的滿意進而達到外部顧客滿意。而內部行銷的行銷標的物－「內部產品」所涵蓋的範疇甚廣，舉凡內部人員的職務編派與相關人員的安置、組織的願景與目標、組織的產品或服務以及組織文化皆屬於內部產品的範疇。重視內部行銷的功效可包括（一）以服務顧客、品質意識及團隊合作來塑造組織的服務文化；（二）吸引人才以培育具有服務熱忱及服務能力的優秀服務人員；（三）重視、關切與激勵員工，配合整體工作環境和制度創造員工滿意以及養成產品與服務的行銷尖兵（Brannen & Renforth, 2015）。

內部行銷策略作為，可分成策略性目標及戰略性目標。策略性目標係指內部環境以促使員工與顧客間維持以顧客為中心及對顧客提高關心度。內部行銷的戰略性目標係指將教職員工的推銷服務及支援服務作為競爭手段，並將此競爭手段用來支援宣傳及激勵行銷活動（Smith, 2019）。根據達成內部行銷策略的基本原則，應用在學校組織中，可包含以下六項：

1. 重視工作分配與成員意見調查
2. 促進學校組織內部溝通管道暢通
3. 善用各式各樣的激勵制度

4. 領導者的支持與配合

5. 建立跨功能的工作團隊

6. 培養優秀的學校組織成員

　　學校內部行銷目的在傳達學校經營理念、政策規章、文化氣氛傳達給教職員工，以便建立一致的價值體系與信念，塑造學校教職員工獨特的行為特質，進而塑造強而有力的顧客忠誠度（Smith, 2019）。Thomaidou與Efstathiades （2021），針對公立學校做研究，調查了公立中學的內部營銷（IM）策略與組織文化之間的關係，在公立學校中測試了各種IM策略，以評估其存在和對公立學校組織文化的影響。研究發現，IM策略在公立中學教育中的內部營銷（IM）應用，對學校的組織文化產生了影響。因此，在設定教師、學生、家長、校友與社區人士為學校顧客的前提下，學校除了在行銷產品上需不斷創新研發之外，應當思考和服務有關的議題如瞭解顧客的核心需求、優先處理顧客需求及掌握顧客的期望。

（三）互動行銷

　　學校互動行銷係指企業在營銷過程中充分利用消費者的意見和建議，用於產品的規劃和設計，為企業的市場運作服務。

　　Chen（2018）認為教職員工在對學生所生產的服務產品認同、並在「心悅誠服」之後，教職員工才能提供高品質的服務給外面的消費者和顧客，換句話說，學校在提供服務的過程中，充分利用家長及社區人士的意見和建議，用於學校服務的規劃和設計，如此一來，學校和家長與社區之間才能有良好的互動，這也就是所謂的「互動行銷」，在這互動行銷的歷程中，服務提供者與顧客的互動關係所達成的行銷效果，一般而言較為直接且深入。該組織或企業的行銷包含組織對顧客的外部行銷，組織的領導階層對內部人員的行銷，以及內部人員對外部顧客提供的服務的互動行銷三者。

互動行銷在專業領域裡尤其顯著（Baker & Saren, 2010）。

在行銷策略中，服務品質和服務傳送者之間，關係密不可分。在教育的專業領域中，家長不但重視學校提供服務的品質，更會藉著服務的功能及其來評斷並決定其所提供的服務的品質（Tripathi, 2018）。另外Tripathi（2018）亦指出在教師或行政人員與學生、家長、社區人士的互動過程中，獲得信賴，贏得口碑是行銷策略的主要努力的重點，因為口碑是非營利機構中最重要的傳播管道，學校辦學績效透過家長口耳相傳，可適時發揮「告知」和「影響」的功能。

行銷策略能提昇學生的學習滿意度、家長對學校的滿意度，以及外界人士對校的口碑與風評，這樣的關係亦能促使學校的外部行銷達成更好的效能；同時也能對校內人員產生激勵作用，提昇教學與行政質量的品質，促進內部行銷的作用。

施皇羽（2017），在其研究指出，行銷策略整合性概念含蓋層面、特性、功能及重要性；其中，行銷策略的主要內涵有七大層面，而行銷策略與其它營利性行銷的差異特性有四大項；行銷策略具有四大功能以及五大重要性，如圖2-6所示。

行銷策略層面：

一、行銷理念與方法的應用過程

二、創造資源交換價值的過程

三、具備完整的系統運作過程

四、具備可行的行銷組合策略

五、包含外部行銷、內部行銷及互
　　動行銷

六、增加組織競爭力

七、要能達成教育目標

行銷策略重要性：

一、提供學校檢視辦學的方向

二、給予家長完整的學校資訊

三、能夠協助解決招生問題

四、有利吸引資源、補助與捐款

五、增加學校知名度，提升競爭力

層面　　　　重要

學校行銷

功能　　　　差異特性

行銷策略功能：

一、達成組織目標與任務

二、有效整合教育資源

三、有效傳遞學校資訊、提高學校
　　知名度，樹立學校形象

四、提升教育品質，增進市場滿意
　　度，吸引學生就讀的意願

行銷策略差異特性：

一、具多重對象

二、多重目標

三、是無形的服務

四、必須面對大眾的監督

圖 2-6 行銷策略功能及重要性

資料來源：「高等教育顧客導向行銷策略指標建構與實證分析之研究」，施
皇羽，2017，國立暨南國際大學教育政策與行政學系，博士論文，頁
28。南投。

參、行銷策略相關研究

一、國內論文部分

　　研究者從臺灣碩博士論文知識系統查詢行銷策略相關論文，從2010年起，迄今2021年，共有11筆學位論文。10筆為碩士論文，1筆為博士論文，如表2-11所示。由此可見此項議題之關注度。

表 2-11　國內論文行銷策略相關研究

研究者（年代）	主題	研究對象	研究方法	研究結果
盧麗津（2009）	國小家長對行銷策略認知與家長滿意度之研究—以屏東縣潮州國小為例	家長	問卷調查法	1.屏東縣潮州國小家長對於行銷策略認知之現況，屬中上之程度，分別是成本價值及專業能力兩層面，認知為最高。 2.屏東縣潮州國民小學家長對行銷策略之認知：年齡越小認知程度越高；以自由業家長，其認知度最高；以專科、大學的家長認知度最高；子女就讀越低年段者，認知越高；於學校關係方面，委員、義工者之認知度相對較高。

（續下頁）

研究者 （年代）	主題	研究 對象	研究 方法	研究結果
				3.屏東縣潮州國民小學家長對學校滿意之現況屬中上，其中以形象與認同之層面，滿意度為最高。
				4.屏東縣潮州國小家長對於學校滿意度，年齡愈小家長，其滿意度愈高；專科、大學者滿意度最高；以從事自由業家長，其滿意度較高；子女就讀越低年段，家長滿意度越高；在學校關係方面，其為委員、義工家長，滿意度越高。
李明真 （2010）	行銷策略與學校形象對家長選校決策的影響－知覺風險的干擾效果	家長	問卷調查法	1.學校行銷對於家長選校決策，具顯著正向之影響。 2.學校形象對於家長選校決策具有顯著之影響。 3.行銷策略與學校形象之相互作用，對於家長選校決策有顯著之正向影響。

（續下頁）

研究者 （年代）	主題	研究對象	研究 方法	研究結果
				4.行銷策略對於家長選校決策影響，知覺風險會有顯著之干擾效果。 5.學校形象對家長選校決策之影響，知覺風險具有顯著之干擾效果。 6.行銷策略與學校形象的交互作用對家長選校決策影響中分析。
李昱秋 （2010）	屏東縣立完全中學行銷策略、學校形象、學校滿意度與選校因素關係之研究	家長	問卷調查法	1.行銷策略對於學校滿意度具正向，且具顯著之影響。 2.行銷策略對於學校形象具正向，且具顯著之影響。 3.學校形象對於學校滿意度具正向，且具顯著之影響。 4.學校滿意度對於選校因具正向，且具顯著之影響。
余杰儒 （2012）	宜蘭縣蘇澳地區之國民中學家長對	家長	問卷調查法	1.家長對於整體行銷策略與各個策略之覺知，其程度皆位於中上程度。

（續下頁）

研究者 (年代)	主題	研究 對象	研究 方法	研究結果
	行銷策略知覺程度與學校滿意度之研究			2.家長背景變項對於行銷策略每個層面之覺知程度,具部分之差異。 3.家長對於學校整體與各層面之滿意度均屬中上之程度。 4.家長背景變項對於學校各個層面之滿意度具部分之差異。 5.行銷策略覺知程度及學校之滿意度,呈現中高度之相關。 6.家長之背景變項及家長對學校之行銷策略的覺知,能有效地預測學校滿意度。
余美惠 (2012)	國小家長知覺行銷策略、學校品牌形象與學校滿意度之相關研究	家長	問卷調查法	1.彰化縣國小在之行銷策略整體的現況係中上程度,其中以通路策略為最高。 2.彰化縣國小學校品牌形象整體現況為中上之程度,以經驗性學校品牌形象為最高。 3.彰化縣國小學校滿意度整體狀況為大致良好,以教學品質層面為最高。

(續下頁)

研究者 （年代）	主題	研究 對象	研究 方法	研究結果
				4.彰化縣國小家長的整體行銷策略，因家長身分、學校地區、教育程度的不同而有顯著之差異；整體學校品牌形象因學校地區不同、教育程度差異、具顯著差異；整體學校滿意度因教育程度、地區不同，具有顯著之差異。 5.彰化縣國小行銷策略、學校品牌形象及學校滿意度，相互之間具中度至高度顯著正相關。 6.彰化縣國小行銷策略、學校品牌形象，各層面都對學校滿意度，具預測力，其中，經驗性最具預測力。
張義忠 （2011）	雲林縣轉型優質學校家長對行銷策略認知與滿意度之研究	家長	問卷調查法	1.家長對於學校之行銷策略認知之現況，趨向正面肯定，家長認知程度為互動行銷策略層面高於外部行銷策略層面，其中六大行銷策略，又以內向外互動策略表現為佳，教師良好表現獲得家長之肯定。

（續下頁）

研究者 （年代）	主題	研究 對象	研究 方法	研究結果
				2.家長對於學校之優質轉型，整體滿意度現況趨向正向之肯定，其教學品質滿意度表現為最高，其中，家長最滿意為教師的表現。 3.不同學歷背景家長對於學校整體行銷策略認知，具顯著差異，其中，國小以下，又較大專院校以上家長趨於正向。 4.不同學歷背景的家長，對於學校優質轉型之後，整體滿意度具顯著差異，學歷背景為國小以下相較大專院校以上者，趨於正向。 5.學校運用行銷策略情形越佳，家長對於學校之滿意度愈好，兩者之間顯示高度正相關。
王立梅 （2013）	金門縣國民小學行銷策略與家長滿意度關係之研究	家長	問卷調查法	1.金門縣國小家長學校行銷策略認知屬中上程度，其中以人員策略與通路策略表現為最佳。 2.金門縣國小家長之家長滿意度屬中上程度，其中以教學品質滿

（續下頁）

研究者 (年代)	主題	研究 對象	研究 方法	研究結果
				意度表現為最佳。
				3.金門縣國小家長於學校行銷策略之認知，不同學歷的家長於產品策略、推廣策略、人員策略等學校行銷策略層面，具顯著差異，國中、小畢業家長高於高中、職畢業家長及大專院校以上畢業家長。
				4.金門縣國小家長，於學校行銷策略認知，不同家庭月收入在通路策略具顯著差異，家庭月收入10萬元以上，高於家庭月收入5-10萬元。
				5.金門縣國小家長在家長滿意度認知層面，不同學歷家長於整體與教學品質滿意度層面，達顯著差異;在學歷方面，國中、小畢業家長高於高中、職畢業家長。
				6.金門縣國小家長滿意度上的認知，不同家庭月收入家長於教學品質

（續下頁）

研究者 （年代）	主題	研究 對象	研究 方法	研究結果
				滿意度層面，達顯著差異，收入方面，家庭月收入 10 萬元以上高於 5-10 萬元家長。 7.金門縣國小的學校行銷策略與家長滿意度之間，呈正相關。
詹雅嫻 （2013）	行銷策略與家長滿意度之關係研究－以苗栗縣苑裡國小為例	家長	問卷調查法	1.苗栗縣苑裡國民小學家長，對行銷策略認知，屬中上程。 2.苗栗縣苑裡國民小學家長滿意度，屬中上程度。 3.苗栗縣苑裡國民小學行銷策略看法及家長滿意度之間，呈正相關。 4.苗栗縣苑裡國民小學行銷策，對家長滿意度具預測力。
蔡銘澤 （2013）	行銷策略與學校形象對家長選校決策的影響-以新北市八里	家長	問卷調查法	1.行銷策略於各層面及整體，對家長選校決策，有顯著正向影響。 2.學校形象各層面與整體對於家長選校決策，有顯著正向影響。 3.行銷策略與學校形象交互效果，在整體和各層面之程度，均未達顯著差異。

（續下頁）

研究者 （年代）	主題	研究 對象	研究 方法	研究結果
	區公立國民 小學為例			4.行銷策略及家長選校決策，呈顯 著相關。 5.學校形象與家長選校決策，呈顯 著相關。
薛普文 （2013）	臺中市小型 國民小學家 長知覺行銷 策略與學校 滿意度之研 究	家長	問卷 調查法	1.臺中市小型國小家長對行銷策略知 覺現況，屬中上程度；以價格策略 表現最佳。 2.臺中市小型國小家長學校滿意度， 屬中上程度，以教師專業表現滿意 度為最佳。 3.臺中市小型國小家長對於行銷策略 知覺上，不同子女就讀年級家長， 在人員策略層面具顯著差異，不同 家庭月收入家長於「通路策略」層 面呈顯著差異。 4.臺中市小型國小家長對學校滿意度 知覺上，不同教育程度家長在學生 表現滿意度層面具顯著差異，不同 子女就讀年級家長對教師專業表 現滿意度層面，具顯著差異。

（續下頁）

研究者 （年代）	主題	研究 對象	研究 方法	研究結果
				5.臺中市小型國小之行銷策略與學校滿意度間，皆顯示正相關。 6.臺中市小型國民小學行銷策略對學校滿意度具預測力，其中以產品策略最具有預測力。
張哲彰 （2014）	嘉義市國民小學家長行銷策略覺知、選校因素與轉學想法關係之研究	家長	問卷調查法	1.嘉義市國民小學家長，選擇學校時，對每一環節皆十分重視，校長與家長間之想法，有部份差異。 2.嘉義市國民小學家長對學校的行銷策略具高度評價，人員策略為佳，推廣策略仍有進步空間。 3.嘉義市大部份國小家長信任學校之辦學績效，大部份不曾有過轉學的念頭。 4.不同教育程度、性別家長對選擇學校的考量、行銷策略評價、轉學想法皆十分一致。 5.越區就學家長與學區內家長間的想法，明顯不相同。

（續下頁）

研究者 （年代）	主題	研究 對象	研究 方法	研究結果
				6.行銷策略推動愈好，家長愈不會有轉學的念頭。
				7.家長對行銷策略評價、家長選校重視之程度，可預測家長轉學的想法。

資料來源：研究者自行整理

二、國內期刊部分

　　研究者從臺灣碩博士論文知識系統查詢行銷策略相關期刊，從 2017 年起，迄今 2021 年，共有 4 筆相關期刊，如表 2-12 所示。

表 2-12　國內期刊行銷策略相關研究

研究者 （年代）	主題	研究 對象	研究 方法	研究結果
黃義良 （2017）	學校行銷組合，學校形象與顧客滿意度之關聯探討：MASEM	針對歷年至 2016 年的相關論文共 35 篇數據進行後設分析。	MASEM 分析	1.學校行銷組合、學校形象與顧客滿意度間具中度至高度相關，屬大效果量。 2.「學校行銷組合影響學校形象及顧客滿意度結構模式」的整體適配度良好。

（續下頁）

研究者 （年代）	主題	研究 對象	研究 方法	研究結果
	方法的 分析			3.「學校行銷組合影響學校形象及顧客滿意度結構模式」內外變項間具有高度的直接效果。 4.學校形象在學校行銷組合及顧客滿意度間具中介作用。
顏如妙 （2018）	私立大學學校行銷策略認知建構與轉型之研究	家長	問卷調查法	1.將學校行銷策略歷程區分為「目標設定」-「內容規劃」-「推動執行」等三大區塊。 2.評估架構之第一層區分為「內部行銷」、「外部行銷」與「互動行銷」，呼應了先前相關研究與文獻之觀點。 3.針對整體權重進行分析，構面對整體而言，其重要依序為「C.互動行銷」、「A.內部行銷」、「B.外部行銷」。4.對學校經營者而言，與具發展潛力的重點產業連結、與學校鄰近社區建立良好互動模式，對大專院校行銷成效產生關鍵之影響。

（續下頁）

研究者 （年代）	主題	研究 對象	研究 方法	研究結果
黃義良 （2018）	學校行銷與 學校效能關 聯之探討: 採後設分析 結合結構方 程模式之驗 證	家長	問卷 調查法	1.後設分析可以應用於學校行銷的研究，各變項間具有中度以上之關聯性。 2.學校行銷影響學校效能結構模式適配度良好，內外 變項具有中度的直接效果。
藍俊雄 （2020）	學校行銷 與就讀意 願相關之 研究-以某 國中為例	家長	問卷 調查法	1.學校行銷策略對於學校形象具顯著正向之影響。 2.學校行銷策略對家長滿意度具顯著正向影響。 3.學校行銷策略對就讀意願呈現顯著正向的影響。 4.學校品牌形象對家長滿意度有顯著正向之影響。 5.學校形象對於就讀意願具有顯著正向之影響。 6.家長滿意度對家長將孩子送到學校之就讀意願有顯著正向的影響。

（續下頁）

研究者 （年代）	主題	研究 對象	研究 方法	研究結果
				7.家長滿意度對學校行銷、就讀意願為中介影響顯著。 8.家長滿意度對學校形象與就讀意願達部分中介。

資料來源：研究者自行整理

三、國外期刊部分

研究者查詢國外期刊行銷策略相關研究，從 2006 年起，迄今 2021 年，共計有 5 筆期刊論文。如表 2-13 所示。

表 2-13　國外期刊行銷策略相關研究

研究者 （年代）	主題	研究 對象	研究 方法	研究結果
Daughtry, D. D.（2020）	Elementary School Principals' Experiences Marketing Dual Language	小學校長	質性研究	1.該研究的負責人沒有任何專業知識和/或市場營銷培訓。因此，此研究中，校長沒有營銷計劃，營銷策略有限，無法推廣他們的雙語教學以促進多元化。 2.校長們多認為，營銷學校是校長工作職責的必要組成部分，

（續下頁）

研究者（年代）	主題	研究對象	研究方法	研究結果
	Programs to Promote Diversity			並接受了其在營銷中的作用，以招募更多種類的學生。 3.校長兼顧了多個教育目標，包括使學校多樣化，保持或增加入學率，以及提供更多種課程，例如雙語。 通常，這些目標會衝突，並且在缺乏系統支持的情況下，他們必須找到自己的解決方案。 4.校長種族經歷影響了他們做出的如何營銷學校以促進多樣性的決定。 5.校長都同意他們想要更多的錢專門用於市場營銷以及對NYCDOE 註冊和分區的審查，使得學校能夠招收更多申請者的學生的政策。 6.校長希望獲得區辦公室和紐約市教育局提供的營銷工作的持續而集中的支持。

（續下頁）

研究者 （年代）	主題	研究 對象	研究 方法	研究結果
				7.校長們指出，由於他們的營銷努力，他們的學校，尤其是雙語課程的學生的興趣日益增加。但是，對於多元化程度更高的學校的校長來說，這種興趣的增加也帶來了負面影響。
Anast-May, L., Mitchell, M., Buckner, B. C., & Elsberry, C. (2012)	School Principals as marketing managers: the expanding role of marketing for school development.	校長	量化研究	1.研究對象以學生為中心，並努力創造一個支持學生和家庭的環境。 2.研究對象意識到與重要利益相關者（家庭，業務合作夥伴等）進行行銷消息傳遞和夥伴關係的重要性。 3.本研究學校管理員缺乏正規的市場行銷培訓；但是，他們是員工的領導者。他們也是行銷策略工作的領導者。 4.學校行政人員仍表現出很高的行銷意識和敏感性，並對其目前整體表現感到滿意。

（續下頁）

研究者 （年代）	主題	研究 對象	研究 方法	研究結果
				5.服務時間、學校規模、學校類別、學校類型和性別對行銷策略重要性觀點影響最小。 6.高中校長傾向於將行銷視為重要因素，但重要性不如中小學校長。 7.農村學校的學校管理人員不太可能同意行銷策略對學校領導者很重要。 8.女性對當今學校管理者行銷管理較男性覺得重要。 9.小學校長對他們的行銷表現都比中學和高中的管理者更滿意。 10.經驗豐富的校長及大型學校的校長往往對過去的表現更滿意。
Bagley, C. （2006）	School choice and competition : a public-market in education revisited.	校長	質性研究	1.學校學術品質和中產階級形象為家長選校重要因素。 2.入學率影響學生學習成績，進而影響家長對學校的看法。北高地的學校管理人員高度重視考試成績以吸引家長的需求。

（續下頁）

研究者（年代）	主題	研究對象	研究方法	研究結果
				3.校長和高級管理人員致力於行銷策略，以此作為在當地競爭舞台上樹立品牌和定位學校的一種方式，該策略似乎已見成效，因為學校現已獲得超額認購。
				4.在北高地（Northern Heights）的計劃強調了代表專業學校致力於合作與夥伴關係的承諾的同時，紐克雷斯特（Newcrest）和布雷蘭茲（Braelands）都將專業地位視為提高競爭優勢的機會。
				5.學校根據公眾市場的運作而改變自己，以成為家長心目中更具吸引力的學校。
				6.從訪談中可以清楚地看到，消費者已經改變，Northern Heights 的學校更加充分地意識到了傾聽和接受父母的觀點的必要性。

（續下頁）

研究者 （年代）	主題	研究 對象	研究 方法	研究結果
Forsberg, H.（2018）	School competition and social stratification in the deregulated upper secondary school market in Stockholm	校長、學校管理者	質性研究	1.具有較高社會和擇優錄取率的高中，由於不必遵循市場參與規則，因此在教育市場上越來越受歡迎。 2.學校和家庭的文化資本越強，他們在進入學校市場時就越依賴這些文化資本。 3.對於高中，出於商業動機或對有額外或特殊需要的學生的照顧，有利招收學生，發現潛在學生顧客。 4.廣告、市場營銷活動及尋找客戶已成為行銷策略重要策略。
Jabbar, H.（2015）	"Every kid is money."	校長	質性研究	1.10 所學校為提高學業成績，增加學生入學率，吸引學生，為了與其他學校競爭而做出的努力，有 25 所學校使用行銷策略。 2.像其他研究人員一樣，研究發現行銷是最常見的學校競爭策略。 3.學校領導者的社交網絡能緩解競爭。

（續下頁）

研究者（年代）	主題	研究對象	研究方法	研究結果
Jabbar, H.（2015）	"Every kid is money."	校長	質性研究	1.10 所學校為提高學業成績，增加學生入學率，吸引學生，為了與其他學校競爭而做出的努力，有 25 所學校使用行銷策略。 2.像其他研究人員一樣，研究發現行銷是最常見的學校競爭策略。 3.學校領導者的社交網絡能緩解競爭。 4.基於競爭，特許網絡和學校績效的地位，影響了管理者在競爭環境中使用的策略。 5.在行銷方面，學校間互相掃描環境並模仿，而學校為了與眾不同而尋求利基市場。

資料來源：研究者自行整理

肆、行銷策略相關研究歸納分析

綜合上述研究，茲將行銷策略歸納分析如下：

一、國內論文部分

（一）研究層級分析

在研究層級分析方面， 11 筆論文中，有 10 筆為碩士論文，1 筆為博士論文，如表 2-14 所示。

表 2-14 國內論文行銷策略相關研究層級彙整表

研究方法	1 李明真	2 盧麗津	3 李昱秋	4 余杰儒	5 余美蕙	6 張義忠	7 王立梅	8 詹雅嫻	9 蔡銘澤	10 薛普文	11 張哲彰	次數
碩士	●	●	●	●	●	●	●	●	●	●		10
博士											●	1

資料來源：研究者自行整理

（二）研究方法分析

在研究方法使用分析方面， 11 筆論文中，有 11 筆使用量化研究，1 筆質性、量化研究，如表 2-15 所示。

表 2-15 國內論文行銷策略相關研究方法彙整表

研究方法	1 李明真	2 盧麗津	3 李昱秋	4 余杰儒	5 余美蕙	6 張義忠	7 王立梅	8 詹雅嫻	9 蔡銘澤	10 薛普文	11 張哲彰	次數
量化	●	●	●	●	●	●	●	●	●	●	●	11
質性											●	1

資料來源：研究者自行整理

（三）研究構面分析

　　根據研究分析，影響行銷策略相關因素，歸納以外部行銷、內部行銷與互動行銷等為最多，如表 2-16 所示。

表 2-16 國內論文行銷策略相關研究構面彙整表

研究者（年代）	行銷策略構面												
	產品策略	價格策略	通路策略	推廣策略	內外互動策略	外內互動策略	行政策略	教學策略	資源策略	獎勵策略	外部行銷	內部行銷	互動行銷
李明真（2010）	●	●	●	●			●	●			●	●	●
盧麗津（2012）	●	●	●	●	●		●		●		●	●	●

（續下頁）

研究者（年代）	行銷策略構面												
	產品策略	價格策略	通路策略	推廣策略	內外互動策略	外內互動策略	行政策略	教學策略	資源策略	獎勵策略	外部行銷	內部行銷	互動行銷
盧麗津（2012）	●	●	●	●	●		●		●		●	●	●
李昱秋（2012）	●	●		●	●		●	●	●		●	●	●
余杰儒（2012）		●		●	●	●		●	●	●			●
余美惠（2012）	●	●	●	●			●	●	●		●	●	●
張義忠（2012）	●	●	●	●			●	●		●	●	●	●
王立梅（2013）		●	●	●	●		●	●	●		●	●	●
詹雅嫻（2013）	●			●	●	●	●	●	●		●	●	●
薛普文（2013）	●	●	●		●			●	●		●	●	●
蔡銘澤（2013）	●		●	●	●						●	●	●

（續下頁）

研究者（年代）	行銷策略構面												
	產品策略	價格策略	通路策略	推廣策略	內外互動策略	外內互動策略	行政策略	教學策略	資源策略	獎勵策略	外部行銷	內部行銷	互動行銷
張哲彰（2014）	●	●	●		●		●	●			●	●	●
次數統計	10	8	10	10	10	2	10	10	9	2	11	11	11

資料來源：研究者自行整理

二、國外期刊部分

（一）研究層級分析

在研究層級分析方面，4 筆論文中，皆為期刊論文，如表 2-17 所示。

表 2-17 國外期刊行銷策略相關研究層級彙整表

研究層級	1	2	3	4	次數
	Anast-May, L., Mitchell, M., Buckner, B. C., & Elsberry, C. (2012)	Bagley, C. (2006)	Forsberg, H. (2018)	Jabbar, H. (2015)	
博士					
期刊	●	●	●	●	4

資料來源：研究者自行整理

（二）研究方法分析

　　在研究方法使用分析方面， 4 筆期刊中，有 1 筆使用量化研究，4 筆質性研究，如表 2-18 所示。

表 2-18　國外期刊行銷策略相關研究方法彙整表

研究方法	1 Anast-May, L., Mitchell, M., Buckner, B. C., & Elsberry, C. (2012)	2 Bagley, C. (2006)	3 Forsberg, H. (2018)	4 Jabbar, H. (2015)	次數
量化			●		1
質性	●	●	●	●	4

資料來源：研究者自行整理

（三）研究構面分析

　　根據研究分析，影響行銷策略相關因素，歸納以外部行銷、內部行銷與互動行銷為最多，如表 2-19 所示。

表 2-19 國外期刊行銷策略相關研究構面彙整表

研究者（年代）	行銷策略構面												
	產品策略	價格策略	通路策略	推廣策略	內外互動策略	外內互動策略	行政策略	教學策略	資源策略	獎勵策略	外部行銷	內部行銷	互動行銷
Anast-May, L., Mitchell, M., Buckner, B. C., & Elsberry, C.（2012）	●		●	●		●	●	●			●	●	●
Bagley, C.（2006）	●	●	●	●	●			●	●		●	●	●
Forsberg, H.（2018）		●	●		●	●	●		●	●	●	●	●
Jabbar, H.（2015）	●	●		●	●	●		●	●	●	●	●	●
次數統計	3	3	3	3	3	3	2	3	3	2	4	4	4

資料來源：研究者自行整理

　　綜合國內論文、國內期刊與國外期刊分析，本研究將行銷策略分為 1.外部行銷；2.內部行銷；3.互動行銷等三個構面。外部行銷又分成（1）推廣策略、（2）通路策略（3）產品策略與（4）價格策略；內部行銷又分成（1）行政策略、（2）教學策略、（3）獎勵策略與（4）資源策略；互動行銷策略又分成（1）

內外行銷策略與（2）外內行銷策略。以此做為行銷策略構面分類依據，如圖2-7 所示。

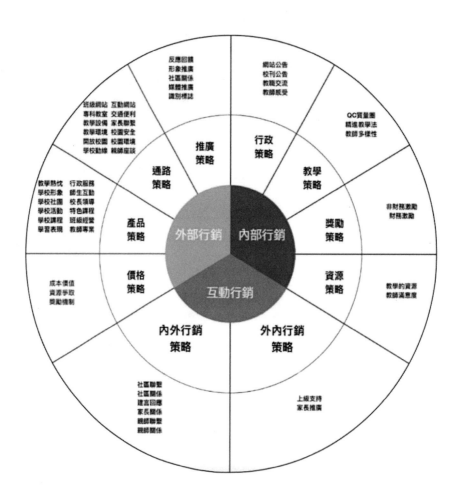

圖 2-7 行銷策略三構面

資料來源：研究者參考 Thomaidou Pavlidou, C., & Efstathiades, A. (2021). The effects of internal marketing strategies on the organizational culture of secondary public schools. Evaluation and Program Planning, 84. 繪製而成

三、相關背景變項分析

　　分析對行銷策略有影響的相關背景變項中,明顯以性別、年齡、學歷、學校位置、學校規模、學校縣市等有較高的共識,如表 2-20 所示。故本研究採用上述六項內涵為學校品牌形象的個人背景變項與學校環境變項,做為日後研究結果之交互檢證。

表 2-20 行銷策略相關背景變項分析彙整表

研究者（年代）	背景變相					
	性別	年齡	學歷	學校位置	學校規模	學校縣市
李明真（2010）	●	●	●	●	●	●
盧麗津（2012）	●	●	●	●	●	●
李昱秋（2012）	●	●	●	●	●	●
余杰儒（2012）	●	●	●	●	●	●
余美惠（2012）	●	●	●	●	●	●
張義忠（2012）	●	●	●	●	●	●
王立梅（2013）	●	●	●	●	●	●
詹雅嫻（2013）	●	●	●	●	●	●
薛普文（2013）	●	●	●	●	●	●
蔡銘澤（2013）	●	●	●	●	●	●
張哲彰（2014）	●	●	●	●	●	●
次數	11	11	11	11	11	11

資料來源：研究者自行整理

四、行銷策略架構圖

綜合上述相關研究分析結果，本研究國民小學行銷策略架構圖，如圖 2-8 所示。

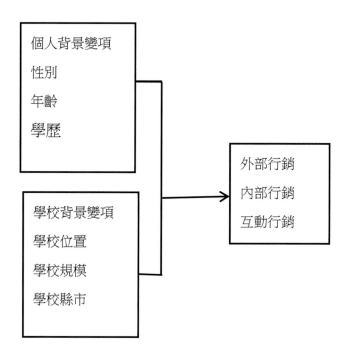

圖 2-8 行銷策略架構圖

資料來源：研究者自行整理

第三節　家長教育選擇權相關研究

　　根據 1999 年 6 月 23 日所公布的教育基本法第八條規定：「國民教育階段內，家長…得為其子女之最佳福祉，依法律選擇受教育之方式、內容及參與學校教育事務之權利（吳清山與林天佑，2009）。是項規定說明家長對其子女之國民教育有選擇之權利。目前我國國民中小學是採取學區制，無形中限制了家長為其子女選擇教育的機會。所以，在行政院教育改革審議委員會所出版的「教育改革總諮議報告書」中特別提到「父母的教育權」，而且建議父母在考慮兒童最佳利益的情形下，選擇適合其子女的教育型態的權利應予保障（吳清山與林天佑，2009），因此，教育選擇權將會愈來愈受到重視。

壹、家長教育選擇權的意涵

　　美國心理學家 Gopnik 認為，當一個好父母，並非僅把小孩變成聰明、快樂或成功的大人而已；而是養出一個健康、適應力強、有彈性的孩子，去面對難以預料卻必須面對的未來世界（林楸燕與黃書儀譯，2018）。

　　教育選擇權的概念是源自於西方歐美先進各國，英文中敘述相關概念的詞彙包括 educational choice, school choice, parental choice, family choice, parental choice of school,及 educational choice of parents 等。卡內基基金會則將教育選擇權定義為兩方面：一為家長有權為子女選擇學校，另一為學校有改革教育的自由　（Shields, 2017）。Carole（2014）則認為教育選擇權是促進學校改善教學品質、減少教育資源浪費及打破擁有固定學生來源的一

種競爭方式；林天祐與許如菁（2015）認為，教育選擇權源自「顧客導向」的市場經濟概念，在教育體系內，學校組織在教育體系內提供家長或民眾教育相關的服務。因此，家長全力為子女選擇最適合的教育方式及教育機構的權利。

教育選擇權（school choice），又可譯為「學校選擇」，係指一項複雜的學生分派計畫，其目的在使每一個家長和學生都有選擇學校的自由與權利（吳清山與黃久芬，1995）。「教育基本法」第八條第三項亦賦予家長自主性的教育選擇權，家長可以根據自身的偏好與需求，為其子女的最佳福祉，選擇最適合的學校就讀，此即家長教育選擇權。綜合上述，家長教育選擇權是指家長或家庭有自由及權利，基於最適合子女的發長需求，及保障維護子女的學習權的考量下，針對學校、課程、班級、教師的特性，為子女選擇合適的學校教育及教學。換言之，家長教育選擇權是指家長或家庭有自由及權利，基於最適合子女發展需求，保障維護子女學習權之考量，針對學校品質及軟、硬體，如：教學品質、校園安全、教師素質等，為子女選擇合適的學校。

首先，教學品質指教師教學計畫與實際教學間之差距，為教學過程中教師的教學決策行為。學校教師依教學目標與學生特性，運用教學策略及學校資源引導學習，使學習有效且滿意，達成教育理想與目標；其次，校園安全指教職員工能對學校可能發生意外之人、事、時、地、物，加以檢視及預防，於意外發生後，能立即、正確、有效處置，使損害減至最低，事後立即檢討及改善，達成學校零事故之安全目標。最後，教師素質指教師進行教育活動的基本品質及基礎條件，為教師在其職業生活中，調節和處理與他人、集體、社會、職業工作關係所應遵守的基本行為規範或行為準則，植基於此所表現出來的觀念意識和行為品質。

貳、影響家長選擇權的相關因素

影響家長教育選擇權的因素很多，家長教育選擇權的發展備受爭議，家長為子女選擇學校或適合的教學方式的因素也因為隨著國家文化及教育政策的差異而有所不同（黃宇仲，2014）。根據 He 與 Giuliano（2017）認為，影響家長選擇學校的因素中，以學校、家庭因素及社會三種影響最大，家長考量有關學校因素中以學校校風及校譽、教師素質與教學品質為最主要之影響因素（姜韻梅，2018）。而學校教學設備、學校規模或班級規模、學生學業成就表現、課程的安排及課外活動的多元化或是多樣化安排、教師管教學生的能力或班級經營的方法也影響家長考量之因素。家庭因素方面則以學校與家庭通車的距離及到校的方便性為最主要也是最中意的兩個影響因素，而子女喜好上學與學習得到的快樂、有親戚的小孩或是家庭或是孩子的好朋友在該校就讀、家長可參與學校運行的程度、家庭社經地位亦有相當程度之影響（Zhan, 2018）。社會因素則以安全性如學校位於社區中安全性高的位置或是在校內的安全為最主要考量因素（Zhan, 2018）。近幾年來，臺灣亦越來越重視家長教育選擇權，家長選校因素除了受到個人成長及受教背景影響外（秦夢群，2015），也會受到外在因素的影響。

Epstein 的家長參與理論提供家長在學校選擇重要性（Bower & Griffin, 2011）。在 Epstein 的家長對學校選擇的考量探討學校配套對家長選擇的影響，Esptein 深信學校對其學生視為己出的態度影響了家長對於學校事務的投入程度（Bower, 2011）。在對美國納帕學區報告書（Naperville Community Unit School District 203, 2012）指出六種家長對於學校投入的類型，這六種類型分別為學校與家長的夥伴關係、學校與學區的合作關係、家長與學區的夥伴關係，到學校擔任志工或是協助學校招募志工（Bifulco, 2012）。在

家長投入學校的程度方面，包括家長之間相互的協助、學校以開誠佈公的方式及態度與提供家長暢通的溝通管道，學校透過辦理親職教育及家長工作坊的方式協助家長增加知能，將家長意見納入學校的決策或是對家長的建議有即時、立即的回饋，還有提供充足的機會促進學區內的家長的合作等（Condliffe, Boyd, & DeLuca, 2015）。

Comer（2014）發展家長參與學校事務的配套，包括實體配套如重視學生健康促進，認知配套探究學校必須重視學童的思辨的能力、語言配套係指培養學生語言能力，社交配套希望學校能夠培養學生發展人際關係的能力，而倫理配套希冀學童能夠發展明辨是非的能力，最後心理配套探討學童對於自我價值的重要性。

綜上所述，學校功能對學生而言，不僅限於學業方面的表現，家長及學區的互動，更是影響家長教育選擇權的重要因素。

參、家長教育選擇權相關研究

吳清山（1999）在家長教育選擇權之研究中指出，家長為子女選擇學校時，會考量的主要因素的前三名，分別為學校的教學品質、學校的校園安全與學校的教師素質。

一、國內論文部分

研究者從臺灣碩博士論文知識系統查詢家長教育選擇權相關論文，從2010年起，迄今2021年，共有11筆學位論文，10筆為碩士論文，1筆為博士論文，如表2-21所示，由此可見此項議題之趨勢性。

表 2-21 國內論文家長教育選擇權相關研究

研究者 （年代）	主題	研究對象	研究方法	研究結果
盧麗津 （2009）	國小家長對行銷策略認知與家長滿意度之研究—以屏東縣潮州國小為例	家長	問卷調查法	1.屏東縣潮州國民小學家長對行銷策略認知之現況屬於中上程度，分別係成本價值層面及專業能力層面認知為最高。 2.屏東縣潮州國民小學家長對於行銷策略之認知，年齡愈小者認知程度越高；學歷方面，「專科、大學家長認知度最高；職業方面以從事自由業家長，其認知度最高；子女就讀年段方面，越低年段者認知度愈高，在學校關係方面以擔任委員、義工，認知度相對較高。 3.屏東縣潮州國民小學家長對學校滿意度之現況，屬中上程度，其中以形象與認同層面滿意度為最高。 4.屏東縣潮州國小家長對學校滿意度，於年齡方面：年齡越小家

（續下頁）

研究者 （年代）	主題	研究 對象	研究 方法	研究結果
				長，其滿意度越高；以專科、大學學歷家長滿意度最高，職業方面則以從事自由業家長滿意度相對較高；在子女就讀年段方面：愈低年段者滿意度愈高。
盧麗津 （2009）	國小家長對行銷策略認知與家長滿意度之研究—以屏東縣潮州國小為例	家長	問卷調查法	1.屏東縣潮州國民小學家長對行銷策略認知之現況屬於中上程度，分別係成本價值層面及專業能力層面認知為最高。 2.屏東縣潮州國民小學家長對於行銷策略之認知，年齡愈小者認知程度越高；學歷方面，「專科、大學家長認知度最高；職業方面以從事自由業家長，其認知度最高；子女就讀年段方面，越低年段者認知度愈高，在學校關係方面以擔任委員、義工，認知度相對較高。 3.屏東縣潮州國民小學家長對學校滿意度之現況，屬中上程度，其

（續下頁）

研究者 （年代）	主題	研究 對象	研究 方法	研究結果
				中以形象與認同層面滿意度為最高。
				4.屏東縣潮州國小家長對學校滿意度，於年齡方面：年齡越小家長，其滿意度越高；以專科、大學學歷家長滿意度最高，職業方面則以從事自由業家長滿意度相對較高；在子女就讀年段方面：愈低年段者滿意度愈高。
李明真 （2010）	行銷策略與學校形象對家長選校決策的影響－知覺風險的干擾效果	家長	問卷調查法	1.學校行銷策略對家長選校之決策，具顯著正向影響。 2.學校形象對家長選校決策，具顯著之影響。 3.行銷策略與學校形象之交互作用，對家長選校決策，具顯著正向之影響。 4. 在行銷策略對家長選校決策影響層面，知覺風險會有顯著之干擾效果。 5.學校形象對家長選校決策之影響

（續下頁）

研究者 （年代）	主題	研究 對象	研究 方法	研究結果
				中，知覺風險，有顯著干擾效果。 6.行銷策略與學校形象交互作用，對家長選校決策之影響中，知覺風險具顯著之干擾效果。
李昱秋 （2010）	屏東縣立完全中學行銷策略、學校形象、學校滿意度與選校因素關係之研究	家長	問卷調查法	1.行銷策略對學校滿意度呈現正向、具顯著之影響。 2.學校滿意度對選校因呈現正向、具顯著之影響。 3.學校形象對學校滿意度呈現正向、具顯著之影響。 4.行銷策略對學校形象呈現正向、具顯著之影響。
余杰儒 （2012）	宜蘭縣蘇澳地區之國民中學家長對行銷策略知覺程度與學校滿意度之研究	家長	問卷調查法	1.家長對整體行銷策略、各策略知覺程度，皆屬中上程度。 2.家長背景變項對行銷策略各層面知覺程度，具部分差異。 3.家長對整體學校與各個層面之滿意度，皆屬中上程度。 4.家長背景變項對學校各層面之滿意度，具部分之差異。

（續下頁）

研究者 （年代）	主題	研究 對象	研究 方法	研究結果
				5.行銷策略知覺程度及學校滿意度，呈顯中高度之相關。
				6.家長背景變項與家長對行銷策略知覺程度，有效預測學校滿意度。
余美惠 （2012）	國小家長知覺行銷策略、學校品牌形象與學校滿意度之相關研究	家長	問卷調查法	1.彰化縣國小之行銷策略整體狀況，屬中上程度，其中，通路策略層面為最高。 2.彰化縣國小學校品牌形象整體現況係中上程度，以經驗性學校品牌形象為最高。 3.彰化縣國小學校滿意度現況為大致良好，以教學品質層面最高。 4.彰化縣國民小學家長的整體行銷策略，因其教育程度、身分、學校地區不同而具顯著之差異；整體學校品牌形象因其學校地區不同、教育程度，有顯著差異；整體學校滿意度因教育程度與學校地區不相同，呈現顯著差異。

（續下頁）

研究者 （年代）	主題	研究 對象	研究 方法	研究結果
				5.彰化縣國小行銷策略、學校品牌形象及學校滿意度，相互間呈現顯著中度至高度正相關。 6.彰化縣國小行銷策略及學校品牌形象各層面，均對學校滿意度具預測力，以經驗性學校品牌形象最具有預測力。
張義忠 （2011）	雲林縣轉型優質學校家長對行銷策略認知與滿意度之研究	家長	問卷調查法	1.家長對行銷策略認知現況趨向正向肯定，家長的認知程度為互動行銷策略，其優於外部行銷策略，六大行銷策略中，以內向外互動策略表現為佳，顯示教師良好表現獲得家長肯定。 2.家長對學校優質轉型之後整體滿意度現況趨向於正面肯定，以教學品質滿意度表現為佳，家長最滿意教師的表現。 4.不同學歷背景家長對學校轉型優質之後，整體滿意度呈現顯著差異，學歷背景為國小以下

（續下頁）

研究者 （年代）	主題	研究 對象	研究 方法	研究結果
				者，比大專院校以上家長趨向正向。
				5.學校運用行銷策略與學校滿意度兩者之間具有高度之正相關。
王立梅 （2013）	金門縣國民小學行銷策略與家長滿意度關係之研究	家長	問卷調查法	1. 金門縣國小家長學校行銷策略認知屬中上程度，其中以人員策略與通路策略表現為最佳。 2.金門縣國小家長之家長滿意度屬中上程度，其中以教學品質滿意度表現為最佳。 3.金門縣國小家長於學校行銷策略之認知，不同學歷的家長於產品策略、推廣策略、人員策略等學校行銷策略層面，具顯著差異，國中、小畢業家長高於高中、職畢業家長及大專院校以上畢業家長。 4.金門縣國小家長，於學校行銷策略認知，不同家庭月收入在通路策略具顯著差異，家庭月收入 10 萬元以上，高於家庭月收入 5-10 萬元。

（續下頁）

研究者 （年代）	主題	研究 對象	研究 方法	研究結果
				5.金門縣國小家長在家長滿意度認知層面，不同學歷家長於整體與教學品質滿意度層面，達顯著差異; 在學歷方面，國中、小畢業家長高於高中、職畢業家長。
				6.金門縣國小家長滿意度上的認知，不同家庭月收入家長於教學品質滿意度層面，達顯著差異，收入方面，家庭月收入 10 萬元以上高於 5-10 萬元家長。
				7.金門縣國小的學校行銷策略與家長滿意度之間，呈正相關。
詹雅嫻 （2013）	行銷策略與家長滿意度之關係研究－以苗栗縣苑裡國小為例	家長	問卷調查法	1.苗栗縣苑裡國民小學家長，對行銷策略認知現況，屬中上程度。 2.苗栗縣苑裡國民小學家長滿意度，屬中上程度。 3.苗栗縣苑裡國民小學行銷策略及家長滿意度之間，呈正相關。 4.苗栗縣苑裡國民小學行銷策略，對家長滿意度具預測力。

（續下頁）

研究者 （年代）	主題	研究 對象	研究 方法	研究結果
				4.苗栗縣苑裡國民小學行銷策略，對家長滿意度具預測力。
蔡銘澤 （2013）	行銷策略與學校形象對家長選校決策的影響-以新北市八里區公立國民小學為例	家長	問卷調查法	1.行銷策略在對於各層面及整體，對家長選校決策，有顯著正向影響。 2.學校形象各層面與整體對於家長選校決策，有顯著正向影響。 3.行銷策略整體與學校形象交互效果，在整體和各層面之程度，均未達顯著差異。 4.行銷策略及家長選校決策，呈顯著相關。 5.學校形象與家長選校決策，呈顯著相關。
薛普文 （2013）	臺中市小型國民小學家長知覺行銷策略與學校滿意度之研究	家長	問卷調查法	1.臺中市小型國小家長對行銷策略認知知覺現況，屬中上程度；以價格策略表現最佳。 2.臺中市小型國小家長學校滿意度，屬中上程度，以教師專業表現滿意度為最佳。

（續下頁）

109

研究者 （年代）	主題	研究 對象	研究 方法	研究結果
				3.臺中市小型國小家長對於行銷策略知覺上，不同子女就讀年級家長，在人員策略層面具顯著差異，不同家庭月收入家長於「通路策略」層面呈顯著差異。
				4.臺中市小型國小家長對學校滿意度知覺上，不同教育程度家長在學生表現滿意度層面具顯著差異，不同子女就讀年級家長對教師專業表現滿意度層面，具顯著差異。
				5.臺中市小型國小之行銷策略與學校滿意度間，皆顯示正相關。
				6.臺中市小型國民小學行銷策略對學校滿意度具預測力，其中以產品策略最具有預測力。
張哲彰 （2014）	嘉義市國民小學家長行銷策略覺知、選校因素	家長	問卷調查法	1.嘉義市國民小學家長，選擇學校時，對每一環節皆十分重視，校長與家長間之想法，有部份差異。

（續下頁）

研究者 （年代）	主題	研究 對象	研究 方法	研究結果
張哲彰 （2014）	與轉學想法 關係之研究	家長	問卷 調查法	2.嘉義市國民小學家長對學校的行銷策略具高度評價，人員策略為佳，推廣策略仍有進步空間。 3.嘉義市大部份國小家長信任學校之辦學績效，大部份不曾有過轉學的念頭。 4.不同教育程度、性別家長對選擇學校的考量、行銷策略評價、轉學想法皆十分一致。 5.越區就學家長與學區內家長間的想法，明顯不相同。 6.行銷策略推動愈好，家長愈不會有轉學的念頭。 7.家長對行銷策略評價、家長選校重視之程度，可預測家長轉學的想法。

資料來源：研究者自行整理

二、國內期刊部分

　　研究者從臺灣碩博士論文知識系統查詢家長教育選擇權相關國內期刊，從 2018 年起，迄今 2021 年，共計有 2 筆相關期刊。如表 2-22 所示。

表 2-22 國內期刊家長教育選擇權相關研究

研究者 （年代）	主題	研究 對象	研究 方法	研究結果
藍玉婷 （2018）	臺南市家長選擇幼兒園考量因素之調查研究	家長	問卷調查法	1.臺南市家長選擇幼兒園整體考量因素和設備、師資、課程教學、價格、環境、親師互動，六個因素現況皆為非常符合，但於便利因素現況為大多符合。 2.臺南市家長選擇幼兒園考量因素之現況，不同教育程度、家庭每月總收入、園所屬性差異不大，不同身份、年齡、家庭狀況無差異。 3.臺南市家長選擇幼兒園整體考量因素與設備、師資、課程、環境、親師互動等五項因素，呈現高度正相關；整體與便利、價格二因素呈現中度正相關。

（續下頁）

研究者 （年代）	主題	研究 對象	研究 方法	研究結果
				4.家長選擇學校考量因素之預測因素主要有三個：課程教學因素、環境因素、便利因素。根據研究結果對幼兒園和教保服務人員提出建議，以作為參考。
謝馨瑩 （2020）	國民小學家長教育選擇權之探討	家長	質性研究	1.配合學生需求，實施課程家長的教育選擇依其所好，家長根據個別差異與身心發展，選擇合適學校，經由專業教師協商訂定適當的課程，能有效提升學習成效。 2.強調家長和學校要以學生為學習中心，依據學生的特 質對學生進行最妥善的安排，營造親師生能和諧共處學校。 3.學校的課程規畫應積極創新，建立創新學習環境氛圍。 4.學校辦學績相對能獲得家長肯定，家長就能安心讓子女就學。因此教職員工建立良好教學品質和親切的服務，就是家長最好的選擇。

資料來源：研究者自行整理

三、國內外期刊書籍部分

　　研究者查詢家長教育選擇權相關國內外期刊書籍，從 2014 年起，迄今 2021 年，共計有 4 筆期刊論文。如表 2-23 所示。

表 2-23　國內外期刊書籍家長教育選擇權相關研究

研究者（年代）	主題	研究對象	研究方法	研究結果
Burgess, S., Greaves, E., Vignoles, A., & Wilson, D.（2014）	What Parents Want: School Preferences and School Choice	家長	問卷調查法	1.學生的學業成績是英國學校父母選擇的重要決定因素。 2.來自較低社會經濟地位的人更有可能選擇學歷較低的學校。 3.較富裕和受過更多教育的家庭更傾向於選擇學術型學校。 4.結果證實家長偏愛在家附近的學校。
de Talancé.（2020）	Private and Public Education: Do Parents Care About School Quality	家長	問卷調查法	1.公立學校的品質解釋了私立教育的增長。更具體地說，重要的不僅是學校的客觀品質，還包括家長如何看待這種品質。 2.家長缺乏學校相關信息也會影響擇校偏好，當他們對公立學校品質一無所知時，家長選擇私立學校的機率就會提高。

（續下頁）

研究者 （年代）	主題	研究 對象	研究 方法	研究結果
				3.家長偏好投資教育於男孩意願多於女孩。
Kim, J.-S., & Hwang, Y.-J. （2012）	The Effects of School Choice on Parental School Participation and School Satisfaction in Korea	家長	問卷 調查法	1.給予家長機會為他們的孩子選擇學校，與家長學校高參與度沒有關聯。 2.家長學校的參與受個人因素而不是學校因素。這些因素包括學生的性別、學習成績、父母的社會經濟地位、父母參與、支持子女的教育。 3.參加學校教育活動的父母通常是受過良好教育的母親，他們是全職家庭主婦或相對家庭較富裕的母親。 4.選擇學校時首先要考慮的因素在一定程度上與家長學校的參與程度有關。

（續下頁）

研究者 （年代）	主題	研究 對象	研究 方法	研究結果
Ullah, S., & Hussain, I. A. （2020）	To Evaluate Preference of Parents Sending their Children to Public or Private Schools in District Karak	家長	問卷 調查法	1.公立學校孩子的父母偏愛公立學校。 2.私立學校孩子的父母偏愛私立學校，因為他們在學業表現，員工素質、員工敬業度、課程水平和學生的信心表現較佳。 3.公立和私立學校孩子的父母都更喜歡公立學校的師資和體育設施。 4.公立學校和私立學校孩子的父母都偏愛私立學校，因為私立學校在教育費用在高水平範圍。
Barrows, S., Cheng, A., Peterson, P. E., & West, M. R. （2018）	Do Charters Pose a Threat to Private Schools? Evidence from Nationally Representative Surveys of U.S.	家長	分析 NCES 2012 EdNext 2016 數據	1.在 K-12 學校中，越來越多的選擇可供選擇，越來越多地將家長變成了消費者，他們能夠通過他們的決定影響不同學校部門的命運。

（續下頁）

研究者（年代）	主題	研究對象	研究方法	研究結果
				2.家長在選擇特許學校，選定地區或私立學校的學校時行使了選擇權，而不是選擇當地地區分配給他們的學校。
				3.家長的滿意度項目取決於學校氛圍，包括父母對教師素質，學校紀律，性格和價值觀的指導以及學業期望的滿意度。
				4.家長的滿意度因素，為基礎設施和環境，包括對學校安全性，位置和設施的滿意度。
				5.即使在 2012 年至 2016 年間，特許學校增長了 30％，但家長對學校氛圍的滿意程度並未發生重大變化。
				6.在 EdNext2016 中觀察到的結果通常與在 NCES2012 中觀察到的結果相符。私立學校的家長對學校的氛圍最滿意。

（續下頁）

研究者 （年代）	主題	研究 對象	研究 方法	研究結果
				7. 特許學校彌補了以學費為主的學校和免學費學校之間幾乎三分之二的學校氛圍差距（0.28 s.d.）。
				8. 與地區學校相比，私立學校最滿意的看法是對性格或價值觀的滿足感。實際上，私立學校家長對該變量的評分明顯高於特許學校家長的評分。
				9. 私立學校家長對學校基礎設施和環境的滿意度高於地區學校家長（district school parents）（0.16 s.d.）。
				10. 特許學校已經縮小了地區和私立學校之間的滿意度鴻溝，可能會侵蝕私立學校的規模。

資料來源：研究者自行整理

肆、家長教育選擇權相關研究歸納分析

綜合上述研究，茲將家長教育選擇權歸納分析如下：

一、國內論文部分

（一）研究層級分析

在研究層級分析方面， 11 筆論文中，有 10 筆為碩士論文，1 筆為博士論文，如表 2-24 所示。

表 2-24 國內論文家長教育選擇權相關研究層級彙整表

研究層級	1 李明真	2 盧麗津	3 李昱秋	4 余杰儒	5 余美蕙	6 張義忠	7 王立梅	8 詹雅嫻	9 張哲彰	10 薛普文	11 蔡銘澤	次數
碩士	●	●	●	●	●	●	●	●		●	●	10
博士									●			1

資料來源：研究者自行整理

（二）研究方法分析

在研究方法方面，11 筆論文中，有 11 筆使用量化研究，1 筆質性研究與量化研究，如表 2-25 所示。

表 2-25 國內論文家長教育選擇權相關研究方法彙整表

研究方法	1 李明真	2 盧麗津	3 李昱秋	4 余杰儒	5 余美蕙	6 張義忠	7 王立梅	8 詹雅嫻	9 張哲彰	10 薛普文	11 蔡銘澤	次數
量化	●	●	●	●	●	●	●	●	●	●	●	11
質性										●		1

資料來源：研究者自行整理

（三）研究構面分析

　　根據研究分析，影響家長教育選擇權的因素，歸納以教學品質、校園安全與教師素質為最多，如表 2-26 所示。

表 2-26 國內論文家長教育選擇權相關研究構面彙整表

研究者 (年代)	家長教育選擇權												
	學校文化	課程活動	學校設備	學校聲譽	防範災害	危機處理	教師教學	學校課程	班級經營	親師關係	教學品質	校園安全	教師素質
李明真 (2010)	●	●					●				●	●	●
盧麗津 (2012)				●			●				●	●	●

（續下頁）

研究者 (年代)	家長教育選擇權												
	學校文化	課程活動	學校設備	學校聲譽	防範災害	危機處理	教師教學	學校課程	班級經營	親師關係	教學品質	校園安全	教師素質
李昱秋 (2012)		●		●		●	●	●	●	●	●	●	●
余杰儒 (2012)	●	●		●		●	●	●	●	●	●	●	●
余美惠 (2012)	●	●				●	●	●	●	●	●	●	●
張義忠 (2012)		●		●						●	●	●	●
王立梅 (2013)	●	●		●		●	●	●	●	●	●	●	●
詹雅嫻 (2013)		●				●	●	●	●	●	●	●	●
薛普文 (2013)	●	●	●	●	●	●	●	●	●	●	●	●	●
蔡銘澤 (2013)		●	●	●		●					●	●	●
張哲彰 (2014)		●	●	●	●	●	●			●	●	●	

（續下頁）

研究者 (年代)	家長教育選擇權												
	學校文化	課程活動	學校設備	學校聲譽	防範災害	危機處理	教師教學	學校課程	班級經營	親師關係	教學品質	校園安全	教師素質
次數 統計	3	10	3	8	2	5	10	7	6	8	11	11	11

資料來源：研究者自行整理

二、國內外期刊書籍部分

（一）研究層級分析

在研究層級分析方面， 6 筆期刊書籍中，5 筆為期刊論文，1 筆為書籍，如表 2-27 所示。

表 2-27 國內外期刊書籍家長教育選擇權相關研究層級彙整表

研究層級	1	2	3	4	5	6	次數
	蔡金田 (2018)	Beabout, B. R., & Cambre, B. M. (2013)	Burgess, S., Greaves, E., Vignoles, A., & Wilson, D. (2014)	de Talancé, M. (2020)	Hofflinger, A., Gelber, D., & Tellez Cañas, S. (2020)	Rohde, L. A., Campani, F., Oliveira, J. R. G., Rohde, C. W., Rocha, T., & Ramal, A. (2019)	
書籍	●						1
期刊		●	●	●	●		4

資料來源：研究者自行整理

（二）研究方法分析

　　在研究方法方面，4 論文中，有 3 筆使用量化研究，1 筆質性研究，如表 2-28 所示。

表 2-28 國內外期刊書籍家長教育選擇權相關研究方法彙整表

研究方法	1	2	3	4	5	6	次數
	蔡金田 (2018)	Beabout, B. R., & Cambre, B. M. (2013)	Burgess, S., Greaves, E., Vignoles, A., & Wilson, D. (2014)	de Talancé, M. (2020)	Hofflinger, A., Gelber, D., & Tellez Cañas, S. (2020)	Rohde, L. A., Campani, F., Oliveira, J. R. G., Rohde, C. W., Rocha, T., & Ramal, A. (2019)	
量化	●		●	●	●	●	5
質性		●		●			2

資料來源:研究者自行整理

(三)研究構面分析

　　根據研究分析,影響家長教育選擇權的因素,歸納以教學品質、校園安全與教師素質為最多,如表 2-29 所示。

表 2-29 國內外期刊書籍家長教育選擇權相關研究構面彙整表

研究者（年代）	家長教育選擇權												
	學校文化	課程活動	學校設備	學校聲譽	防範災害	危機處理	教師教學	學校課程	班級經營	親師關係	教學品質	校園安全	教師素質
Beabout, B. R., & Cambre, B. M. （2013）	●	●		●			●	●		●	●	●	●
Burgess, S., Greaves, E., Vignoles, A., & Wilson, D. （2014a）	●	●		●					●		●	●	●
de Talancé M. （2020）	●			●			●				●	●	●
Hofflinger, A., Gelber, D., & Tellez Cañas, S. （2020）	●	●					●		●		●	●	●

1. （續下頁）

研究者 （年代）	家長教育選擇權												
	學校文化	課程活動	學校設備	學校聲譽	防範災害	危機處理	教師教學	學校課程	班級經營	親師關係	教學品質	校園安全	教師素質
Rohde, L. A., Campani, F., Oliveira, J. R. G., Rohde, C. W., Rocha, T., & Ramal, A. （2019）	●		●			●	●		●		●	●	●
次數統計	4	4	1	4	0	1	4	4	2	1	5	5	5

資料來源：研究者自行整理

綜合國內論文、國內期刊與國外期刊分析，本研究將家長教育選擇權分為 1.教學品質；2.校園安全；3.教師素質等三個構面。教學品質又分成（1）學校文化、（2）課程活動、（3）學校設備與（4）學校聲譽；校園安全又分成（1）防範災害、（2）危機處理；教師素質又分成（1）教師教學、（2）學校課程、（3）班級經營與（4）親師關係。以此做為家長教育選擇權構面分類依據，如圖 2-9 所示。

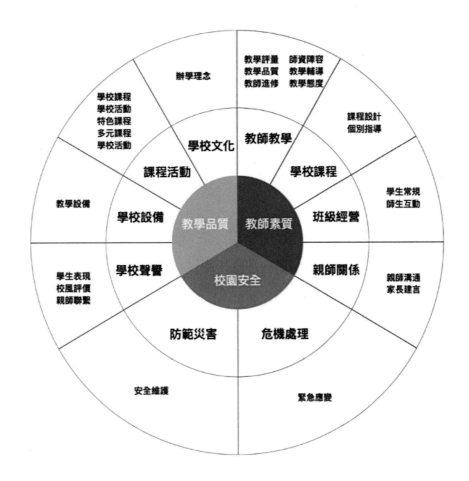

圖 2-9 家長教育選擇權三構面

資料來源：研究者自行整理繪製而成

四、相關背景變項分析

　　從相關研究分析中顯示，性別、年齡、最高學歷、學校位置、學校規模、學校縣市等家長個人背景變項與學校背景變項等方面略有差異。茲將各研究者對影響家長教育選擇權之相關背景變項彙整，如表 2-30 所示。

表 2-30 家長教育選擇權相關背景變項分析彙整表

研究者（年代）	背景變項						
	性別	年齡	學歷	職業類別	學校位置	學校規模	學校縣市
李明真（2010）	●	●	●		●	●	●
盧麗津（2012）	●	●	●	●	●		●
李昱秋（2012）	●	●	●	●	●	●	●
余杰儒（2012）	●	●	●	●	●	●	●
余美惠（2012）	●	●	●	●	●	●	●
張義忠（2012）	●	●	●	●	●	●	●
王立梅（2013）	●	●	●	●	●	●	●
詹雅嫻（2013）	●	●	●	●	●	●	●
薛普文（2013）	●	●	●		●	●	●

（續下頁）

背景變項						
研究者 （年代）	性別	年齡	學歷	職業 類別	學校 位置	學校 規模	學校 縣市
蔡銘澤 （2013）	●	●	●		●	●	●
張哲彰 （2014）	●	●	●	●	●	●	●
次數	11	11	11	8	11	11	11

資料來源：研究者自行整理

　　綜合上述表 2-30 的分析結果，對家長教育選擇權有影響的相關背景變項中，明顯以性別、年齡、學歷、學校位置、學校規模、學校縣市等有較高的共識，故本研究採用上述六項內涵為家長教育選擇權的個人背景變項與學校環境變項，做為日後研究結果之交互檢證。

五、相關背景變項對家長教育選擇權影響差異性分析

　　茲針對上述十篇研究相關背景變項對家長教育選擇權影響差異性分析彙整，如表 2-31 所示。

表 2-31 相關背景變項對家長教育選擇權影響差異性分析

研究者（年代）	背景變項					
	性別	年齡	學歷	學校位置	學校規模	學校縣市
李明真（2010）	◎	◎	◎	◎	◎	◎
盧麗津（2012）	◎	◎	◎			
李昱秋（2012）	◎	◎	◎			
余杰儒（2012）	◎	◎	高中職>專科以上			
余美惠（2012）	◎	◎	高中職>專科以上	鄉鎮>縣轄市	◎	鄉鎮>縣轄市
張義忠（2012）	◎	◎	高中職>專科以上			
王立梅（2013）	◎	◎	高中職>專科以上			
詹雅嫻（2013）	◎	◎	◎			
薛普文（2013）		◎	專科以上>高中職			

（續下頁）

背景變項					
研究者 （年代）	性別	年齡	學歷	學校位置	學校規模	學校縣市
蔡銘澤 （2013）	女性＞ 男性	◎	◎	◎	◎	◎
張哲彰 （2014）	◎	◎	◎	學區＞ 越區	◎	學區＞ 越區

註：「◎」代表 t 考驗未達顯著差異水準。「＞」代表考驗達顯著水準。

資料來源：研究者自行整理

　　歸納上述的研究結果，不難發現對家長教育選擇權有影響的相關背景變項，明顯以個人背景（性別、年齡及學歷）與學校背景（學校位置、學校規模、學校區域）等共五項變項具有顯著差異，茲將五個變項在家長教育選擇權之整體及各構面上之差異性分析彙整如下：

1. 個人背景對家長教育選擇權影響差異性分析

（1）性別

　　不同性別的家長在教育選擇權上是否有明顯的差異，研究顯示性別的不同不會對家長教育選擇權產生差異（王立梅，2013；李明真，2010；李昱秋，2012；余杰儒，2012；余美惠，2012；張義忠，2012；張哲彰，2013；詹雅嫻，2013；盧麗津，2012）。然而，也有研究顯示性別的不同會對家長在教育選擇權產生差異，且女性家長優於男性家長（蔡銘澤，2013）。到底性別的不同，是否會對家長在教育選擇權產生顯著差異，此為本研究尚待探究的一環。

131

（2）年齡

　　不同年齡的家長在教育選擇權是否會有顯著差異，研究顯示家長年齡對其家長教育選擇權沒有顯著差異（王立梅，2013；李明真，2010；李昱秋，2012；余杰儒，2012；余美惠，2012；張義忠，2012；張哲彰，2013；詹雅嫻，2013；盧麗津，2012）。由於相關家長教育選擇權研究篇數不多，尚待本研究及後續學者加入探究。

（3）學歷

　　部分研究顯示不同學歷之家長，在整體上家長教育選擇權沒有顯著差異（李明真，2010；李昱秋，2012；張哲彰，2013；詹雅嫻，2013；盧麗津，2012；蔡銘澤，2013；薛普文，2013）。然而，也有研究指出，不同學歷之家長其在整體家長教育選擇權上達顯著差異（王立梅，2013；余杰儒，2012；余美惠，2012；張義忠，2012）。從少數的統計數量來看，似乎主張學歷對家長的家長教育選擇權顯著差異水準稍多，但差距不大。尚待本研究及後續學者加入探究。

2. 學校背景對家長教育選擇權影響差異性分析

（1）學校位置

　　根據研究指出學校所在位置的不同，確實會影響家長的教育選擇權（余美惠，2012；張哲彰，2013）。然而也有研究顯示不同學校位置的家長，其整體家長教育選擇權並無顯著差異（李明真，2010；蔡銘澤，2013）。城鄉的差距、學校所在位置在的不同，是否會對家長的教育選擇權造成顯著差異，有待進一步分析與探究。

（2）學校規模

　　多數研究指出學校規模大小並不會影響家長的教育選擇權（李明真，2010；余美惠，2012；張哲彰，2013；蔡銘澤，2013），顯示不同學校規模

的家長，其整體家長教育選擇權無顯著差異。然而，學校規模大小與家長的教育選擇權關係尚無定論，有待本研究進一步探究。

（3）學校縣市

上述十篇論文當中，皆針對該縣市家長的家長教育選擇權進行研究。在整體家長教育選擇權上，有的研究指出無顯著差異（李明真，2010；蔡銘澤，2013）。然而，也有研究顯示學校區域的不同會對家長在教育選擇權產生差異，且鄉鎮家長優於縣轄市家長及學區家長優於越區家長（余美惠，2012；張哲彰，2013）。整體來說，學校區域在家長的教育選擇權的影響上，尚無定論，有待進一步探究。

六、家長教育選擇權架構圖

綜合上述相關研究分析結果，本研究家長教育選擇權架構圖如圖 2-10。

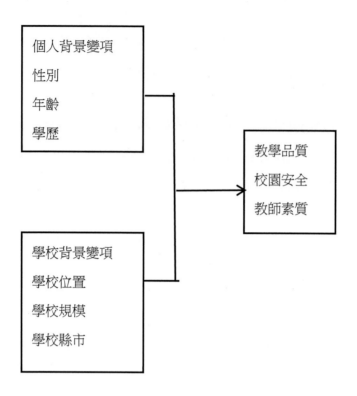

圖 2-10 家長教育選擇權架構圖

資料來源：研究者自行整理

第四節　學校品牌形象、行銷策略與家長教育選擇權

相關研究

　　本節分為四部份來探討，首先探討學校品牌形象與家長教育選擇權之相關研究，其次探討學校品牌形象與行銷策略之相關研究，第三部分將探討行銷策略與家長選擇權之相關研究，最後將探討學校品牌形象、家長選擇權及行銷策略之相關研究。

壹、學校品牌形象與家長教育選擇權之相關研究

　　蔡進發與蕭至惠（2017）在「學校品牌形象、情感性品牌依附、知覺品質、滿意度與購後行為關係之探討—兼論自我一致性的干擾效果」研究發現，兼具認知與情感成份的選擇後，學校品牌形象會正向影響知覺品質、滿意度和情感性品牌的依附；知覺品質會正向影響滿意度，滿意度會進一步影響家長對學校的品牌依附現象，因此學校的學校品牌形象會影響家長之教育選擇，滿意度與情感性學校品牌形象會正向影響家長的教育選擇，換句話說，學校品牌形象建立後，不僅會影響家長的教育選擇，這個正向的學校品牌形象會延長家長在教育選擇後對於學校的情感依附心理。另外，學校品牌形象可以分別透過知覺品質、滿意度和情感性品牌依附來間接影響家長的教育選擇。鄭琦蓉（2008）在「高雄市國民小學學生家長對行銷策略與學校形象關係之研究」指出，行銷策略的知覺情形愈好，則其學校形象感受情形也愈佳。教師專業形象愈好，家長感受度也愈高。張淑芬（2010）

在「彰化縣國民小學教育人員對學校品牌管理認知之研究」指出，成立並發展學校特色深受受測者認同，大多數教育人員已體認到學校品牌營造特色的重要性。邱彥棠（2019）研究指出，行銷策略對學校形象有顯著正向的影響。換言之，如何建立有效的學校品牌形象，將學校的辦學理念、教師專業形象與教學成果呈現，獲得學生、家長與社區民眾的認同，以呈現學校辦學績效，增進家長教育選擇權的機會，是為首要工作。

綜論之，學校品牌形象的建立，影響著家長教育選擇權。唯有透過優質學校品牌形象，家長的滿意度才能提升，學校才能永續經營。

貳、學校品牌形象與行銷策略之相關研究

學校品牌形象的建立跟行銷策略之間的相關性是相輔相成的。學校致力於學校品牌形象的建立，透過行銷策略的運用讓學校的品牌及特色得以廣為推廣，因此，學校在行銷策略的運用前必須要將學校的學校品牌形象先建立起來。

蔡金田（2009）在「學校品牌建構與行銷管理之探究」指出，在一個以品牌為中心的社會，品牌的建立與吸引學生到學校就讀，兩者間有密不可分的關係，透過行銷策略的運用讓學校的學校品牌形象讓更大的群眾獲悉學校的學校品牌形象及特色，良好的學校品牌形象可以為學校增強教育能量。邱彥棠（2019）研究也指出，行銷策略對學校形象有顯著正向的影響；而行銷策略以宣揚師生表現最受家長重視（楊杏琳，2010）。因此學校在競爭激烈的教育市場中贏得競爭，其成功的因素之一，乃是在家長的心中烙下優質學校品牌的形象。

另外，蔡金田與施皇羽（2009）在「從企業品牌的演進思維探究學校品牌的創造與行銷管理」指出，優質的學校品牌有助於學校物質資源競爭

與人力資源競爭，而學校品牌建立的要素：包括學校的願景與目標、組織
架構、學校內部成員、 學校擁有的資源、行銷策略四個層面，在品牌建立
的原則方面，共有學校的核心價值、優質學校識別形象的設計以及建立系
統、正向、清晰的學校品牌形象三個原則。在學校品牌的行銷管理因素，
則包括學校品牌環境的分析因素、學校品牌策略的選擇、學校品牌文化的
塑造、學校品牌形象設計、學校品牌權益的維護、學校品牌形象的行銷、
學校品牌發展的檢視、學校品牌價值的精進等八個驅動因素。

　　蘇容梅（2012）在「探討分析品牌知名度對學校關係行銷與學生行為
意向之間的調節效果，以學校品牌知名度為調節變數」指出，只有在結構
性關係行銷和學生行為意向之間存有正向調節效果，且唯有當高結構性關
係行銷發生時，學生的行為意向受到高知名度學校的影響才會大於低知名
度的學校。此研究發現，有助於瞭解學校品牌知名度對學校關係行銷以及
學生選校行為意向之間的影響。童鳳嬌與林志成（2007）研究指出，教育
市場化讓學校的經營壓力更大，因此各校更需要創新經營，提供更優質的
學校品牌形象。洪順慶（2012）認為品牌是行銷的核心；吳清山（2004）
亦認為學校可以透過品牌的建立，提升學校教育的品質與提高行政效能，
良好的形象能突顯學校的績效與特色；葉連祺（2002）更指出學校品牌形
象的建立是經營管理的首要策略。

　　綜論之，學校品牌形象與行銷策略是一體二面，相輔相成，缺一不可。
如張淑芬（2010）在「彰化縣國民小學教育人員對學校品牌管理認知之研
究」指出，學校品牌形象可以強化內部凝聚力，使教職員和學生產生認同
感，進而加強學校向心力，永續提升學校的教育品質。換言之，有良好的
學校品牌形象，再透過有效的行銷策略，利害關係人對學校辦學的認同度，
乃會有相當程度的提升。

參、家長教育選擇權與行銷策略相關之研究

陳惠文（2010）研究指出，依教育機構與家長的關係進展，可區分為家長獲取、家長選擇以及家長分析三個部分。學校可以在對家長的資訊有效的分析及利用下可以發展出辦學的依據，提供即時而良好性的回饋的服務。關係行銷對顧客價值與顧客滿意度皆有正向關係存在。換句話說，關係行銷會透過顧客價值進而影響顧客的滿意度；另在研究中也探討，關係行銷策略對家長的教育選擇有正向相關。關係行銷可分為財務型關係行銷、社交型關係行銷及結構型關係行銷三種類型。財務型關係行銷是藉由增加財務利益，對家長關係建立價值與滿意度；社交型關係行銷是以了解個別家長的需求，以提升與家長跟學校間的社交關係，然後針對透過社交關係的互動對家長的瞭解提供教育產品及個人化的服務，讓家長有賓至如歸的感覺；結構型關係行銷係指增加學校與家長之間的結構關係，提供家長對學校專業服務的多面向的組合，以便促進家長對於學校達到最大的滿足度。許如瑩（2010）研究指出，學校行銷策略與家長滿意度之間具有中等正相關或高度正相關，顯示學校行銷策略對學校的重要程度。除了內部行銷外，透過互動行銷，也讓外部行銷對家長的滿意度有直接及強化效果（王世維，2008）。廖愛仁（2013）在「桃園縣國民小學家長教育選擇權與學校特色關係之研究」指出，家長對於教育選擇權知覺情形為中上程度，尤其在專業師資取向因素上，知覺程度最高。

綜論之，學校應該抱持以學生為主體的教育理念，重視學校學習成果，強調學生多元智慧。使用多元評量的理念，重視學生個別差異，檢驗學生個別的能力，提供學生展現各種面貌的學習成果；學校則積極辦理各種活動，行銷學校辦學績效，以提升家長滿意度，增進家長教育選擇權。

肆、學校品牌形象、行銷策略與家長教育選擇權之相關研究

探討國民小學家長對學校品牌形象與行銷策略的知覺有助於了解提升家長滿意度的助力及問題所在。余美惠與陳斐娟（2013）在探討國小家長的行銷策略、學校品牌形象與家長滿意度知覺狀況，結果顯示，行銷策略整體現況為中上程度，在家長滿意度上，家長對教學品質最為滿意。整體行銷策略、學校品牌形象與家長滿意度會因家長教育程度、學校所在環境的不同而有顯著差異；行銷策略、學校品牌形象與家長滿意度彼此間有中度至高度正相關存在，且行銷策略與學校品牌形象二者皆對家長滿意度具有預測力，以「經驗性學校品牌形象」最具預測力。

張哲彰（2014）研究指出，嘉義市的國小家長選擇學校時對每一個環節都相當重視，在行銷方面，嘉義市家長對於行銷策略的運用方面有高度的評價，他們對人員行銷策略評價最佳；在受試家長的性別與教育程度方面，嘉義市的家長對於學校的校務決定及行銷策略的評價及轉學想法相當一致。在學區內與越區的家長之間的看法有明顯的不同，在行銷策略推動方面與家長轉學的想法方面是負相關。黃義良（2017）研究結果也顯示，行銷策略組合、學校形象與顧客滿意度彼此之間具有中度至高度相關，且屬於大效果量；另一研究結果也顯示，內部行銷、外部行銷與學校效能間具有高度相關，且屬於中等以上的效果量（黃義良，2018）。

為改善學生學習，必須提供滿足學生各種不同需求的學習方式（張茂源，2008）。目前國內家長教育選擇權推動的情形有大學區制、共同學區制、自由學區、教育券、在家自行教育、非學校型態實驗教育、公辦民營、小型學校優質轉型，其內容可謂多元，對於家長教育選擇權的落實亦多有助益。家長教育選擇權的開放勢必是未來教育發展的趨勢（郭鈺羚，2015）。

邱彥棠（2019）研究也指出，行銷策略對學校形象及家長滿意度有顯著正
向的影響。以內涵而言，賦予家長自由選校的權利與自由，打破學區的限
制；以目的而言，保障國家人民基本人權、重視學生學習權，並促進學校
教育的再進化；以選擇的類型而言，有學校型態與非學校型態兩種，這些
皆是未來教育發展的趨勢。

綜論之，學校如何在教育典範的轉移中，建立其學校品牌形象，透過
有效的行銷策略、校長領導風格、學校本位課程發展以促使學校效能的提
升（楊杏琳，2010）。蔡燕娟（2020）研究指出，透過行政管理活化創新策
略、課程教學設計創新策略、教師專業發展創新策略、學生多元學習創新
策略、學校學習文化創新策略、資源環境建構創新策略，學校才能永續經
營，這也是當前教育最大的挑戰。

本研究建構學校品牌形象、行銷策略、國民小學家長教育選擇權三者
關係模式假設，如圖 2-11 所示。

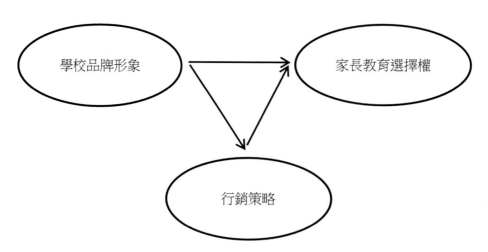

圖 2-11 學校品牌形象、行銷策略、國民小學家長教育選擇權關係模式架構圖

資料來源：研究者自行整理

第二部分　實證分析

第三章　　研究設計與實施

　　本研究旨在探討國民中學學校品牌形象、行銷策略與國民小學家長教育選擇權關係之研究，藉由國內外相關文獻整理分析歸納出國民中學學校品牌形象、行銷策略之內涵，並探究其與國民小學家長教育選擇權之關係。本章主要在說明本研究之設計與實施，分別就研究流程、研究架構、研究對象與抽樣、研究工具與資料處理等五節，茲分敘述如下：

第一節　研究流程

　　本研究的實施步驟如下：

一、確立研究主題及方向，並蒐集及閱讀與主題相關之文獻。

二、從文獻探討中形成本研究之動機、目的、研究問題與範圍。

三、廣泛蒐集國內外有關國民中學學校品牌形象、行銷策略與國民小學家長教育選擇權相關文獻，閱讀整理後撰寫論文計畫書。

四、根據相關文獻探討，發展編制本研究所使用之研究調查問卷，並確立問卷調查對象。

五、依據母群體比例選定預試問卷對象，並進行問卷預試。

六、針對預試問卷回收整理，修訂正式問卷內容。

七、進行正式問卷抽樣與調查。

八、依據問卷調查結果進行歸納整理研究結果並與國內外文獻比較探討。

九、撰寫研究結論與建議。

上述之研究流程如圖 3-1 所示：

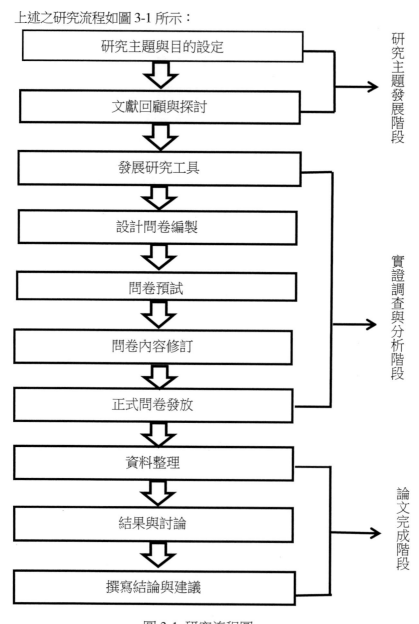

圖 3-1　研究流程圖

第二節　研究架構

　　本研究設計以國民小學家長背景變項以及學校背景變項為自變項，以國民中學學校品牌形象、行銷策略與家長教育選擇權為依變項，探討自變項在依變項反應差異情形，並探究國民中學學校品牌形象、行銷策略與國民小學家長教育選擇權與之間的關係，以及國民中學學校品牌形象、行銷策略與國民小學家長教育選擇權影響之情形。

　　綜合圖 2-1 國民中學學校品牌形象架構圖、圖 2-4 行銷策略架構圖、圖 2-5 國民小學家長教育選擇權架構圖、圖 2-6 國民中學學校品牌形象、行銷策略、國民小學家長教育選擇權三者關係模式圖及研究目的，本研究架構如圖 3-2。

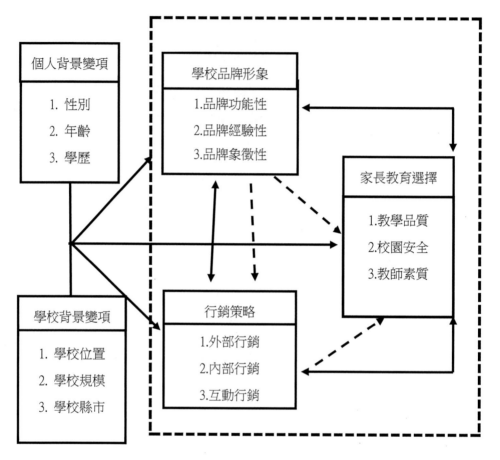

圖 3-2 研究架構圖

註：僅就上述研究架構圖示，說明如下：

1. ──► 差異分析（t-test；ANOVA）：分析不同背景變項之國民中學學校品牌形象、行銷策略與國民小學家長教育選擇權三者間之差異情形。

2. ◄──► 相關分析（Pearson）：分析國民中學學校品牌形象、行銷策略與國民小學家長教育選擇權三者間之相關程度。

3. ---► 路徑分析（Path analysis）。

4.－－－ 結構方程模式（Structural Equation Modeling）：驗證國民中學學
校品牌形象、行銷策略與國民小學家長教育選擇權之關係模式。

第三節　研究假設

本研究依據研究目的與文獻探討的結果，提出下列研究假設：

假設一：國民中學學校品牌形象、行銷策略與家長教育選擇權的現況在中
等以上程度。

假設 1-1：國民小學家長知覺其國民中學學校品牌形象在中等以上程度。

假設 1-2：國民小學家長知覺其行銷策略理念在中等以上程度。

假設 1-3：國民小學家長知覺其家長教育選擇權在中等以上程度。

假設二：不同背景變項的國民小學家長在國民中學學校品牌形象、行銷策
略與家長教育選擇權各構面的表現有顯著差異。

假設 2-1：不同性別之國民小學家長在國民中學學校品牌形象、行銷策略與
家長教育選擇權各構面的表現有顯著差異。

假設 2-2：不同年齡之國民小學家長在國民中學學校品牌形象、行銷策略與
家長教育選擇權各構面的表現有顯著差異。

假設 2-3：不同學歷之國民小學家長在國民中學學校品牌形象、行銷策略與
家長教育選擇權各構面的表現有顯著差異。

假設 2-4：不同學校位置之國民小學家長在國民中學學校品牌形象、行銷策
略與家長教育選擇權各構面的表現有顯著差異。

假設 2-5：不同學校規模之國民小學家長在國民中學學校品牌形象、行銷策
略與家長教育選擇權各構面的表現有顯著差異。

假設 2-6：不同學校縣市之國民小學家長在國民中學學校品牌形象、行銷策略與家長教育選擇權各構面的表現有顯著差異。

假設三：國民中學學校品牌形象、行銷策略與家長教育選擇權有顯著相關。

假設 3-1：國民中學學校品牌形象與行銷策略之間有顯著正相關。

假設 3-2：國民中學學校品牌形象與家長教育選擇權之間有顯著正相關。

假設 3-3：行銷策略與家長教育選擇權之間有顯著正相關。

假設四：國民中學學校品牌形象、行銷策略與家長教育選擇權建構的模型配適度良好且具有影響效果。

假設 4-1：國民中學學校品牌形象對行銷策略有直接效果。

假設 4-2：國民中學學校品牌形象對家長教育選擇權有直接效果。

假設 4-3：行銷策略對家長教育選擇權有直接效果。

假設 4-4：國民中學學校品牌形象、行銷策略對家長教育選擇權有直接及間接效果。

第四節　研究對象與抽樣

本研究係以 109 學年度臺中市、彰化縣、南投縣之公立國民小學六年級學生家長為範圍，問卷調查對象是 109 學年度臺中市、彰化縣、南投縣之公立國民小學六年級學生家長，茲就調查對象與研究樣本抽樣說明如下：

壹、研究對象

本研究以 109 學年度臺中市、彰化縣、南投縣之公立國民小學六年級學生家長為研究對象。依據教育部統計處所彙編 109 學年度國民中小學校

概況統計（教育部，2020），臺中市、彰化縣、南投縣之公立國民小學計有541所（不含國立、私立國民小學）。據此，本研究之母群體係指109學年度臺中市、彰化縣、南投縣，共合計541所公立國民小學六年級學生家長。

貳、研究樣本與抽樣

一、預試樣本

本研究預試問卷抽取樣本包含109學年度臺中市、彰化縣、南投縣之公立國民小學的校數資料為母群體共541所（教育部，2020）為預試問卷之抽樣對象，依學校所數佔總計校數的比率，採分縣市隨機抽樣方式進行調查。根據吳明隆與涂金堂（2016）研究認為，預試對象人數應以問卷中包括最多題項「分量表」之3-5倍為原則，故先依109學年度臺中市、彰化縣、南投縣之公立國民小學的小型、中型、大型學校比率，抽取13所學校為本研究預試學校。

依據國民小學與國民中學班級編制及教職員員額編制準則第2條規定，國民小學每班學生人數以29人為原則（全國法規資料庫，2018）。依本研究分量表最多之題數（28題）之約5倍數量為預試對象人數。樣本的學校類型，分為小型學校（12班以下）、中型學校（13-48班）與大型學校（49班以上）。不同規模學校取樣原則為12班以下每校抽取1班，每班平均約5人；13至48班每校抽取1班，每班平均約15人；49班以上每校抽取1班，每班平均約25人，作為本研究預試問卷對象，預計抽取六年級學生家長共195人。其分配如表3-1。

表 3-1　預試樣本抽樣分配表

學校類別	學校總數	抽取校數	每校班數	問卷總數
小型學校	295 校	7	1	35
中型學校	203 校	4	1	60
大型學校	43 校	2	2	100
總計	541 校	13	40	195

資料來源：研究者自行整理

二、正式調查樣本

　　為使本研究樣本具代表性，在實施正式問卷調查時，採「多階段抽樣」（multi-level sampling）方式進行抽樣。先將 109 學年度臺中市、彰化縣、南投縣之公立國民小學，依縣市地區，學校班級規模之不同，隨機選取樣本，再分配不同之取樣人數。

　　本研究的研究對象為 109 學年度臺中市、彰化縣、南投縣之公立國民小學。依據教育部 109 學年度統計臺中市、彰化縣、南投縣之公立國民小學，共合計 541 所。六年級學生家長人數總計 39,309 人。本研究依 2017 年 Sample Size Calculator—Determine Sample Size（http://www. surveysystem.com/sscalc.htm）之計算程式，在 95%信心水準下，抽樣誤差為 3%，母群體為 39,309 人，合理的抽樣人數需要 1,039 人。其次，再以縣市地區作為抽樣的依據，以及學校規模之小型學校、中型學校、大型學校之學校數比例約為 5：4：1，而決定每個縣市地區要取樣的學校數。吳明隆與涂金堂（2016）建議一般以人為對象的調查研究，平均樣本人數約在 500 人至 1,000 人之間較為適合。

　　本研究共抽取樣本人數六年級學生家長 620 人。其中小型學校 19 所，學生家長 95 人；中型學校 15 所，學生家長 225 人；大型學校 6 所，學生家長 300 人，總計發出 40 所學校，學生家長 620 位為正式樣本數。

　　其次為使本研究樣本具有代表性，在實施正式問卷調查時，採「多階段抽樣」（multi-leve sampling）方式進行抽樣。

　　依縣市地區學校總數的比例：42%、32%、26%以及學校規模之小型學校、中型學校、大型學校之比例約為 5：4：1，而決定每個縣市要取樣的學校數，再依學校規模之不同，分配不同的取樣人數。

　　最後就所抽樣之學校，函請學校校長抽取校內 5 至 25 名學生作為樣本，取樣人數依各校班級數而有所不同。各規模學校取樣原則為：12 班以下，每校抽取一班 5 人；13 至 48 班每校抽取一班 15 人；49 班以上，每校抽取二班 25 人。研究樣本抽取人數，其分配如表 3-2。

表 3-2 國民小學家長研究樣本抽取人數分配表

縣市	學校總數	校數所占比例	樣本學校數	總樣本數
臺中市	229	約 42%	小型：8	小型：40
			中型：6	中型：90
			大型：3	大型：150
彰化縣	175	約 32%	小型：6	小型：30
			中型：5	中型：75
			大型：2	大型：100
南投縣	137	約 26%	小型：5	小型：25
			中型：4	中型：60
			大型：1	大型：50
總計	541	100%	小型：19	小型：95
			中型：15	中型：225
			大型： 6	大型：300
			合計：40	合計：620

資料來源：自行研究整理

　　資料蒐集期間介於 110 年 4 月 22 日至 110 年 5 月 12 日之間，共計回收家長問卷 573 份，問卷回收率 92.41%。問卷回收後，均先檢視每份問卷填答情形，凡問卷填答不全及固定式反應者，均視為無效問卷。檢視均為有效問卷，共得有效問卷 573 份，問卷可用率 100%。依此有效問卷進行統計分析工作。有關問卷家長研究樣本分配與回收情形如下表 3-3 所示。

表 3-3 國民小學家長研究樣本分配與回收情形表

	取樣校數	取樣人數	回收情形		無效問卷	有效問卷	可用比率
			人數	比率			
小型	19	95	88	93%	0%	88	100%
中型	15	225	211	94%	0%	211	100%
大型	6	300	274	91%	0%	274	100%

資料來源：自行研究整理

三、家長樣本基本資料分析

正式問卷回收後，經剔除無效問卷後，共得家長有效問卷 573 份。利用統計軟體 SPSS23 進行敘述性統計分析。國民小學家長樣本基本資料分析如表 3-4 所示。

表 3-4 國民小學家長樣本基本資料分析表

	項目	人數	百分比
性別	男	163	28.45%
	女	410	71.55%
年齡	未滿 40 歲	146	25.5%
	40 歲以上未滿 50 歲	358	62.48%
	50 歲以上	69	12.02%
最高學歷	專科以下	155	27.1%
	大學	358	62.43%
	碩士以上	60	10.47%

（續下頁）

	項目	人數	百分比
目前子女就讀	都市區	213	37.12%
學校位置	一般鄉鎮	332	57.94%
	偏遠(含山區)	28	4.89%
目前子女就讀	12 班以下	88	15.36%
學校規模	13-48 班	211	36.82%
	49 班以上	274	47.82%
目前子女就讀	臺中市	280	48.87%
學校縣市	彰化縣	205	35.78%
	南投縣	135	23.56%

n=573

第五節　研究工具

本研究採用調查問卷為主要研究工具,來探討國民中學學校品牌形象、行銷策略與國民小學家長教育選擇權之關係調查。以自編之問卷收集相關資料,做為本研究蒐集資料的方法。本節就預試問卷編製、預試問卷考驗結果分析與正是問卷編製等三部分,其內容分別說明如下表 3-3 所示。

壹、預試問卷編製

依據研究目的及相關文獻,研究者自行編製「國民中學學校品牌形象、行銷策略與國民小學家長教育選擇權調查問卷」作為本研究之調查工具。

目的在了解國民中學學校品牌形象、行銷策略與國民小學家長教育選擇權
之關係。問卷共分為「個人背景變項」、「學校環境變項」、「學校品牌形象
量表」、「行銷策略量表」及「家長教育選擇權量表」，其內容說明如下：

一、家長背景變項

（一）性別：分為「男」、「女」兩組。

（二）年齡：分為「未滿 40 歲」、「40 以上未滿 50 歲」、「50 歲以上」等
　　　三組。

（三）最高學歷：分為「專科以下」、「大學」、「碩士以上」等三組。

二、學校環境變項

（一）學校位置：分都市區、一般鄉鎮及偏遠（含山區）等三組。

（二）學校規模:分「12 班以下」、「13-48 班」及「49 班以上」等三組。

（三）學校縣市：分臺中市、彰化縣及南投縣等三組。

三、學校品牌形象量表

　　學校品牌形象是家長在子女學校生活中，接收自己或子女品牌傳遞之
訊息後，在心中形成對該品牌之主觀印象與看法，形塑一種對於該品牌既
定之觀感。本研究學校品牌形象量表，分為品牌功能性、品牌經驗性與品
牌象徵性等三個構面。

（一）功能性：學校品牌的功能性以滿足家長外在、物質性之需求，其能
　　　解決突發狀況或預防未來潛在的問題。

（二）經驗性：學校品牌的經驗性是家長在與學校互動後，對學校心理產
　　　生了美好的體驗，該體驗滿足家長感官與認知上之愉悅需求，產生
　　　對於產品與服務印象之歷程。

（三）象徵性：學校品牌的象徵性，強調滿足家長內部需求，如：學校在社會的聲望、地位、角色定位等，以建立品牌特徵，強化與目標客戶的關係。

四、行銷策略量表

行銷策略是學校與家長互動過程中，提供家長有形或無形的產品與服務，擬定行銷策略加以分析、規劃、執行與控制，以符合家長滿意與學校目標達成之目的。本研究行銷策略量表，分為外部行銷、內部行銷與互動行銷等三個構面。

（一）外部行銷：針對學校外部的顧客，選擇目標市場，確立目標，運用產品、價格、通路、推廣策略，透過品質管理、通路規劃、價格管理、廣告與推廣，滿足家長的需求。

（二）內部行銷：可以定義為一種哲學。它涉及組織內部的營銷技術，建立以客戶為導向和提升員工的忠誠度為目的。透過其運作過程，有效地實施營銷計劃（Thomaidou, 2021）。換言之，在實施外部行銷前，將教職員工視為內部市場，將學校產品或無形的服務利用正式管道或非正式管道行銷給內部成員，使其需求與價值受到肯定，並隨時推出精心設計的『內部產品』傳遞給內部成員，透過其滿意進而達到外部顧客的滿意。

（三）互動行銷：學校之互動行銷是學校教職員工在提供服務給家長時，充分暸解家長及社區人士的意見與建議，用於學校辦學的規劃與設計，促成學校內部教職員工與家長良好互動之行銷歷程。

五、家長教育選擇權量表

家長教育選擇權是指家長或家庭有自由及權利，基於最適合子女發展需求，保障維護子女學習權之考量，針對學校品質及軟、硬體，如：教學品質、校園安全、教師素質等，為子女選擇合適的學校。本研究家長教育選擇權量表，分為教學品質、校園安全與教師素質等三個構面。

（一）教學品質：教學品質是教師教學計畫與實際教學間之差距，為教學過程中教師的教學決策行為。學校教師依教學目標與學生特性，運用教學策略及學校資源引導學習，使學習有效且滿意，達成教育理想與目標。

（二）校園安全：校園安全指教職員工能對學校可能發生意外之人、事、時、地、物，加以檢視及預防，於意外發生後，能立即、正確、有效處置，使損害減至最低，事後立即檢討及改善，達成學校零事故之安全目標。

（三）教師素質：教師素質是教師進行教育活動的基本品質及基礎條件，為教師在其職業生活中，調節和處理與他人、集體、社會、職業工作關係所應遵守的基本行為規範或行為準則，植基於此所表現出來的觀念意識和行為品質。

六、問卷計分填答方式

本研究之國民中學學校品牌形象、行銷策略與國民小學家長教育選擇權之調查問卷，都是採 Likert 五點量表，計分方式是根據受試者對每一題的同意程度，由「完全同意」、「同意」、「普通」、「不同意」、「完全不同意」五個等級填答反應，分別給予五分、四分、三分、二分、一分，得分越高代表受試者在該題的認同度越高，得分三分以上為中等程度。

貳、預試問卷考驗與結果分析

　　本研究之預試問卷採用紙本問卷方式寄送，總共計出 195 份問卷。回收 192 份問卷，回收率為 98%。經詳細檢查皆為有效問卷。為使研究工具具備更嚴謹之建構效度與信度，本研究依據預試所得之資料，逐步進行項目分析、因素分析與信度分析，藉以刪除不合適之題項，以建立正式問卷之效度與信度。

　　本研究之預試問卷，共分為「學校品牌形象量表」、「行銷策略量表」與「價漲教育選擇權量表」等三部分。茲將各量表考驗結果分析如下：

一、學校品牌形象量表

（一）項目分析

1. 極端組檢驗法-臨界比（critical ration）

　　吳明隆與涂金堂（2016）認為極端組檢驗法-臨界比主要利用 t 檢定來找出題目之間的鑑別度，以前 27% 和後 27% 的樣本來做比對差異，在每一題中找出極端的兩組看他們回答的平均數高低差異，來找出此題是否具有鑑別度。如果 CR 絕對值小於 3，即表示未具有顯著差異，則該題目與予刪除。由表 3-5 得知，本量表差異性檢定的結果，除 25 題為.780 小於 3 外，其他題目均達顯著水準，表示題目之鑑別力很好。所有預試題目（25 題），除了 25 題刪除外，其餘 24 題保留，如表 3-5 所示。

表 3-5 學校品牌形象量表獨立樣本檢定

	變異數相等的 Levene 檢定		平均數相等的 t 檢定		
	F 檢定	顯著性	t	自由度	顯著性（雙尾）
A1	16.875	.000	12.194	92.456	.000
A2	16.852	.000	11.265	90.051	.000
A3	8.534	.004	9.023	93.346	.000
A4	1.324	.253	8.099	102	.000
A5	3.412	.068	10.799	102	.000
A6	47.087	.000	14.539	77.251	.000
A7	44.168	.000	12.476	65.595	.000
A8	22.252	.000	11.575	84.576	.000
A9	5.720	.019	11.957	82.354	.000
A10	44.184	.000	15.770	64.537	.000
A11	4.510	.036	19.098	93.321	.000
A12	14.605	.000	12.421	90.892	.000
A13	29.094	.000	15.075	71.842	.000
A14	41.104	.000	15.106	70.493	.000
A15	37.075	.000	14.030	62.244	.000
A16	27.482	.000	12.058	60.364	.000
A17	1.895	.172	10.932	102	.000
A18	55.840	.000	15.685	90.199	.000

（續下頁）

	變異數相等的 Levene 檢定		平均數相等的 t 檢定		
	F 檢定	顯著性	t	自由度	顯著性 （雙尾）
A19	42.138	.000	16.082	74.197	.000
A20	21.130	.000	13.824	85.508	.000
A21	9.113	.003	11.520	96.270	.000
A22	35.305	.000	13.193	70.410	.000
A23	1.155	.285	10.453	102	.000
A24	.846	.360	8.334	102	.000
A25	.841	.432	.780	102	.000

資料來源：研究者自行整理

2.同質性考驗法

　　同一題本的試題都是在測同一種屬性，因此試題彼此之間應該要有高相關，每個題目與量表總分也應該要有高相關。題目與總量表相關須達到.30 以上，且要達到統計的顯著水準（吳明隆、涂金堂，2016）。本量表題目與總量表相關除 25 題為.076 小於.30 以外，其餘 24 題均達到.30 以上，顯著水準達.001 以上。總體而言，個體項與總分相關，達中、高度的相關，題項間所要測量特質同質性高。故除 25 題刪除外，其餘 24 題全數保留，如下表 3-6 所示。

表 3-6 學校品牌形象量表題項與總分的積差相關矩陣

	總分			總分	
A1	Pearson 相關	.652***	A14	Pearson 相關	.596***
A2	Pearson 相關	.714***	A15	Pearson 相關	.795***
A3	Pearson 相關	.583***	A16	Pearson 相關	.754***
A4	Pearson 相關	.504***	A17	Pearson 相關	.631***
A5	Pearson 相關	.703***	A18	Pearson 相關	.776***
A6	Pearson 相關	.764***	A19	Pearson 相關	.764***
A7	Pearson 相關	.659***	A20	Pearson 相關	.704***
A8	Pearson 相關	.702***	A21	Pearson 相關	.691***
A9	Pearson 相關	.737***	A22	Pearson 相關	.735***
A10	Pearson 相關	.758***	A23	Pearson 相關	.680***
A11	Pearson 相關	.771***	A24	Pearson 相關	.621***
A12	Pearson 相關	.699***	A25	Pearson 相關	.076***
A13	Pearson 相關	.797***			

***P<.001

3.一致性考驗法

　　運用一致性的考驗方法，求出校正項目總分的相關係數（corrected item-total correlation）。校正項目總分的相關係數，表示一個題項與其他題項總分的相關係數，可以得知此題項與其他題項的一致性如何（吳明隆、涂金堂，2016）。

表 3-7 學校品牌形象量表項目整體統計量

	項目刪除時的尺度平均數	項目刪除時的尺度變異數	修正的項目總相關	項目刪除時的 Cronbach's Alpha 值
A1	104.77	134.188	.612	.941
A2	104.70	134.046	.683	.941
A3	104.71	136.267	.542	.942
A4	104.67	137.815	.459	.943
A5	104.52	135.263	.674	.941
A6	104.62	133.772	.739	.940
A7	104.66	133.222	.617	.941
A8	104.71	133.072	.666	.941
A9	104.46	134.970	.711	.940
A10	104.46	134.226	.733	.940
A11	104.43	135.587	.750	.940
A12	104.63	134.895	.669	.941
A13	104.52	134.087	.777	.940
A14	104.51	133.909	.776	.940
A15	104.46	133.769	.774	.940
A16	104.44	134.642	.730	.940
A17	104.69	135.965	.595	.942
A18	104.68	133.242	.751	.940
A19	104.57	134.452	.740	.940

（續下頁）

	項目刪除時的 尺度平均數	項目刪除時的 尺度變異數	修正的項目 總相關	項目刪除時的 Cronbach's Alpha 值
A20	104.84	132.216	.667	.941
A21	104.83	134.110	.657	.941
A22	104.56	133.671	.706	.940
A23	104.71	135.923	.651	.941
A24	104.88	134.821	.579	.942
A25	104.54	134.713	.076	.945
總量表 Cronbach α 係數=.944				

　　如表 3-7 所示，學校品牌形象量表的 Cronbach α 值等於.944，如果刪除 25 題後，α 係數值改變，大都變小，表示個題與總量表的一致性頗高。

4.學校品牌形象量表分析結果

　　茲將以上學校品牌形象量表項目分析結果，整理如表 3-8。

表 3-8 學校品牌形象量表項目分析結果

選項	極端組比較	同質性檢驗			備註
	決斷值 （CR 值）	題目與總分 相關	校正題項題目 與總分相關	刪除後的 α係數	
A1	12.194***	0.652	0.612	0.941	保留
A2	11.265***	0.714	0.683	0.941	保留
A3	9.203***	0.583	0.542	0.942	保留
A4	8.099***	0.504	0.459	0.943	保留
A5	10.799***	0.703	0.674	0.941	保留
A6	14.539***	0.764	0.739	0.940	保留
A7	12.476***	0.659	0.617	0.941	保留
A8	11.575***	0.702	0.666	0.941	保留
A9	11.957***	0.737	0.711	0.940	保留
A10	15.770***	0.758	0.733	0.940	保留
A11	10.098***	0.771	0.750	0.940	保留
A12	12.421***	0.699	0.669	0.941	保留
A13	15.075***	0.797	0.777	0.940	保留
A14	15.106***	0.096	0.776	0.940	保留
A15	14.030***	0.795	0.774	0.940	保留
A16	12.058***	0.754	0.730	0.940	保留
A17	10.932***	0.631	0.595	0.942	保留
A18	15.685***	0.776	0.751	0.940	保留

（續下頁）

選項	極端組比較	同質性檢驗			
	決斷值（CR 值）	題目與總分相關	校正題項題目與總分相關	刪除後的α係數	備註
A19	16.082***	0.764	0.740	0.940	保留
A20	13.824***	0.704	0.667	0.941	保留
A21	11.520***	0.691	0.657	0.941	保留
A22	13.193***	0.735	0.706	0.940	保留
A23	10.453***	0.680	0.651	0.941	保留
A24	8.334***	0.621	0.579	0.942	保留
總量表的α係數=.944					

***P<.001

　　學校品牌形象量表分析結果如表 3-8 所列，極端組比較結果，除 25 題的 CR 值為.780 小於 3 外，其餘 24 題的 CR 值在 8.099 至 16.082 間。24 個題項均達到統計上的顯著水準（p=.000＜.001）。同質性檢驗中，24 個題項與總量表的相關在.504 至.797 間，呈現中、高度相關（p=.000＜.001），因此 24 個題項均可保留採用。

（二）因素分析

　　首先進行 KMO 取樣適當性檢定及 Bartlett 球面檢定，判斷變項是否適合進行因素分析。依 1974 年 Kaiser 的觀點，可以從 KMO 值來判斷個別題項間是否適合進行因素分析。當 KMO 值小於.500 時「非常不適合」；KMO 值大於.700 時「尚可」；KMO 值大於.900 時「極適合」（吳明隆、涂金堂，2016）。檢定結果 KMO 值為.933，是屬於良好的，表示變項間有共同的因

素存在，且 Bartlett's T 球型考驗達顯著水準.000，代表母群體的相關矩陣間有共同的因素存在，適合進行因素分析。

　　考驗「學校品牌形象預試問卷」的因素分析，是為了探討本問卷的各因素的因素解釋量及各題之因素負荷量大小，以做為選題之參考及瞭解其建構效度是否良好。

　　本研究採用主成分分析（Principal Component Analysis）因素，採 eigenvalue 值大於 1 者為入選因素參考標準，共抽取三個因素，與文獻分析結果相符，總共解釋變異量為 66..900%，各因素解釋量如表 3-9、3-10 所列：

表 3-9　學校品牌形象量表解說總變異

元件	初始特徵值			平方和負荷量萃取			轉軸平方和負荷量		
	總數	變異數%	累積%	總數	變異數%	累積%	總數	變異數 %	累積%
1	9.850	51.843	51.843	9.850	51.843	51.843	5.193	27.333	27.333
2	1.552	8.168	60.011	1.552	8.168	60.011	4.592	24.171	51.504
3	1.309	6.889	66.900	1.309	6.889	66.900	2.925	15.397	66.900
4	.971	5.112	72.012						
5	.762	4.009	76.021						
6	.681	3.585	79.606						
7	.568	2.990	82.596						
8	.546	.2.873	85.469						
9	.487	2.300	87.769						

（續下頁）

元件	初始特徵值			平方和負荷量萃取			轉軸平方和負荷量		
	總數	變異數%	累積%	總數	變異數%	累積%	總數	變異數%	累積%
10	.358	1.882	89.652						
11	.335	1.765	91.417						
12	.323	1.702	93.118						
13	.246	1.295	94.414						
14	.237	1.245	95.659						
15	.197	1.036	96.695						
16	.190	1.000	97.696						
17	.172	.905	98.600						
18	.153	.806	99.406						
19	.113	.594	100.000						

萃取法：主成分分析

表 3-10 學校品牌形象轉軸後的成分矩陣

	因素 1	因素 2	因素 3
A9	.805		
A10	.821		
A11	.792		
A13	.626		
A14	.691		

（續下頁）

	因素 1	因素 2	因素 3
A15	.691		
A16	.679		
A17		.676	
A18		.683	
A19		.694	
A20		.817	
A21		.813	
A22		.677	
A24		.701	
A1			.701
A3			.748
A4			.688
A5			.733
A7			.518

萃取法：主成分分析

1. 因素一包括第 9、10、11、13、14、15、16 題，共計 7 題，因素負荷量從.626~.821，分析題目內容命名為「學校品牌形象經驗性」，其 eigenvalue 值為 5.193，可解釋學校品牌形象之「經驗性」達 27.333%。

2. 因素二包括第 17、18、19、20、21、22、24 題，共計 7 題，因素負荷量從.676~.817，分析題目內容命名為「學校品牌形象象徵性」，其 eigenvalue 值為 4.592，可解釋學校品牌形象之「象徵性」達 24.171%。

3. 因素三包括第 1、3、4、5、7 題，共計 5 題，因素負荷量從.518~.748，
   分析題目內容命名為「學校品牌形象功能性」，其 eigenvalue 值為 2.925，
   可解釋學校品牌形象之「功能性」達 15.397%。

　　本學校品牌形象預試量表，經過項目描述統計分析、因素分析，總計
刪除第 2、6、8、12、13、25 題，剩餘題目 19 題。刪除題目後題目內容如
表 3-11。

表 3-11　學校品牌形象量表正式問卷題目內容

構面	題目內容
功能性	1.我認為學校的教學軟硬體設施完善（如：無線網路、電腦軟體、體育器材等）。
	2.我認為學校能定期或不定期辦理各項活動（如：班親會、運動會、親職活動、晚會等）。
	3.我認為學校位置交通便利，家長接送方便。
	4.我認為學校的教學品質良好，教師能用心教導學生。
	5.我認為學校能提供學生多元社團活動學習。
經驗性	6.我認為學校教師在教學上能用心、耐心、細心。
	7.我認為學校教師具有專業教學能力（如：課程、教學、輔導等知能）。
	8.我認為學校教師能以身作則，品德操守良好。
	9.我認為校長能領導學校教職員工順利完成各項教學工作。
	10.我覺得校長具有教育專業理念。
	11.我覺得校長能領導教師用心辦學。
	12.我覺得校長個人有親和力，十分投入校務辦學。

（續下頁）

構面	題目內容
象徵性	13.我認為學校參加校外競賽有良好的表現成績。
	14.我認為學校畢業學生升學表現能獲得外界肯定。
	15.我認為學校有良好的校譽能獲得外界好評。
	16.我認為學校具有可供辨識標誌（如：校徽、校旗等）能表現出學生良好形象。
	17.我認為學校能與其他夥伴學校策略聯盟及資源共享。
	18.我認為學校能獲得縣市政府補助重大建設經費，以改善老舊校舍環境及更新教學設備。
	19.我認為社區能熱心協助學校推展各項工作。

（三）信度分析

　　以最後定稿之 19 題正式問卷，依各分量表及總量表進行 Cronbach's α 信度考驗。吳明隆、涂金堂（2016）認為一份信度較佳問卷，其總量表的信度係數最好在.800 以上；如果分量表，其信度最好在.700 以上。量表的信度愈高，代表量表的穩定度愈高。如表 3-12 所示，本量表的信度採取內部一致性來加以考驗，各分量之 Cronbach's α 係數介於.790~.936 間，總量表之 Cronbach's α值為.944，顯示學校品牌形象量表信度良好。

表 3-12 學校品牌形象量表信度分析摘要表

分量表	題目個數	Cronbach's α值
功能性	5	.790
經驗性	7	.936
象徵性	7	.910
學校品牌形象總量表	19	.944

二、行銷策略量表

（一）項目分析

1. 極端組檢驗法-臨界比（critical ration）

　　吳明隆與涂金堂（2016）認為極端組檢驗法-臨界比主要利用 t 檢定來找出題目之間的鑑別度，以前 27%和後 27%的樣本來做比對差異，在每一題中找出極端的兩組看他們回答的平均數高低差異，來找出此題是否具有鑑別度。如果 CR 絕對值小於 3，即表示未具有顯著差異，則該題目與予刪除。由表 3-13 得知，本量表差異性檢定的結果，所有題目均達顯著水準，表示題目之鑑別力很好。所有預試題目（21 題）全數保留，如表 3-13 所示。

表 3-13 行銷策略量表獨立樣本檢定

	變異數相等的 Levene 檢定		平均數相等的 t 檢定		
	F 檢定	顯著性	t	自由度	顯著性（雙尾）
B1	.017	.896	9.348	98.940	.000
B2	4.029	.047	9.042	83.555	.000

（續下頁）

	變異數相等的 Levene 檢定		平均數相等的 t 檢定		
	F 檢定	顯著性	t	自由度	顯著性（雙尾）
B3	2.148	.146	8.888	99	.000
B4	6.262	.014	9.870	96.008	.000
B5	35.334	.000	10.781	69.790	.000
B6	19.293	.000	14.539	57.221	.000
B7	22.130	.000	77.978	88.202	.000
B8	57.525	.000	15.847	74.803	.000
B9	1.823	.180	3.058	99	.000
B10	18.623	.000	17.305	72.086	.000
B11	56.199	.000	16.983	69.335	.000
B12	92.184	.000	21.480	65.008	.000
B13	69.918	.000	16.171	69.939	.000
B14	46.866	.000	16.860	75.078	.000
B15	60.014	.000	14.222	69.885	.000
B16	41.226	.000	12.545	68.535	.000
B17	6.980	.010	11.342	93.393	.000
B18	31.266	.000	12.824	78.662	.000
B19	19.944	.000	13.321	82.135	.000
B20	7.256	.008	10.805	98.250	.000
B21	36.536	.000	12.150	68.635	.000

2. 同質性考驗法

　　同一題本的試題都是在測同一種屬性，因此試題彼此之間應該要有高相關，每個題目與量表總分也應該要有高相關。題目與總量表相關須達到.30 以上，且要達到統計的顯著水準（吳明隆、涂金堂，2016）。本量表題目與總量表相關均達到.30 以上，顯著水準達.001 以上。總體而言，個體項與總分相關，達中、高度的相關，題項間所要測量特質同質性高。故所有 21 題全數保留，如下表 3-14 所示。

表 3-14 行銷策略題項與總分的積差相關矩陣

	總分			總分	
B1	Pearson 相關	.641***	B12	Pearson 相關	.839***
B2	Pearson 相關	.666***	B13	Pearson 相關	.795***
B3	Pearson 相關	.613***	B14	Pearson 相關	.802***
B4	Pearson 相關	.700***	B15	Pearson 相關	.783***
B5	Pearson 相關	.667***	B16	Pearson 相關	.707***
B6	Pearson 相關	.780***	B17	Pearson 相關	.720***
B7	Pearson 相關	.715***	B18	Pearson 相關	.794***
B8	Pearson 相關	.831***	B19	Pearson 相關	.793***
B9	Pearson 相關	.451***	B20	Pearson 相關	.669***
B10	Pearson 相關	.804***	B21	Pearson 相關	.723***
B11	Pearson 相關	.825***			

***P<.001

3. 一致性考驗法

運用一致性的考驗方法，求出校正項目總分的相關係數（corrected item-total correlation）。校正項目總分的相關係數，表示一個題項與其他題項總分的相關係數，可以得知此題項與其他題項的一致性如何（吳明隆、涂金堂，2016）。

表 3-15 行銷策略量表項目整體統計量

	項目刪除時的尺度平均數	項目刪除時的尺度變異數	修正的項目總相關	項目刪除時的 Cronbach's Alpha 值
B1	87.74	126.438	.605	.968
B2	87.56	126.467	.638	.967
B3	87.56	127.139	.579	.968
B4	87.67	124.698	.671	.967
B5	87.47	125.838	.641	.967
B6	87.45	124.994	.769	.966
B7	87.64	124.112	.688	.967
B8	87.65	122.304	.810	.966
B9	87.78	121.847	.799	.966
B10	87.79	120.915	.810	.966
B11	87.71	121.740	.839	.965
B12	87.68	121.631	.857	.965
B13	87.67	122.691	.806	.966
B14	87.71	122.137	.813	.966

（續下頁）

	項目刪除時的 尺度平均數	項目刪除時的 尺度變異數	修正的項 目總相關	項目刪除時的 Cronbach's Alpha 值
B15	87.67	122.381	.791	.966
B16	87.55	123.079	.707	.967
B17	87.77	123.794	.718	.966
B18	87.56	124.226	.782	.966
B19	87.52	124.293	.781	.966
B20	87.64	125.240	.666	.967
B21	87.53	123.607	.728	.966

總量表 Cronbach α 係數=.969

　　如表 3-15 所示，行銷策略量表的 Cronbach α 值等於.969，如果刪除某
一題後，α 係數值改變，大都變小，表示個題與總量表的一致性頗高。

4. 行銷策略量表分析結果

　　茲將以上行銷策略量表項目分析結果，整理如表 3-16。

表 3-16 行銷策略量表項目分析結果

選項	極端組比較	同質性檢驗			備註
	決斷值 （CR 值）	題目與 總分相關	校正題項題目 與總分相關	刪除後的 α係數	
B1	9.348***	0.641	0.605	0.968	保留
B2	9.042***	0.666	0.638	0.967	保留
B3	8.888***	0.613	0.579	0.968	保留

（續下頁）

選項	極端組比較	同質性檢驗			備註
	決斷值 （CR 值）	題目與 總分相關	校正題項題目 與總分相關	刪除後的 α係數	
B4	9.87***	0.700	0.671	0.967	保留
B5	10.781***	0.667	0.641	0.967	保留
B6	14.539***	0.780	0.769	0.966	保留
B7	11.978***	0.715	0.688	0.967	保留
B8	15.847***	0.831	0.810	0.966	保留
B9	3.058***	0.451	0.799	0.966	保留
B10	17.305***	0.804	0.810	0.966	保留
B11	16.983***	0.825	0.839	0.965	保留
B12	21.480***	0.839	0.857	0.965	保留
B13	16.171***	0.795	0.806	0.966	保留
B14	16.860***	0.802	0.813	0.966	保留
B15	14.222***	0.783	0.791	0.966	保留
B16	12.545***	0.707	0.707	0.967	保留
B17	11.342***	0.720	0.718	0.966	保留
B18	12.824***	0.794	0.782	0.966	保留
B19	13.321***	0.793	0.784	0.966	保留
B20	10.805***	0.669	0.666	0.967	保留
B21	12.150***	0.723	0.728	0.966	保留
		總量表的α係數=.969			

***P<.001

行銷策略量表分析結果如表 3-16 所列，極端組比較結果，同質性檢驗中 21 個題項均達到統計上的顯著水準（p=.000＜.001）。同質性檢驗中，21 個題項與總量表的相關在.451 至.839 間，呈現中、高度相關（p=.000＜.001），因此 21 個題項均可保留採用。

（二）因素分析

首先進行 KMO 取樣適當性檢定及 Bartlett 球面檢定，判斷變項是否適合進行因素分析。依 1974 年 Kaiser 的觀點，可以從 KMO 值來判斷個別題項間是否適合進行因素分析。當 KMO 值小於.500 時「非常不適合」；KMO 值大於.700 時「尚可」；KMO 值大於.900 時「極適合」（吳明隆、涂金堂，2016）。檢定結果 KMO 值為.947，是屬於良好的，表示變項間有共同的因素存在，且 Bartlett's T 球型考驗達顯著水準.000，代表母群體的相關矩陣間有共同的因素存在，適合進行因素分析。

考驗「行銷策略預試問卷」的因素分析，是為了探討本問卷的各因素的因素解釋量及各題之因素負荷量大小，以做為選題之參考及瞭解其建構效度是否良好。

本研究採用主成分分析（Principal Component Analysis）因素，採 eigenvalue 值大於 1 者為入選因素參考標準，共抽取三個因素，與文獻分析結果相符，總共解釋變異量為 72.758%，各因素解釋量如表 3-17、3-18 所列：

表 3-17 行銷策略量表解說總變異

元件	初始特徵值				平方和負荷量萃取				轉軸平方和負荷量		
	總數	變異數 %	累積%		總數	變異數 %	累積%		總數	變異數 %	累積%
1	11.392	59.957	59.957		11.392	59.957	59.957		6.112	32.168	32.168
2	1.497	7.784	67.741		1.497	7.784	67.741		4.365	22.975	55.143
3	1.153	5.017	72.757		1.153	5.017	72.758		3.347	17.615	72.757
4	.751	3.951	76.709								
5	.710	3.737	80.446								
6	.475	2.498	82.944								
7	.452	2.379	85.323								
8	.416	2.189	87.512								
9	.348	1.830	89.342								
10	.298	1.566	90.908								
11	.280	1.472	92.379								
12	.259	1.362	93.741								
13	.236	1.241	94.982								
14	.221	1.164	96.147								
15	.193	1.017	97.164								
16	.151	.796	97.960								
17	.147	.775	98.734								
18	.144	.757	99.491								
19	.097	.509	100.000								

萃取法：主成分分析

表 3-18 行銷策略量表轉軸後的成分矩陣

	因素 1	因素 2	因素 3
B8	.693		
B9	.833		
B10	.839		
B11	.810		
B12	.761		
B13	.744		
B14	.811		
B15	.789		
B7		.586	
B16		.703	
B18		.597	
B19		.800	
B20		.684	
B21		.714	
B1			.756
B2			.727
B3			.833
B4			.608
B6			.609

萃取法：主成分分析

1. 因素一包括第 8、9、10、11、12、13、14、15 題，共計 8 題，因素負荷量從.693~.839，分析題目內容命名為「內部行銷」，其 eigenvalue 值為 6.112，可解釋行銷策略之「內部行銷」達 32.168%。

2. 因素二包括第 7、16、18、19、20、21 題，共計 6 題，因素負荷量從.586~.800，分析題目內容命名為「互動行銷」，其 eigenvalue 值為 4.365，可解釋行銷策略之「互動行銷」達 22.975%。

3. 因素三包括第 1、2、3、4、6 題，共計 5 題，因素負荷量從.608~.833，分析題目內容命名為「外部行銷」，其 eigenvalue 值為 3.347，可解釋行銷策略之「外部行銷」達 17.615%。

　本行銷策略預試量表，經過項目描述統計分析、因素分析，總計刪除第 5 題與第 17 題，剩餘題目 19 題。刪除題目後題目內容如表 3-19。

表 3-19 行銷策略量表正式問卷題目內容

構面	題目內容
外部行銷	1.我認為學生學業表現良好，能受家長肯定。
	2.我認為教師能在教學專業上精進，能受家長肯定。
	3.我認為學生參加校外競賽表現良好，能受外界肯定。
	4.我認為學校行政人員與家長、學生互動熱絡與服務親切。
	5.我認為教師具專業能力與教學熱忱。
內部行銷	6.我覺得學校能激勵教職員工，提升教學工作滿意度。
	7.我覺得學校內部溝通管道順暢，樂於分享與討論。
	8.我覺得學校願意善用各式各樣的激勵制度，來提高教職員工作士氣。

（續下頁）

構面	題目內容
	9.我覺得學校內部能積極培養優秀的學校成員。
	10.我覺得學校內部能宣導各項理念或推動的相關工作給教職員工知道。
	11.我覺得學校教職員工能清楚暸解學校辦學政策方向。
	12.我覺得學校能提供教職員工順暢的溝通管道（如：教職員之間能互相討論或分享）。
	13.我覺得學校能重視教職員工作環境與感受。
互動行銷	14.我認為學校能提供與家長溝通管道的平台（如：FB、LINE、留言板等）。
	15.我認為學校教師能透過聯絡簿、社交媒體群組（如：LINE、FB 等）或電子郵件與家長溝通。
	16.我感受到學校良好的口碑及好評能受到家長的認同。
	17.我認為家長能普遍肯定教師教學之用心。
	18.我認為【家長會】能提供資源給學校，有更多的學習資源。
	19.我認為學校教師的教學方式能讓學生喜歡上學與學習。

（三）信度分析

　　以最後定稿之 19 題正式問卷，依各分量表及總量表進行 Cronbach's α 信度考驗。吳明隆、涂金堂（2016）認為一份信度較佳問卷，其總量表的信度係數最好在.800 以上；如果分量表，其信度最好在.700 以上。量表的信度愈高，代表量表的穩定度愈高。如表 3-20 所示，本量表的信度採取內

部一致性來加以考驗，各分量之 Cronbach's α 係數介於.855~.963 間，總量表之 Cronbach's α值為.964，顯示行銷策略量表信度良好，如表 3-20。

表 3-20 行銷策略量表信度分析摘要表

分量表	題目個數	Cronbach's α值
外部行銷	5	.855
內部行銷	8	.963
互動行銷	6	.897
行銷策略總量表	19	.964

三、家長教育選擇權量表

（一）項目分析

1. 極端組檢驗法-臨界比（critical ration）

　　吳明隆與涂金堂（2016）認為極端組檢驗法-臨界比主要利用 t 檢定來找出題目之間的鑑別度，以前 27%和後 27%的樣本來做比對差異，在每一題中找出極端的兩組看他們回答的平均數高低差異，來找出此題是否具有鑑別度。如果 CR 絕對值小於 3，即表示未具有顯著差異，則該題目與予刪除。由表 3-21 得知，本量表差異性檢定的結果，所有題目均達顯著水準，表示題目之鑑別力很好。所有預試題目（22 題）全數保留，如表 3-21 所示。

表 3-21 家長教育選擇權量表獨立樣本檢定

	變異數相等的 Levene 檢定		平均數相等的 t 檢定		
	F 檢定	顯著性	t	自由度	顯著性（雙尾）
C1	15.723	.000	13.209	125.578	.000
C2	26.179	.000	14.295	123.018	.000
C3	59.966	.000	16.002	113.413	.000
C4	2.315	.131	11.401	126	.000
C5	24.521	.000	14.103	123.497	.000
C6	12.391	.001	11.817	124.614	.000
C7	3.609	.060	7.927	126	.000
C8	.525	.470	12.455	126	.000
C9	3.734	.056	13.327	126	.000
C10	1.437	.233	12.916	125	.000
C11	30.570	.000	19.188	116.164	.000
C12	60.015	.000	20.169	102.457	.000
C13	10.613	.001	14.609	122.897	.000
C14	11.403	.001	14.584	123.454	.000
C15	28.520	.000	16.783	108.479	.000
C16	50.093	.000	20.103	73.000	.000
C17	17.941	.000	18.172	123.000	.000
C18	24.196	.000	17.488	110.478	.000

（續下頁）

	變異數相等的 Levene 檢定		平均數相等的 t 檢定		
	F 檢定	顯著性	t	自由度	顯著性（雙尾）
C19	18.532	.000	14.808	115.953	.000
C20	8.550	.004	12.713	125.772	.000
C21	29.915	.000	17.321	117.038	.000
C22	34.322	.000	17.346	116.339	.000

2. 同質性考驗法

　　同一題本的試題都是在測同一種屬性，因此試題彼此之間應該要有高相關，每個題目與量表總分也應該要有高相關。題目與總量表相關須達到.30 以上，且要達到統計的顯著水準（吳明隆、涂金堂，2016）。本量表題目與總量表相關均達到.30 以上，顯著水準達.001 以上。總體而言，個體項與總分相關，達中、高度的相關，題項間所要測量特質同質性高。故所有 22 題全數保留，如下表 3-22 所示。

表 3-22 家長教育選擇權量表題項與總分的積差相關矩陣

	總分			總分	
C1	Pearson 相關	.749***	C12	Pearson 相關	.875***
C2	Pearson 相關	.745***	C13	Pearson 相關	.790***
C3	Pearson 相關	.801***	C14	Pearson 相關	.779***
C4	Pearson 相關	.732***	C15	Pearson 相關	.810***

（續下頁）

	總分			總分	
C5	Pearson 相關	.692***	C16	Pearson 相關	.800***
C6	Pearson 相關	.689***	C17	Pearson 相關	.791***
C7	Pearson 相關	.625***	C18	Pearson 相關	.827***
C8	Pearson 相關	.771***	C19	Pearson 相關	.769***
C9	Pearson 相關	.816***	C20	Pearson 相關	.719***
C10	Pearson 相關	.818***	C21	Pearson 相關	.817***
C11	Pearson 相關	.846***	C22	Pearson 相關	.789***

***P<.001

3. 一致性考驗法

　　運用一致性的考驗方法，求出校正項目總分的相關係數（corrected item-total correlation）。校正項目總分的相關係數，表示一個題項與其他題項總分的相關係數，可以得知此題項與其他題項的一致性如何（吳明隆、涂金堂，2016）。

表 3-23 家長教育選擇權量表項目整體統計量

	項目刪除時的 尺度平均數	項目刪除時的 尺度變異數	修正的項 目總相關	項目刪除時的 Cronbach's Alpha 值
C1	93.57	127.645	.724	.970
C2	93.60	127.335	.718	.970
C3	93.58	126.768	.779	.969
C4	93.67	127.857	.702	.970

（續下頁）

	項目刪除時的 尺度平均數	項目刪除時的 尺度變異數	修正的項 目總相關	項目刪除時的 Cronbach's Alpha 值
C5	93.60	128.136	.657	.970
C6	93.61	127.864	.653	.970
C7	93.70	130.075	.589	.971
C8	93.54	128.727	.749	.969
C9	93.55	127.484	.799	.969
C10	93.60	127.768	.799	.969
C11	93.51	127.567	.831	.969
C12	93.51	126.663	.861	.968
C13	93.48	127.912	.768	.969
C14	93.46	128.263	.756	.969
C15	93.44	127.700	.790	.969
C16	93.39	127.846	.778	.969
C17	93.47	128.270	.770	.969
C18	93.44	127.461	.809	.969
C19	93.47	127.783	.743	.969
C20	93.62	127.890	.690	.970
C21	93.45	127.199	.797	.969
C22	93.41	127.331	.769	.969

總量表 Cronbach α 係數=.971

如表 3-23 所示，家長教育選擇權量表的 Cronbach α 值等於.971，如果刪除某一題後，α 係數值改變，大都變小，表示個題與總量表的一致性頗高。

4. 行銷策略量表分析結果

茲將以上行銷策略量表項目分析結果，整理如表 3-24。

表 3-24 家長教育選擇權量表項目分析結果

選項	極端組比較		同質性檢驗			備註
	決斷值（CR 值）	題目與總分相關	校正題項題目與總分相關	刪除後的 α 係數		
C1	13.209***	0.749***	0.724	0.970		保留
C2	14.295***	0.745***	0.718	0.970		保留
C3	16.002***	0.801***	0.799	0.969		保留
C4	11.401***	0.732***	0.702	0.970		保留
C5	14.103***	0.692***	0.657	0.970		保留
C6	11.817***	0.689***	0.653	0.970		保留
C7	7.927***	0.625***	0.589	0.971		保留
C8	12.455***	0.771***	0.749	0.969		保留
C9	13.327***	0.816***	0.797	0.969		保留
C10	12.916***	0.818***	0.799	0.969		保留
C11	19.188***	0.846***	0.831	0.969		保留
C12	20.169***	0.875***	0.861	0.968		保留

（續下頁）

選項	極端組比較		同質性檢驗		備註
	決斷值 （CR 值）	題目與總 分相關	校正題項題目 與總分相關	刪除後的 α係數	
C13	14.609***	0.790***	0.768	0.969	保留
C14	14.584***	0.779***	0.756	0.969	保留
C15	16.783***	0.810***	0.790	0.969	保留
C16	20.103***	0.800***	0.778	0.969	保留
C17	18.172***	0.791***	0.770	0.969	保留
C18	17.488***	0.827***	0.809	0.969	保留
C19	14.808***	0.769***	0.743	0.969	保留
C20	12.713***	0.719***	0.690	0.970	保留
C21	17.321***	0.817***	0.797	0.969	保留
C22	17.346***	0.789***	0.769	0.969	保留
總量表的α係數=.971					

***P<.001

　　家長教育選擇權量表分析結果如表 3-25 所列，極端組比較結果，同質性檢驗中 22 個題項均達到統計上的顯著水準（p=.000＜.001）。同質性檢驗中，22 個題項與總量表的相關在.625 至.875 間，呈現中、高度相關（p=.000＜.001），因此 22 個題項均可保留採用。

（二）因素分析

　　首先進行 KMO 取樣適當性檢定及 Bartlett 球面檢定，判斷變項是否適合進行因素分析。依 1974 年 Kaiser 的觀點，可以從 KMO 值來判斷個別題

項間是否適合進行因素分析。當 KMO 值小於.500 時「非常不適合」；KMO
值大於.700 時「尚可」；KMO 值大於.900 時「極適合」（吳明隆、涂金堂，
2016）。檢定結果 KMO 值為.947，是屬於良好的，表示變項間有共同的因
素存在，且 Bartlett's T 球型考驗達顯著水準.000，代表母群體的相關矩陣
間有共同的因素存在，適合進行因素分析。

考驗「家長教育選擇權預試問卷」的因素分析，是為了探討本問卷的
各因素的因素解釋量及各題之因素負荷量大小，以做為選題之參考及瞭解
其建構效度是否良好。

本研究採用主成分分析（Principal Component Analysis）因素，採
eigenvalue 值大於 1 者為入選因素參考標準，共抽取三個因素，與文獻分
析結果相符，總共解釋變異量為 74.364%，各因素解釋量如表 3-25、3-26
所列：

表 3-25 家長教育選擇權量表解說總變異

元件	初始特徵值			平方和負荷量萃取			轉軸平方和負荷量		
	總數	變異數%	累積%	總數	變異數%	累積%	總數	變異數%	累積%
1	11.971	59.856	59.586	11.971	59.856	59.856	5.537	27.683	27.683
2	1.675	8.377	68.233	1.675	8.377	68.233	4.714	23.570	51.252
3	1.226	6.131	74.364	1.226	6.131	74.364	4.622	23.111	74.364
4	.832	4.158	78.522						
5	.790	3.950	82.472						

（續下頁）

元件	初始特徵值			平方和負荷量萃取			轉軸平方和負荷量		
	總數	變異數%	累積%	總數	變異數%	累積%	總數	變異數%	累積%
6	.536	2.680	85.152						
7	.512	2.562	87.714						
8	.376	1.880	89.594						
9	.337	1.686	91.280						
10	.251	1.254	92.534						
11	.212	1.061	93.595						
12	.203	1.016	94.611						
13	.197	.983	95.595						
14	.168	.840	96.434						
15	.161	.805	97.239						
16	.150	.748	97.987						
17	.136	.680	98.667						
18	.115	.576	99.243						
19	.083	.416	99.659						
20	.068	.341	100.000						

萃取法：主成分分析

表 3-26 家長教育選擇權量表轉軸後的成分矩陣

	因素 1	因素 2	因素 3
C9	.697		
C10	.692		
C11	.788		
C12	.759		
C13	.770		
C14	.803		
C15	.794		
C16		.803	
C17		.809	
C18		.783	
C19		.832	
C20		.680	
C21		.777	
C1			.744
C2			.769
C3			.797
C4			.599
C5			.738
C6			.757
C7			.461

萃取法：主成分分析

1. 因素一包括第 9、10、11、12、13、14、15 題，共計 7 題，因素負荷量從.697~.803，分析題目內容命名為「校園安全」，其 eigenvalue 值為 5.537，可解釋家長教育選擇權之「校園安全」達 27.683%。

2. 因素二包括第 16、17、18、19、20、21 題，共計 6 題，因素負荷量從.680~.832，分析題目內容命名為「教師素質」，其 eigenvalue 值為 4.714，可解釋家長教育選擇權之「教師素質」達 23.570%。

3. 因素三包括第 1、2、3、4、5、6、7 題，共計 7 題，因素負荷量從.461~.797，分析題目內容命名為「教學品質」，其 eigenvalue 值為 4.622，可解釋家長教育選擇權之「教學品質」達 23.111%。

　　本家長教育選擇權預試量表，經過項目描述統計分析、因素分析，總計刪除第 8 題與第 22 題，剩餘題目 20 題。刪除題目後題目內容如表 3-27。

表 3-27 家長教育選擇權量表正式問卷題目內容

構面	題目內容
教學品質	1.我認為學校能定期或不定期舉辦學生多元學習活動。
	2.我認為學校能提供學生各項特色課程（如：在地藝術與文化、各種語言課程）。
	3.我認為學校能提供多元豐富的學習課程。
	4.我認為學校在辦學理念上能符合家長需求。
	5.我認為學校有足夠的專科教室（如：電腦教室、音樂教室、英語教室等）。
	6.我認為學校有齊全的教學設備（如：體育設備、資訊科技設備、圖書館藏書等）。
	7.我認為學生學業表現普遍良好。

（續下頁）

構面	題目內容
校園安全	8.我認為學校教職員在遇到緊急狀況時，具有危機處理的能力。
	9.我認為學校的教學設備、設施、場地等各方面安全維護良好。
	10.我認為學校能提供具有各種防災教育知能及做法的課程。
	11.我認為學校能提供校園安全防護知能及做法的課程。
	12.我認為學校在上學、放學交通與安全方面，能令人感到放心。
	13.我認為學校能定期或不定期宣導校園安全事項與議題，讓學生學習到校園安全的相關知識。
	14.我認為學校能時常提醒學生並宣導校園安全之相關事項。
教師素質	15.我能感受到學校教師在教學上有優良教學表現。
	16.我認為學校教師的學經歷良好。
	17.我認為學校教師有合理管教輔導學生方式。
	18.我認為學校教師有令人滿意的班級經營管理方式。
	19.我認為學校教師能提供學生個別化學業輔導。
	20.我認為學校教師有順暢的管道能與家長順利溝通。

（三）信度分析

　　以最後定稿之 20 題正式問卷，依各分量表及總量表進行 Cronbach's α 信度考驗。吳明隆、涂金堂（2016）認為一份信度較佳問卷，其總量表的信度係數最好在.800 以上；如果分量表，其信度最好在.700 以上。量表的信度愈高，代表量表的穩定度愈高。如表 3-28 所示，本量表的信度採取內部一致性來加以考驗，各分量之 Cronbach's α 係數介於.907~.958 間，總量表之 Cronbach's α值為.964，顯示家長教育選擇權量表信度良好。

表 3-28 家長教育選擇權量表信度分析摘要表

分量表	題目個數	Cronbach's α值
教學品質	7	.907
校園安全	7	.958
教師素質	6	.943
家長教育選擇權總量表	20	.964

參、驗證性因素分析

本研究依文獻探討與實務工作經驗設計預試問卷，於預試問卷施測完成後，先進行探索性因素分析後，做成正式問卷，並於正式問卷回收後再進行驗證性因素分析。為了刪除項目並確認指標的信、效度。因此，進行一階及二階驗證性因素分析。

分析前，先就模式配適度的檢核指標進行說明。Bagozzi 與 Yi（1998）認為理論模式與實際資料是否契合，必須同時考慮到基本配適度指標（perliminary fit criteria）、整體模式配適度指標（overall model fit）及模式內在結構配適度指標（fit of internal structural model）等三方面。整體模式配適度指標在檢核整個模式與觀察資料的配適程度，可以說是模式外在品質的考驗；而模式內在結構配適度指標則在檢核模式內估計參數的顯著程度以及各指標及潛在變項的信度等，屬於模式的內在品質。以下先說明配適度各項檢核指標，以做為評估時的依據；接著針對每個向度進行一階驗證性分析，讓每個向度的項目得以確立；最後，則就每個層面執行二階驗證性因素分析，確保每個層面解構成各該向度是合理且必須的，以作為整

體模型路徑分析之依據。茲將驗證性因素分析模式配適度檢核指標彙整如下表 3-29 所示。

表 3-29 驗證性因素分析模式配適度檢核指標彙整表

	檢核項目	建議值
基本配適度指標	誤差變異	沒有負值
	誤差變異	達顯著水準
	因素負荷量	介於.5~.95 之間
整體模式配適度指標	χ2 值比率	≤3
	配適度指標（GFI）	≥.9
	調整之配適度指標（AGFI）	≥.9
	均方根殘值差（RMR）	≤.05
	標準化均方根殘值差（SRMR）	≤.05
	近似均方根誤差（RMSEA）	≤.08
	比較配適度指標（CFI）	≥.9
模式內在結構配適度指標	個別項目信度	≥.5
	組合信度（CR）	≥.7
	平均變異數萃取量（AVE）	≥.5

一、學校品牌形象構面之驗證性因素分析

（一）學校品牌形象功能性向度之驗證性因素分析

學校品牌形象功能性向度共有五個項目，自由度為 5×6/2=15df，共估計 5 個殘差加上 1 個變異數及 4 個因素負荷量，自由度大於估計參數，模

型屬於過度辨識，符合理論上模型正定的要求。執行 CFA 後，學校品牌形象功能性向度一階驗證性因素修正前分析圖 3-3 如所示。由圖 3-3 可以得知 GFI（=.962）>.9、CFI（=.929）>.9，但 AGFI（=.886）<.9，卡方/自由（=11.126）>3、RMSEA（=.132）>.08，未達標準值，必須進行刪題修正。

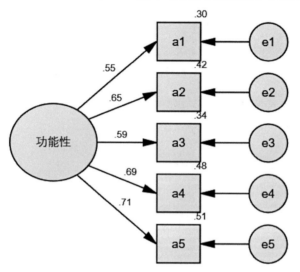

圖 3-3 學校品牌形象功能性向度一階驗證性因素修正前分析圖

依據修正指標刪除 MI 值較高之題項，依序刪除學校品牌形象功能性1、2 後，剩下 3、4、5 三題，如圖 3-4 學校品牌形象功能性向度一階驗證性修正後分析。根據 Kline（2011）研究指出，二階 CFA 模型正定的條件為每個像度至少要有三個變數。因此，本研究修正刪題後每個向度有三個變數，符合恰好辨識原則。

卡方值=.000自由度=0
卡方/自由=\cmindf
GFI=1.000 AGFI=\AGFI
CFI=\CFI RMSEA=\RMSEA

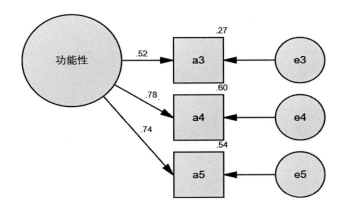

圖 3-4 學校品牌形象功能性向度一階驗證性因素修正後分析圖

　　由表 3-30 學校品牌形象功能向度驗證性因素分析得知參數顯著性估計均為正數且顯著，故無違犯估計。組合信度（CR）為.726，超過.7 標準；平均變異數萃取量為.475，配適度均在可接受的範圍。因此，將刪除後的三個題項予以保留至下一階段分析。學校品牌形象功能性向度驗證性因素分析後題目內容如表 3-31。

表 3-30 學校品牌形象功能性向度驗證性因素分析表

構面	題目	參數顯著性估計				因素負荷量	題目信度	標準化殘差	組成信度	收斂效度
		Unstd.	S.E.	t-value	P	std.	SMC	1-SMC	CR	AVE
功能性	A3	1.000				.517	.267	.733	.726	.475
	A4	1.297	.136	9.542	***	.777	.603	.397		
	A5	1.370	.140	9.806	***	.735	.541	.459		

表 3-31 學校品牌形象功能性向度驗證性因素分析後題目內容

向度	新題號	題目內容
功能性	A1	我認為學校位置交通便利，家長接送方便。
	A2	我認為學校的教學品質良好，教師能用心教導學生。
	A3	我認為學校能提供學生多元社團活動學習。

（二）學校品牌形象經驗向度之驗證性因素分析

　　學校品牌形象經驗性向度共有七個項目，自由度為 7×6/2=21df，共估計 7 個殘差加上 1 個變異數及 6 個因素負荷量，自由度大於估計參數，模型屬於過度辨識，符合理論上模型正定的要求。執行 CFA 後，學校品牌形象經驗性向度一階驗證性因素修正前分析圖 3-5 如所示。由圖 3-5 可以得知 GFI（=.739）<.9、CFI（=.839）<.9，AGFI（=.478）<.9，卡方/自由（=43.893）>3、RMSEA（=.274）>.08，未達標準值，必須進行刪題修正。

卡方值=614.506自由度=14
卡方/自由=43.893
GFI=.739 AGFI=.478
CFI=.839 RMSEA=.274

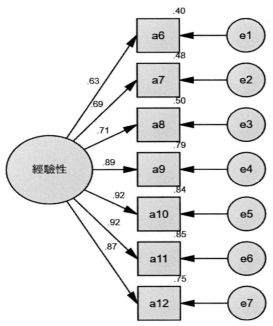

圖 3-5 學校品牌形象經驗性向度一階驗證性因素修正前分析圖

　　依據修正指標刪除 MI 值較高之題項，依序刪除學校品牌形象經驗性 6、7、8、9 後，剩下 10、11、12 三題，如圖 3-6 學校品牌形象功能性向度一階驗證性修正後分析。根據 Kline（2011）研究指出，二階 CFA 模型正定的條件為每個像度至少要有三個變數。因此，本研究修正刪題後每個向度有三個變數，符合恰好辨識原則。

卡方值=.000自由度=0
卡方/自由=\cmindf
GFI=1.000 AGFI=\AGFI
CFI=\CFI RMSEA=\RMSEA

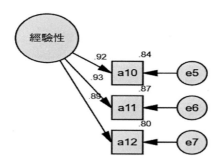

圖 3-6 學校品牌形象經驗性向度一階驗證性因素修正後分析圖

　　由表 3-32 學校品牌形象經驗性向度驗證性因素分析得知參數顯著性估計均為正數且顯著，故無違犯估計。組合信度（CR）為.938，超過.7 標準；平均變異數萃取量為.834，配適度均在可接受的範圍。因此，將刪除後的三個題項予以保留至下一階段分析。學校品牌形象功能性向度驗證性因素分析後題目內容如表 3-33。

表 3-32 學校品牌形象經驗性向度驗證性因素分析表

構面	題目	參數顯著性估計				因素負荷量	題目信度	標準化殘差	組成信度	收斂效度
		Unstd.	S.E.	t-value	P	std.	SMC	1- SMC	CR	AVE
經驗性	A10	1.000				.918	.842	.158	.938	.834
	A11	1.024	.028	36.859	***	.933	.871	.129		
	A12	.964	.029	33.610	***	.893	.798	.202		

表 3-33 學校品牌形象經驗性向度驗證性因素分析後題目內容

向度	新題號	題目內容
經驗性	A4	我覺得校長具有教育專業理念。
	A5	我覺得校長能領導教師用心辦學。
	A6	我覺得校長個人有親和力,十分投入校務辦學。

（三）學校品牌形象象徵性向度之驗證性因素分析

　　學校品牌形象象徵性向度共有七個項目,自由度為 7×6/2=21df,共估計 7 個殘差加上 1 個變異數及 6 個因素負荷量,自由度大於估計參數,模型屬於過度辨識,符合理論上模型正定的要求。執行 CFA 後,學校品牌形象象徵性向度一階驗證性因素修正前分析圖 3-7 如所示。由圖 3-7 可以得知 GFI(=.827)<.9、CFI(=.865)<.9,AGFI(=.653)<.9,卡方/自由(=24.620)>3、RMSEA（ =.202 ）>.08,未達標準值,必須進行刪題修正。

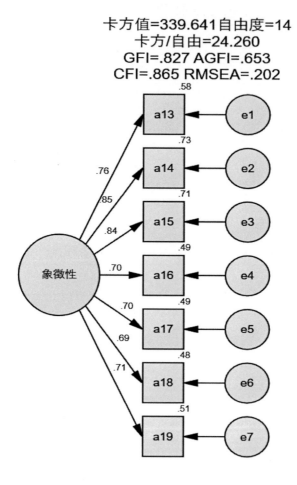

卡方值=339.641自由度=14
卡方/自由=24.260
GFI=.827 AGFI=.653
CFI=.865 RMSEA=.202

圖 3-7 學校品牌形象象徵性向度一階驗證性因素修正前分析圖

　　依據修正指標刪除 MI 值較高之題項，依序刪除學校品牌形象象徵性 17、18、19 後，各項指標均符合標準。刪題後，學校品牌形象象徵性向度一階驗證性修正後分析圖如圖 3-8，GFI（=.995）>.9、CFI（=.997）>.9，AGFI（=.975）>.9，卡方/自由（=2.988）<3、RMSEA（=.059）<.08，配適

度頗為理想。而學校品牌形象象徵性 16 的因素負荷量.62，雖未達.7 的標
準，但仍是可接受的範圍，其餘各項目均超過.7 以上且未超過.95 以上。

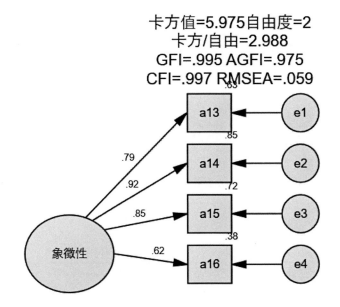

圖 3-8 學校品牌形象象徵性向度一階驗證性因素修正後分析圖

　　由表 3-34 學校品牌形象象徵性向度驗證性因素分析得知參數顯著性
估計均為正數且顯著，故無違犯估計。組合信度（CR）為.877，超過.7；平
均變異數萃取量為.644，配適度均在可接受的範圍。因此，將刪除後的四個
題項予以保留至下一階段分析。學校品牌形象象徵性向度驗證性因素分析
後題目內容如表 3-35 所示。

表 3-34 學校品牌形象象徵性向度驗證性因素分析表

構面	題目	參數顯著性估計				因素負荷量	題目信度	標準化殘差	組成信度	收斂效度
		Unstd.	S.E.	t-value	P	std.	SMC	1- SMC	CR	AVE
象徵性	A7	1.000				.794	.630	.370	.877	.644
	A8	1.169	.49	24.040	***	.921	.847	.153		
	A9	1.050	.47	22.541	***	.850	.723	..277		
	A10	.852	.56	15.230	***	.618	.382	.618		

表 3-35 學校品牌形象象徵性向度驗證性因素分析後題目內容

向度	新題號	題目內容
象徵性	A7	我認為學校參加校外競賽有良好的表現成績。
	A8	我認為學校畢業學生升學表現能獲得外界肯定。
	A9	我認為學校有良好的校譽能獲得外界好評。
	A10	我認為學校具有可供辨識標誌（如：校徽、校旗等）能表現出學生良好形象。

（四）學校品牌形象構面之二階驗證性因素分析

　　學校品牌形象包括「功能性」、「經驗性」與「象徵性」三個向度，進行二階驗證因素分析後，其結果如圖 3-9 學校品牌形象二階驗證性因素分析所示。

卡方值=101.244自由度=32
卡方/自由=3.164
GFI=.967 AGFI=.942
CFI=.982 RMSEA=.062

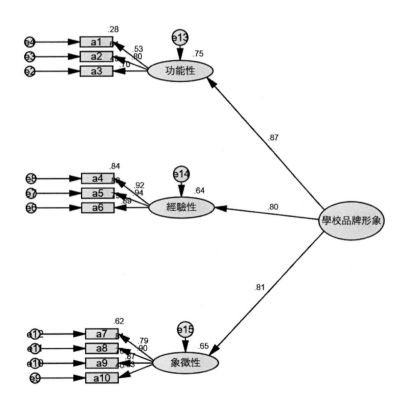

圖 3-9 學校品牌形象二階驗證性因素分析圖

以下分別就基本配適度指標、模式內在結構配適度指標、整體模式配適度指標及區別效度加以分析。首先，就基本配適度而言，如表 3-36 所示，誤差變異並沒有出現負值，符合建議值；因素負荷量介於.803~.868 之間，均符合建議值介於.5~.95 之間，誤差變異亦都顯著水準。因此，就基本適配指數而言，模式並未發生違反估計情形。

就模式內在結構配適度指標而言，由表 3-36 學校品牌形象構面二階驗證性分析可知，個別項目的信度介於.645~.753 之間，皆≧.5；組合信度為.867 符合建議值≧.7，平均變異數萃取量為.684，符合建議值≧.5。因此，就模式內在結構配適度而言，皆符合配適程度，代表模式內在結構配適度良好。

表 3-36 學校品牌形象構面二階驗證性分析表

構面	向度	Unstd.	S.E.	t-value	P	std.	SMC	CR	AVE
學校	功能性	1.000				.868	.652	.867	.684
品牌	經驗性	1.403	.137	10.263	***	.803	.645		
形象	象徵性	1.248	.126	9.872	***	.808	.753		

*** $P<.001$

其次，就整體模式配適度指標而言，由圖 3-9 可知，χ^2 值比率≦5，GFI 為.967，AGFI 為.942，CFI 值為.982，三者均達>.90 的建議值；RMSEA 為.062，小於.08 建議值，在可以接受的範圍，配適度良好。因此，就整體配適度而言，本模式具有良好的配適度。

最後，學校品牌形象區別效度如圖 3-10 所示。

卡方值=101.244自由度=32

卡方/自由=3.164

GFI=.967 AGFI=.942

CFI=.982 RMSEA=.062

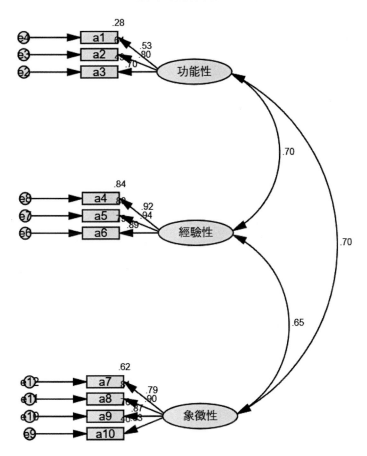

圖 3-10 學校品牌形象區別效度分析圖

學校品牌形象各向度之 AVE 的平方根.687~.915 之間，且大多大於各構面間的相關係數，顯示本量表具有好的區別效度，如表 3-37 所示。

表 3-37 學校品牌形象區別效度分析表

	AVE	經驗性	功能性	象徵性
經驗性	.834	.915*		
功能性	.475	.667	.687*	
象徵性	.644	.649	.656	.805*

註：*表示 AVE 平方根大於各構面間的相關係數

經上述的模型評鑑過程後，從模型的配適度、各題項的標準化迴歸係數、收斂效度、區別效度的驗證，整體而言，本模型的外在品質與內在品質頗佳，亦即模式之路徑圖與實際觀察資料之配適度良好。研究者所提出的學效學校品牌形象建構效度之驗證性因素分析之模式圖，獲得統計上的支持，適合進行下一步驟的結構模型分析。

二、行銷策略構面之驗證性因素分析

（一）行銷策略外部行銷向度之驗證性因素分析

行銷策略外部行銷向度共有五個項目，自由度為 $5\times4/2=10df$，共估計 5 個殘差加上 1 個變異數及 4 個因素負荷量，自由度大於估計參數，模型屬於過度辨識，符合理論上模型正定的要求。執行 CFA 後，行銷策略外部行銷向度一階驗證性因素修正前分析圖 3-10 如所示。由圖 3-11 可以得知 GFI（=.940）>.9、CFI（=.951）>.9，AGFI（=.821）<.9，卡方/自由（=18.218）>3、RMSEA（=.173）>.08，未達標準值，必須進行刪題修正。

卡方值=91.089自由度=5
卡方/自由=18.218
GFI=.940 AGFI=.821
CFI=.951 RMSEA=.173

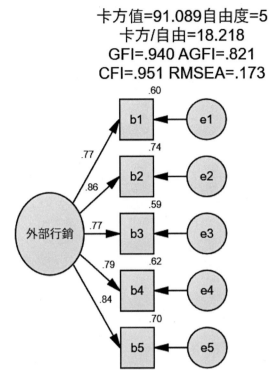

圖 3-11 行銷策略外部行銷向度一階驗證性因素修正前分析圖

　　依據修正指標刪除 MI 值較高之題項，依序刪除行銷策略外部行銷 1、
3 後，剩下 2、4、5 三題，如圖 3-12 外部行銷向度一階驗證性修正後分析。
根據 Kline（2011）研究指出，二階 CFA 模型正定的條件為每個向度至少
要有三個變數。因此，本研究修正刪題後，每個向度有三個變數，符合恰
好辨識原則。

卡方值=.000自由度=0
卡方/自由=\cmindf
GFI=1.000 AGFI=\AGFI
CFI=\CFI RMSEA=\RMSEA

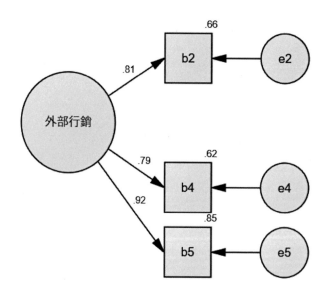

圖 3-12 行銷策略外部行銷向度一階驗證性因素修正後分析圖

　　由表 3-38 行銷策略外部行銷向度驗證性因素分析得知參數顯著性估計均為正數且顯著，故無違犯估計。組合信度（CR）為.879，超過.7 標準；平均變異數萃取量為.709，配適度均在可接受的範圍。因此，將刪除後的三

個題項予以保留至下一階段分析。行銷策略外部行銷向度驗證性因素分析後題目內容如表 3-39。

表 3-38 行銷策略外部行銷向度驗證性因素分析表

構面	題目	參數顯著性估計				因素 負荷量	題目 信度	標準化 殘差	組成 信度	收斂 效度
		Unstd.	S.E.	t-value	P	std.	SMC	1- SMC	CR	AVE
外部行銷	B2	1.000				.810	.655	.345	.879	.709
	B4	1.073	.52	20.591	***	.787	.619	.381		
	B5	1.186	.53	22.360	***	.919	.845	.155		

表 3-39 行銷策略外部行銷向度驗證性因素分析後題目內容

向度	新題號	題目內容
外部 行銷	B1	我認為教師能在教學專業上精進，能受家長肯定。
	B2	我認為學校行政人員與家長、學生互動熱絡與服務親切。
	B3	我認為教師具專業能力與教學熱忱。

（二）行銷策略內部行銷向度之驗證性因素分析

　　行銷策略內部行銷向度共有八個項目，自由度為 $8 \times 7/2 = 28df$，共估計 8 個殘差加上 1 個變異數及 7 個因素負荷量，自由度大於估計參數，模型屬於過度辨識，符合理論上模型正定的要求。執行 CFA 後，行銷策略內部行銷向度一階驗證性因素修正前分析圖 3-13 如所示。由圖 3-13 可以得知

GFI（=.883）<.9、CFI（=.946）>.9，AGFI（=.790）<.9，卡方/自由（=14.819）
>3、RMSEA（=.155）>.08，未達標準值，必須進行刪題修正。

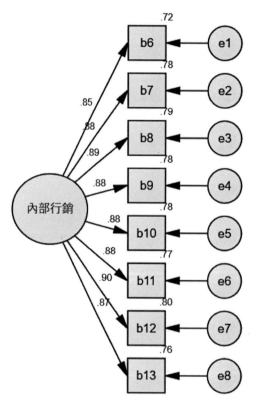

圖 3-13 行銷策略內部行銷向度一階驗證性因素修正前分析圖

　　依據修正指標刪除 MI 值較高之題項，依序刪除行銷策略內部行銷 7、
11、12 後，各項指標均符合標準。刪題後，行銷策略內部行銷向度一階驗

證性修正後分析圖如圖 3-14，GFI（=.992）>.9、CFI（=.997）>.9， AGFI（=.975）>.9，卡方/自由（=2.388）<3、RMSEA（=.049）<.08，配適度頗為理想。行銷策略內部行銷各項目因素負荷量均超過.7 以上且未超過.95 以上。

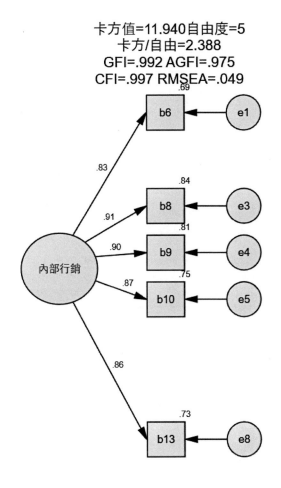

卡方值=11.940自由度=5
卡方/自由=2.388
GFI=.992 AGFI=.975
CFI=.997 RMSEA=.049

圖 3-14 行銷策略內部行銷向度一階驗證性因素修正後分析圖

　　由表 3-40 行銷策略內部行銷向度驗證性因素分析得知參數顯著性估計均為正數且顯著，故無違犯估計。組合信度（CR）為.942，超過.7 標準；平均變異數萃取量為.765，配適度均在可接受的範圍。因此，將刪除後的五個題項予以保留至下一階段分析。行銷策略外部行銷向度驗證性因素分析後題目內容如表 3-41。

表 3-40 行銷策略內部行銷向度驗證性因素分析表

構面	題目	參數顯著性估計				因素負荷量	題目信度	標準化殘差	組成信度	收斂效度
		Unstd.	S.E.	t-value	P	std.	SMC	1- SMC	CR	AVE
內部	B6	1.000				.830	.688	.312	.942	.765
行銷	B8	1.157	.041	28.349	***	.914	.835	.165		
	B9	1.107	.040	27.581	***	.899	.808	.192		
	B10	.975	.037	26.049	***	.868	.754	.246		
	B13	1.051	.041	25.418	***	.856	.732	.268		

表 3-41 行銷策略內部行銷向度驗證性因素分析後題目內容

向度	新題號	題目內容
內部 行銷	B4	我覺得學校能激勵教職員工,提升教學工作滿意度。
	B5	我覺得學校願意善用各式各樣的激勵制度,來提高教職員工作士氣。
	B6	我覺得學校內部能積極培養優秀的學校成員。
	B7	我覺得學校內部能宣導各項理念或推動的相關工作給教職員工知道。
	B8	我覺得學校能重視教職員工作環境與感受。

（三）行銷策略互動行銷向度之驗證性因素分析

　　行銷策略互動行銷向度共有六個項目,自由度為 $6 \times 5/2=15$df,共估計 6 個殘差加上 1 個變異數及 5 個因素負荷量,自由度大於估計參數,模型屬於過度辨識,符合理論上模型正定的要求。執行 CFA 後,行銷策略互動行銷向度一階驗證性因素修正前分析圖 3-15 如所示。由圖 3-14 可以得知 GFI（=.896）<.9、CFI（=.918）>.9,AGFI（=.758）<.9,卡方/自由（=19.465）>3、RMSEA（=.180）>.08,未達標準值,必須進行刪題修正。

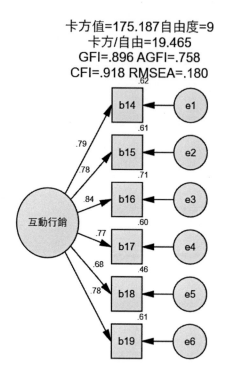

卡方值=175.187自由度=9
卡方/自由=19.465
GFI=.896 AGFI=.758
CFI=.918 RMSEA=.180

圖 3-15　行銷策略互動行銷向度一階驗證性因素修正前分析圖

　　依據修正指標刪除 MI 值較高之題項，依序刪除行銷策略互動行銷 14、
15 後，各項指標均符合標準。刪題後，行銷策略互動行銷向度一階驗證性
修正後分析圖如圖 3-16，GFI（=1.000）>.9、CFI（=1.000）>.9，AGFI（=1.000）
>.9，卡方/自由（=.026）<3、RMSEA（=.000）<.08，配適度頗為理想。行
銷策略互動行銷各項目因素負荷量均超過.7 以上且未超過.95 以上。

卡方值=.053自由度=2
卡方/自由=.026
GFI=1.000 AGFI=1.000
CFI=1.000 RMSEA=.000

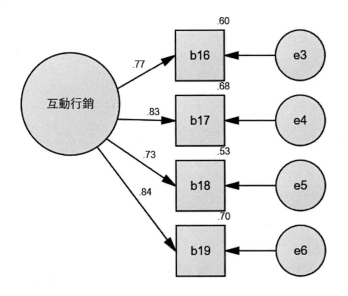

圖 3-16 行銷策略互動行銷向度一階驗證性因素修正後分析圖

　　由表 3-42 行銷策略互動行銷向度驗證性因素分析得知參數顯著性估計均為正數且顯著，故無違犯估計。組合信度（CR）為.942，超過.7 標準；平均變異數萃取量為.765，配適度均在可接受的範圍。因此，將刪除後的四個題項予以保留至下一階段分析。行銷策略互動行銷向度驗證性因素分析後題目內容如表 3-43。

表 3-42 行銷策略互動行銷向度驗證性因素分析表

構面	題目	參數顯著性估計				因素 負荷量	題目 信度	標準化 殘差	組成 信度	收斂 效度
		Unstd.	S.E.	t-value	P	std.	SMC	1- SMC	CR	AVE
互動行銷	B16	1.000				.773	.598	.402	.872	.630
	B17	1.016	.051	19.745	***	.826	.682	.318		
	B18	1.032	.060	17.264	***	.726	.527	.473		
	B19	1.136	.057	19.942	***	.836	.699	.301		

表 3-43 行銷策略互動行銷向度驗證性因素分析後題目內容

向度	新題號	題目內容
互動	B9	我感受到學校良好的口碑及好評能受到家長的認同。
行銷	B10	我認為家長能普遍肯定教師教學之用心。
	B11	我認為【家長會】能提供資源給學校，有更多的學習資源。
	B12	我認為學校教師的教學方式能讓學生喜歡上學與學習。

（四）行銷策略構面之二階驗證性因素分析

　　行銷策略包括「外部行銷」、「內部行銷」與「互動行銷」三個向度，進行二階驗證因素分析後，其結果如圖 3-17 行銷策略二階驗證性因素分析所示。

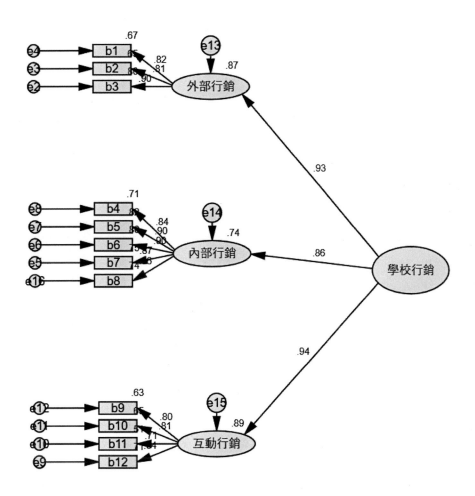

圖 3-17 行銷策略二階驗證性因素分析圖

以下分別就基本配適度指標、模式內在結構配適度指標、整體模式配適度指標及區別效度加以分析。首先,就基本配適度而言,如表 3-44 所示,誤差變異並沒有出現負值,符合建議值;因素負荷量介於.862~.943 之間,均符合建議值介於.5~.95 之間,誤差變異亦都顯著水準。因此,就基本適配指數而言,模式並未發生違反估計情形。

就模式內在結構配適度指標而言,由表 3-44 行銷策略構面二階驗證性分析可知,個別項目的信度介於.743~.889 之間,皆≧.5;組合信度為.936符合建議值≧.7,平均變異數萃取量為.830,符合建議值≧.5。因此,就模式內在結構配適度而言,皆符合配適程度,代表模式內在結構配適度良好。

表 3-44 行銷策略構面二階驗證性分析表

構面	向度	Unstd.	S.E.	t-value	P	std.	SMC	CR	AVE
行銷策略	外部行銷	1.000				.932	.889	.936	.830
	內部行銷	1.057	.059	17.983	***	.862	.743		
	互動行銷	1.035	.058	17.864	***	.943	.868		

*** $P<.001$

其次,就整體模式配適度指標而言,由圖 3-17 可知,$\chi 2$ 值比率≦5,GFI 為.962,AGFI 為.942,CFI 值為.985,三者均達>.90 的建議值;RMSEA為.054,小於.08 建議值,在可以接受的範圍,配適度良好。因此,就整體配適度而言,本模式具有良好的配適度。

最後,行銷策略區別效度如圖 3-18 所示。

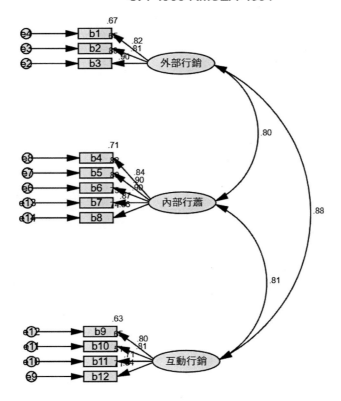

卡方值=136.050自由度=51

卡方/自由=2.668

GFI=.962 AGFI=.942

CFI=.985 RMSEA=.054

圖 3-18 行銷策略區別效度分析圖

　　行銷策略區別效度如表 3-45 所示。行銷策略各向度之 AVE 的平方根.791~.881 之間，且大多大於各構面間的相關係數，顯示本量表具有好的區別效度。

表 3-45　行銷策略區別效度分析表

	AVE	內部行銷	外部行銷	互動行銷
內部行銷	.765	.875*		
外部行銷	.709	.803	.881*	
互動行銷	.630	.713	.779	.791*

註：*表示 AVE 平方根大於各構面間的相關係數

　　經上述的模型評鑑過程後，從模型的配適度、各題項的標準化迴歸係數、收斂效度、區別效度的驗證，整體而言，本模型的外在品質與內在品質頗佳，亦即模式之路徑圖與實際觀察資料之配適度良好。研究者所提出的學效學校品牌形象建構效度之驗證性因素分析之模式圖，獲得統計上的支持，適合進行下一步驟的結構模型分析。

三、家長教育選擇權構面之驗證性因素分析

（一）家長教育選擇權教學品質向度之驗證性因素分析

　　家長教育選擇權教學品質向度共有七個項目，自由度為 $7 \times 6/2=21df$，共估計 7 個殘差加上 1 個變異數及 6 個因素負荷量，自由度大於估計參數，模型屬於過度辨識，符合理論上模型正定的要求。執行 CFA 後，家長教育選擇權教學品質向度一階驗證性因素修正前分析圖 3-19 如所示。由圖 3-19 可以得知 GFI（=.836）<.9、CFI（=.876）<.9，AGFI（=.671）<.9，卡方/

自由（=28.859）>3、RMSEA（=.221）>.08 未達標準值，必須進行刪題修正。

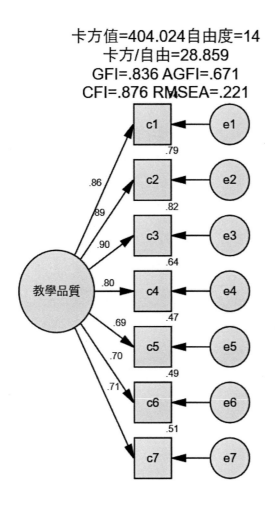

卡方值=404.024自由度=14
卡方/自由=28.859
GFI=.836 AGFI=.671
CFI=.876 RMSEA=.221

圖 3-19 家長教育選擇權教學品質向度一階驗證性因素修正前分析圖

依據修正指標刪除 MI 值較高之題項，依序刪除家長教育選擇權教學品質 5、6、7 後，各項指標均符合標準。刪題後，家長教育選擇權教學品

質向度一階驗證性修正後分析圖如圖 3-20，GFI（=.997）>.9、CFI（=1.000）>.9， AGFI（=.987）>.9，卡方/自由（=1.434）<3、RMSEA（=.028）<.08，配適度頗為理想。家長教育選擇權教學品質各項目因素負荷量均超過.7 以上且未超過.95 以上。

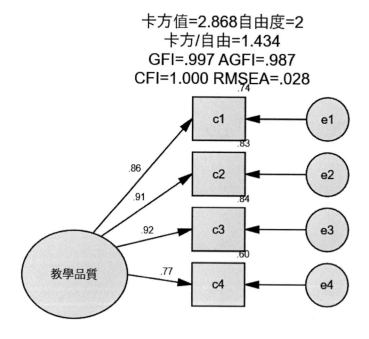

圖 3-20 家長教育選擇權教學品質向度一階驗證性因素修正後分析圖

由表 3-46 家長教育選擇權教學品質向度驗證性因素分析得知參數顯著性估計均為正數且顯著，故無違犯估計。組合信度（CR）為.942，超過.7 標準；平均變異數萃取量為.765，配適度均在可接受的範圍。因此，將刪除後的四個題項予以保留至下一階段分析。家長教育選擇權教學品質向度驗證性因素分析後題目內容如表 3-47。

表 3-46 家長教育選擇權教學品質向度驗證性因素分析表

構面	題目	參數顯著性估計				因素負荷量	題目信度	標準化殘差	組成信度	收斂效度
		Unstd.	S.E.	t-value	P	std.	SMC	1- SMC	CR	AVE
教學品質	C1	1.000				.860	.740	.26	.923	.752
	C2	1.116	.037	30.166	***	.913	.834	.166		
	C3	1.144	.038	30.456	***	.919	.844	.156		
	C4	.919	.041	22.586	***	.773	.597	.403		

表 3-47 家長教育選擇權教學品質向度驗證性因素分析後題目內容

向度	新題號	題目內容
教學品質	C1	我認為學校能定期或不定期舉辦學生多元學習活動。
	C2	我認為學校能提供學生各項特色課程（如：在地藝術與文化、各種語言課程）。
	C3	我認為學校能提供多元豐富的學習課程。
	C4	我認為學校在辦學理念上能符合家長需求。

（二）家長教育選擇權校園安全向度之驗證性因素分析

　　家長教育選擇權校園安全向度共有七個項目，自由度為 $7\times6/2=21df$，共估計 7 個殘差加上 1 個變異數及 6 個因素負荷量，自由度大於估計參數，模型屬於過度辨識，符合理論上模型正定的要求。執行 CFA 後，家長教育選擇權教學品質向度一階驗證性因素修正前分析圖 3-21 如所示。由圖 3-21 可以得知 GFI（=.888）<.9、CFI（=.942）>.9，AGFI（=.777）<.9，卡方/

自由（=17.510）>3、RMSEA（=.170）>.08，未達標準值，必須進行刪題修正。

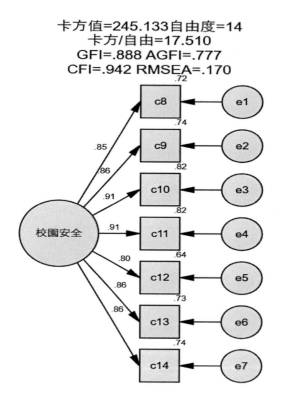

圖 3-21　家長教育選擇權校園安全向度一階驗證性因素修正前分析圖

　　依據修正指標刪除 MI 值較高之題項，依序刪除家長教育選擇權校園安全 8、12、13 後，各項指標均符合標準。刪題後，家長教育選擇權校園安全向度一階驗證性修正後分析圖如圖 3-22，GFI（=.996）>.9、CFI（=.999）>.9，AGFI（=.982）>.9，卡方/自由（=2.127）<3、RMSEA（=.044）<.08，配適

度頗為理想。家長教育選擇權校園安全各項目因素負荷量均超過.7 以上且未
超過.95 以上。

卡方值=4.254自由度=2
卡方/自由=2.127
GFI=.996 AGFI=.982
CFI=.999 RMSEA=.044

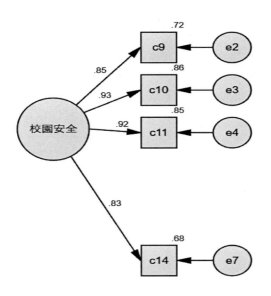

圖 3-22 家長教育選擇權校園安全向度一階驗證性因素修正後分析圖

　　由表 3-48 家長教育選擇權校園安全向度驗證性因素分析得知參數顯
著性估計均為正數且顯著，故無違犯估計。組合信度（CR）為.942，超過.7
標準；平均變異數萃取量為.765，配適度均在可接受的範圍。因此，將刪除
後的四個題項予以保留至下一階段分析。家長教育選擇權校園安全向度驗
證性因素分析後題目內容如表 3-47。

表 3-48 家長教育選擇權校園安全向度驗證性因素分析表

構面	題目	參數顯著性估計				因素負荷量	題目信度	標準化殘差	組成信度	收斂效度
		Unstd	S.E.	t-value	P	std.	SMC	1- SMC	CR	AVE
校園	C9	1.000				.850	.723	.277	.934	.781
安全	C10	1.010	.033	30.377	***	.925	.856	.144		
	C11	1.087	.036	30.077	***	.920	.846	.154		
	C14	.917	.037	24.926	***	.827	.683	.317		

表 3-49 家長教育選擇權校園安全向度驗證性因素分析後題目內容

向度	新題號	題目內容
校園	C5	我認為學校的教學設備、設施、場地等各方面安全維護良好。
安全	C6	我認為學校能提供具有各種防災教育知能及做法的課程。
	C7	我認為學校能提供校園安全防護知能及做法的課程。
	C8	我認為學校能時常提醒學生並宣導校園安全之相關事項。

（三）家長教育選擇權教師素質向度之驗證性因素分析

　　家長教育選擇權教師素質向度共有六個項目，自由度為 6×5/2=15df，共估計 6 個殘差加上 1 個變異數及 5 個因素負荷量，自由度大於估計參數，模型屬於過度辨識，符合理論上模型正定的要求。執行 CFA 後，家長教育選擇權教學品質向度一階驗證性因素修正前分析圖 3-23 如所示。由圖 3-21 可以得知 GFI（=.954）>.9、CFI（=.981）>.9，AGFI（=.893）<.9，卡方/

自由（=8.429）>3、RMSEA（=.114）>.08 ，未達標準值，必須進行刪題修正。

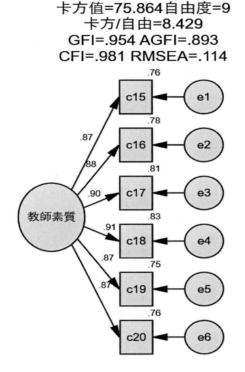

卡方值=75.864自由度=9
卡方/自由=8.429
GFI=.954 AGFI=.893
CFI=.981 RMSEA=.114

圖 3-23 家長教育選擇權教師素質向度一階驗證性因素修正前分析圖

依據修正指標刪除 MI 值較高之題項，依序刪除家長教育選擇權教師素質 16、20 後，各項指標均符合標準。刪題後，家長教育選擇權教師素質向度一階驗證性修正後分析圖如圖 3-24，GFI（=.998）>.9、CFI（=1.000）>.9，AGFI（=.988）>.9，卡方/自由（=1.392）<3、RMSEA（=.026）<.08，配適度頗為理想。家長教育選擇權教師素質各項目因素負荷量均超過.7 以上且未超過.95 以上。

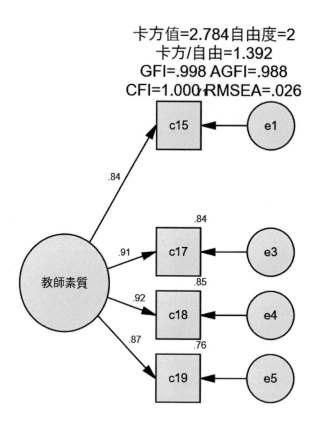

卡方值=2.784自由度=2
卡方/自由=1.392
GFI=.998 AGFI=.988
CFI=1.000 RMSEA=.026

圖 3-24 家長教育選擇權教師素質向度一階驗證性因素修正後分析圖

　　由表 3-50 家長教育選擇權教師素質向度驗證性因素分析得知參數顯著性估計均為正數且顯著，故無違犯估計。組合信度（CR）為.936，超過.7標準；平均變異數萃取量為.784，配適度均在可接受的範圍。因此，將刪除後的四個題項予以保留至下一階段分析。家長教育選擇權教師素質向度驗證性因素分析後題目內容如表 3-51。

表 3-50 家長教育選擇權教師素質向度驗證性因素分析表

構面	題目	參數顯著性估計				因素負荷量	題目信度	標準化殘差	組成信度	收斂效度
		Unstd.	S.E.	t-value	P	std.	SMC	1- SMC	CR	AVE
教師素質	C15	1.000				.842	.709	.291	.936	.784
	C17	1.097	.038	29.154	***	.914	.835	.165		
	C18	1.131	.038	29.659	***	.923	.853	.147		
	C19	1.125	.042	26.858	***	.872	.760	.240		

表 3-51 家長教育選擇權教師素質向度驗證性因素分析後題目內容

向度	新題號	題目內容
教師素質	C9	我能感受到學校教師在教學上有優良教學表現。
	C10	我認為學校教師有合理管教輔導學生方式。
	C11	我認為學校教師有令人滿意的班級經營管理方式。
	C12	我認為學校教師能提供學生個別化學業輔導。

（四）家長教育選擇權構面之二階驗證性因素分析

　　家長教育選擇權包括「教學品質」、「校園安全」與「教師素質」三個向度，進行二階驗證因素分析後，其結果如圖 3-25 家長教育選擇權二階驗證性因素分析所示。

卡方值=134.609自由度=51
卡方/自由=2.639
GFI=.963 AGFI=.943
CFI=.987 RMSEA=.054

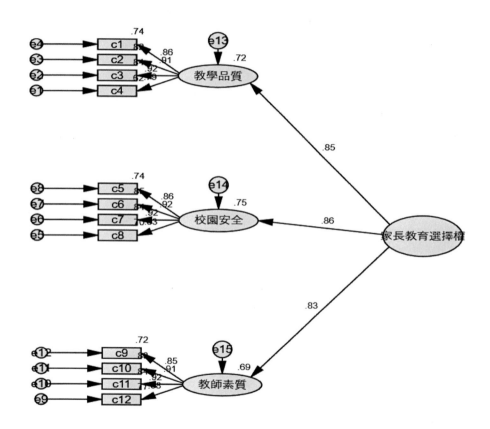

圖 3-25 家長教育選擇權二階驗證性因素分析圖

　　以下分別就基本配適度指標、模式內在結構配適度指標、整體模式配適度指標及區別效度加以分析。首先，就基本配適度而言，如表 3-44 所示，誤差變異並沒有出現負值，符合建議值；因素負荷量介於.833~.864 之間，

均符合建議值介於.5~.95 之間，誤差變異亦都顯著水準。因此，就基本適
配指數而言，模式並未發生違反估計情形。

就模式內在結構配適度指標而言，由表 3-52 行銷策略構面二階驗證性
分析可知，個別項目的信度介於.695~.746 之間，皆≧.5；組合信度為.884
符合建議值≧.7，平均變異數萃取量為.717，符合建議值≧.5。因此，就模
式內在結構配適度而言，皆符合配適程度，代表模式內在結構配適度良好。

表 3-52 家長教育選擇權構面二階驗證性分析表

構面	向度	Unstd.	S.E.	t-value	P	std.	SMC	CR	AVE
家長教育選擇權	教學品質	1.000				.846	.695	.884	.717
	校園安全	1.021	.061	16.747	***	.864	.746		
	教師素質	.973	.059	16.396	***	.833	.715		

*** *P*<.001

其次，就整體模式配適度指標而言，由圖 3-25 可知，χ2 值比率≦5，
GFI 為.963，AGFI 為.943，CFI 值為.987，三者均達>.90 的建議值；RMSEA
為.054，小於.08 建議值，在可以接受的範圍，配適度良好。因此，就整體
配適度而言，本模式具有良好的配適度。

最後，家長教育選擇權區別效度如圖 3-26 所示。

卡方值=134.609自由度=51

卡方/自由=2.639

GFI=.963 AGFI=.943

CFI=.987 RMSEA=.054

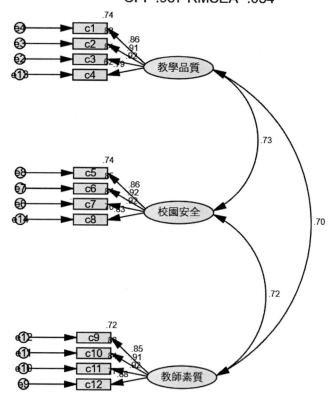

圖 3-26 家長教育選擇權區別效度分析圖

家長教育選擇權區別效度如表 3-53 所示。家長教育選擇權各向度之
AVE 的平方根.869~.889 之間,且均大於各構面間的相關係數,顯示本量表
具有良好的區別效度。

表 3-53　家長教育選擇權區別效度分析表

	AVE	校園安全	教學品質	教師素質
校園安全	.781	.883*		
教學品質	.752	.731	.869*	
教師素質	.784	.720	.705	.889*

註:*表示 AVE 平方根大於各構面間的相關係數

　　經上述的模型評鑑過程後,從模型的配適度、各題項的標準化迴歸係
數、收斂效度、區別效度的驗證,整體而言,本模型的外在品質與內在品
質頗佳,亦即模式之路徑圖與實際觀察資料之配適度良好。研究者所提出
的學效學校品牌形象建構效度之驗證性因素分析之模式圖,獲得統計上的
支持,適合進行下一步驟的結構模型分析。

第六節　資料處理

　　為探究國民中學學校品牌形象、行銷策略與國民小學家長教育選擇權
之關係,本:本研究以 IBM spss staistics 23 版統計軟體進行統計分析,其
模式包括因素分析、描述性統計、獨立樣本 t 檢定、變異數分析(ANOVA)、

皮爾森積差相關（Pearson product-moment correlation）、結構方程模式（Structural Equation Modeling ）。使用之資料分析方法分述如下：

壹、因素分析

主要做為工具效度分析之用。本研究測量調查樣本國民中學學校品牌形象、行銷策略與國民小學家長教育選擇權的量表。為了更簡潔描述這些題目之間的交互關係，並將變項予以概念化，本研究運用探索性因素分析，找出這些題目之間的共同因素，以利進行後續的統計分析。

貳、描述性統計

以次數分配、平均數、標準差與百分比等描述性統計，做為調查樣本的個人背景（包括性別、年齡與學歷）、學校背景變項（包括學校位置、學校規模與學校縣市）等之描述統計分析，以呈現本研究調查樣本的分配情形，並進一步比較母群體分配情形。

參、獨立樣本 t 檢定

以受試者的基本資料為自變項，以「國民中學學校品牌形象」、「行銷策略」與「國民小學家長教育選擇權」為依變項，進行 t 檢定。分析不同性別背景變項之國民小學家長在國民中學學校品牌形象、行銷策略與國民小學家長教育選擇權及整體及各層面是否有差異。

肆、變異數分析（ANOVA）

用以比較不同背景變項家長在國民中學學校品牌形象、行銷策略與國民小學家長教育選擇權各分量表之差異情形。其中，單因子變異數分析若

差異達顯著水準,再以雪費事後比較法（scheffe' method）進行事後比較;而若在變異數同質性檢定中發現變異數為不同質時,則以 Games-Howell 法進行事後比較。

伍、皮爾森積差相關（Pearson product-moment correlation）

以皮爾森積差相關,探討國民中學學校品牌形象、行銷策略與國民小學家長教育選擇權之相關情形。

陸、結構方程模式（Structural Equation Modeling）

做為探討國民中學學校品牌形象、行銷策略與國民小學家長教育選擇權的可能影響結構,本研究以 Amos 22 版統計軟體進行潛在變項路徑分析（path analysis with latent variables,PA-LV）。分析模型包括國民中學學校品牌形象、行銷策略與國民小學家長教育選擇權的測量模式（measurement model）,以及國民中學學校品牌形象、行銷策略與國民小學家長教育選擇權影響的結構模式（structural model）。

第四章　研究結果分析討論

　　本章依據本研究架構分為四節。第一節為國民中學學校品牌形象、行銷策略與家長教育選擇權之現況分析；第二節為國民中學學校品牌形象、行銷策略與家長教育選擇權之差異情形；第三節為國民中學學校品牌形象、行銷策略與家長教育選擇權之相關分析；第四節為國民中學學校品牌形象、行銷策略與家長教育選擇權之結構方程模式影響效果分析，依序探討如下。

第一節　國民中學學校品牌形象、行銷策略與家長教育選擇權現況分析

　　本節藉由問卷調查所得之資料，以各構面或各題平均分數及標準差作為分析比較之依據。以探討國民小學六年級學生家長在國民中學學校品牌形象、行銷策略與家長教育選擇權之現況。

壹、研究樣本特性之現況分析

在回收樣本資料分析，研究者利用 SPSS23.0 統計軟體中的描述性統計的次數分配表，透過有效樣本的個人與學校背景資料之填答整理成研究樣本背景資料分析表。分析表如表 4-1。

表 4-1　研究樣本背景資料分析表

背景變項	分項	次數（人）	百分比（%）
性別	男	163	28.45%
	女	410	71.55%
年齡	未滿 40 歲	146	25.5%
	40 歲以上未滿 50 歲	358	62.48%
	50 歲以上	69	12.02%
最高學歷	專科以下	155	27.1%
	大學	358	62.43%
	碩士以上	60	10.47%
目前子女就讀學校位置	都市區	213	37.12%
	一般鄉鎮	332	57.94%
	偏遠（含山區）	28	4.89%
目前子女就讀學校規模	12 班以下	88	15.36%
	13-48 班	211	36.82%
	49 班以上	274	47.82%

（續下頁）

背景變項	分項	次數（人）	百分比（%）
目前子女就讀學校縣市	臺中市	280	48.87%
	彰化縣	205	35.78%
	南投縣	135	23.56%

n=573

　　從表 4-1 中可以發現，個人背景資料方面，性別的部分，女性人數多於男性。女性為 71.55%，男性為 28.45%；在年齡部分，未滿 40 歲者為 25.5%，40 歲以上未滿 50 歲為 62.48%，50 歲以上為 12.02%；最高學歷部分，以大學最多為 62.48%，專科以下為 23.1%，碩士以上為 10.47%。

　　在目前子女就讀學校位置部分，一般鄉鎮為 58.29%，都市區為 37.00%，偏遠（含山區）為 4.71%；在目前子女就讀學校規模部分，13-48 班為 58.29%，12 班以下為 37.00%，49 班以上為 4.71%；在目前子女就讀學校縣市部分，彰化縣為 58.29%，臺中市為 37.00%，南投縣為 4.71%。

貳、學校品牌形象之現況分析討論

　　國民小學六年級家長在學校品牌形象現況分析討論如下：

一、學校品牌形象各構面現況分析討論

　　本研究將學校品牌形象之構面因素分成功能性、經驗性及象徵性等三個分構面。學校品牌形象量表各構面分析如表 4-2 所示。

表 4-2 學校品牌形象各構面分析摘要表

構面名稱	平均數	標準差	題數
功能性	4.24	.56	3
經驗性	4.35	.63	3
象徵性	4.18	.59	4
整體平均數	4.23	.51	10

n=573

從表 4-2 中對於學校品牌形象現況分析討論如下：

（一）整體而言，學校品牌形象總量表平均數為 4.23，顯示學校品牌形象屬於高程度。各構面平均得分介於 4.18~4.35 之間，與平均值 3 分相比較，屬於中上程度與高程度之間，在五點量表中即介於同意與非常同意之間。

（二）從各子構面分析結果的原始分數來看，以「經驗性」（M=4.35）之得分最高；其次為「功能性」（M=4.24）；最後為「功能性」（M=4.18）。雖然功能性得分較低，但仍高於平均數 3 以上，屬於中上程度。

二、學校品牌形象各分構面題項現況分析討論

本研究針對學校品牌形象各分構面題項現況分析，其結果如表 4-3。

表 4-3 學校品牌形象量表各題項分析

構面	題目內容	單題平均數	單題標準差
功能性	我認為學校位置交通便利，家長接送方便。	4.19	.75
	我認為學校的教學品質良好，教師能用心教導學生。	4.30	.65
	我認為學校能提供學生多元社團活動學習。	4.22	.73
經驗性	我覺得校長具有教育專業理念。	4.33	.66
	我覺得校長能領導教師用心辦學。	4.34	.67
	我覺得校長個人有親和力，十分投入校務辦學。	4.40	.66
象徵性	我認為學校參加校外競賽有良好的表現成績。	4.25	.68
	我認為學校畢業學生升學表現能獲得外界肯定。	4.17	.69
	我認為學校有良好的校譽能獲得外界好評。	4.28	.69
	我認為學校具有可供辨識標誌（如：校徽、校旗等）能表現出學生良好形象。	4.01	.75

n=573

　　從表 4-3 發現，學校品牌形象功能性構面各題平均得分都在平均數 4 以上，可見學校品牌形象功能性認知在高程度；學校品牌形象經驗性構面各題平均得分都在平均數4以上，可見學校品牌形象經驗性認知在高程度；學校品牌形象象徵性構面各題平均得分都在平均數 4 以上，可見學校品牌形象象徵性認知在高程度。

　　在功能性構面各題中，以「我認為學校的教學品質良好，教師能用心教導學生」得分最高（M=4.30），其次為「我認為學校能提供學生多元社團

活動學習」（M=4.22），「我認為學校位置交通便利，家長接送方便」（M=4.19）最低。

在經驗性構面各題中，以「我覺得校長個人有親和力，十分投入校務辦學」得分最高（M=4.40），其次為「我覺得校長能領導教師用心辦學」（M=4.34），「我覺得校長具有教育專業理念」（M=4.33）最低。

在象徵性構面各題中，以「我認為學校有良好的校譽能獲得外界好評」得分最高（M=4.28），其次為「我認為學校參加校外競賽有良好的表現成績」（M=4.25），再者為「我認為學校畢業學生升學表現能獲得外界肯定」（M=4.17），「我認為學校具有可供辨識標誌（如：校徽、校旗等）能表現出學生良好形象」（M=4.01）最低。

本研究就單題學校品牌形象以經驗性「我覺得校長個人有親和力，十分投入校務辦學」得分最高（M=4.40），其次為「我覺得校長能領導教師用心辦學」（M=4.34），可見校長辦學用心程度，對於學校品牌形象有關鍵性的影響程度。在學校品牌形象象徵性中以「我認為學校具有可供辨識標誌（如：校徽、校旗等）能表現出學生良好形象」得分最低（M=4.01），顯示學校是否具有可供辨識標誌與否，並非是家長首要關注要項之一。

三、小結

綜上所述，學校品牌形象中，「功能性」、「經驗性」、「象徵性」構面，均達高程度，其原因可能在資訊發達的現代社會，國民小學家長對國民中學的學校品牌形象更加重視，對於選擇學校，有更多元化的考量因素。

參、行銷策略之現況分析討論

國民小學六年級家長在行銷策略現況分析討論如下：

一、行銷策略各構面現況分析討論

本研究將行銷策略之構面因素分成外部行銷、內部行銷及互動行銷等三個分構面。行銷策略量表各構面分析如表 4-4 所示。

表 4-4 行銷策略各構面分析摘要表

構面名稱	平均數	標準差	題數
外部行銷	4.21	.599	3
內部行銷	4.08	.639	5
互動行銷	4.19	.580	4
整體平均數	4.15	.559	12

n=573

從表 4-4 中對於行銷策略現況分析討論如下：

（一）整體而言，行銷策略總量表平均數為 4.15，顯示行銷策略屬於高程度。各構面平均得分介於 4.08~4.21 之間，與平均值 3 分相比較，屬於中上程度與高程度之間，在五點量表中即介於同意與非常同意之間。

（二）從各子構面分析結果的原始分數來看，以「外部行銷」（M=4.21）之得分最高；其次為「互動行銷」（M=4.19）；最後為「內部行銷」（M=4.08）。雖然內部行銷得分較低，但仍高於平均數 3 以上，屬於中上程度。

二、行銷策略各分構面題項現況分析討論

本研究針對行銷策略各分構面題項況分析，其結果如表 4-5。

表 4-5 行銷策略量表各題項分析

構面	題目內容	單題平均數	單題標準差
外部行銷	我認為教師能在教學專業上精進，能受家長肯定。	4.23	.638
	我認為學校行政人員與家長、學生互動熱絡與服務親切。	4.14	.705
	我認為教師具專業能力與教學熱忱。	4.27	.666
內部行銷	我覺得學校能激勵教職員工，提升教學工作滿意度。	4.10	.707
	我覺得學校願意善用各式各樣的激勵制度，來提高教職員工作士氣。	4.01	.742
	我覺得學校內部能積極培養優秀的學校成員。	4.09	.722
	我覺得學校內部能宣導各項理念或推動的相關工作給教職員工知道。	4.10	.658
	我覺得學校能重視教職員工作環境與感受。	4.09	.720
互動行銷	我感受到學校良好的口碑及好評能受到家長的認同。	4.26	.669
	我認為家長能普遍肯定教師教學之用心。	4.24	.636
	我認為【家長會】能提供資源給學校，有更多的學習資源。	4.10	.734
	我認為學校教師的教學方式能讓學生喜歡上學與學習。	4.18	.703

n=573

　　從表 4-5 發現，行銷策略外部行銷構面各題平均得分都在平均數 4 以上，可見行銷策略外部行銷認知在高程度：行銷策略內部行銷構面各題平均得分都在平均數 4 以上，可見行銷策略內部行銷認知在高程度：行銷策略互動行銷構面各題平均得分都在平均數 4 以上，可見行銷策略互動行銷認知在高程度。

　　在外部行銷構面各題中，以「我認為教師具專業能力與教學熱忱」得分最高（M=4.27），其次為「我認為教師能在教學專業上精進，能受家長肯定」（M=4.23），「我認為學校行政人員與家長、學生互動熱絡與服務親切」（M=4.14）最低。

　　在內部行銷構面各題中，以「我覺得學校內部能宣導各項理念或推動的相關工作給教職員工知道」得分最高（M=4.10），其次為「我覺得學校內部能積極培養優秀的學校成員」（M=4.09）及「我覺得學校能重視教職員工作環境與感受」（M=4.09），以「我覺得學校願意善用各式各樣的激勵制度，來提高教職員工作士氣」（M=4.01）最低。

　　在互動行銷構面各題中，以「我感受到學校良好的口碑及好評能受到家長的認同」得分最高（M=4.26），其次為「我認為學校參加校外競賽有良好的表現成績」（M=4.25），再者為「我認為學校畢業學生升學表現能獲得外界肯定」（M=4.17），「我認為【家長會】能提供資源給學校，有更多的學習資源」（M=4.10）最低。

　　本研究就單題行銷策略以外部行銷「我認為教師具專業能力與教學熱忱」得分最高（M=4.27），其次為「我感受到學校良好的口碑及好評能受到家長的認同」（M=4.26），可見教師用心程度，對於行銷策略有關鍵性的影響程度。在行銷策略內部行銷中以「我覺得學校願意善用各式各樣的激勵制度，來提高教職員工作士氣」得分最低（M=4.01），顯示學校是否善用各

式各樣的激勵制度，來提高教職員工作士氣與否，並非是家長首要關注要項之一。

三、小結

綜上所述，行銷策略中，「外部行銷」、「內部行銷」、「互動行銷」構面，均達高程度，其原因可能在資訊發達的現代社會，國民小學家長對國民中學的辦學績效的行銷，會投入更多的關注因素。

肆、家長教育選擇權之現況分析討論

國民小學六年級家長在家長教育選擇權現況分析討論如下：

一、家長教育選擇權各構面現況分析討論

本研究將家長教育選擇權之構面因素分成教學品質、校園安全及教師素質等三個分構面。家長教育選擇權量表各構面分析如表 4-6 所示。

表 4-6 家長教育選擇權各構面分析摘要表

構面名稱	平均數	標準差	題數
教學品質	4.17	.614	4
校園安全	4.26	.583	4
教師素質	4.22	.625	4
整體平均數	4.22	.540	12

n=573

從表 4-6 中對於家長教育選擇權現況分析討論如下：

（一）整體而言，家長教育選擇權總量表平均數為 4.22，顯示家長教育選

擇權屬於高程度。各構面平均得分介於 4.17~4.26 之間，與平均值 3
分相比較，屬於中上程度與高程度之間，在五點量表中即介於同意
與非常同意之間。

（二）從各子構面分析結果的原始分數來看，以「校園安全」（M=4.26）之
得分最高；其次為「教師素質」（M=4.22）；最後為「教學品質」
（M=4.17）。雖然教學品質得分較低，但仍高於平均數 3 以上，屬
於中上程度。

二、家長教育選擇權各分構面題項現況分析討論

本研究針對行銷策略各分構面題項況分析，其結果如表 4-7。

表 4-7 家長教育選擇權量表各題項分析

構面	題目內容	單題平均數	單題標準差
教學品質	我認為學校能定期或不定期舉辦學生多元學習活動。	4.23	.658
	我認為學校能提供學生各項特色課程（如：在地藝術與文化、各種語言課程）。	4.17	.691
	我認為學校能提供多元豐富的學習課程。	4.17	.705
	我認為學校在辦學理念上能符合家長需求。	4.12	.673
校園安全	我認為學校的教學設備、設施、場地等各方面安全維護良好。	4.20	.660
	我認為學校能提供具有各種防災教育知能及做法的課程。	4.27	.613
	我認為學校能提供校園安全防護知能及做法的課程。	4.26	.663
	我認為學校能時常提醒學生並宣導校園安全之相關事項。	4.31	.623

（續下頁）

構面	題目內容	單題平均數	單題標準差
教師素質	我能感受到學校教師在教學上有優良教學表現。	4.27	.660
	我認為學校教師有合理管教輔導學生方式。	4.20	.667
	我認為學校教師有令人滿意的班級經營管理方式。	4.22	.680
	我認為學校教師能提供學生個別化學業輔導。	4.17	.717

n=573

　　從表 4-7 發現，家長教育選擇權構面各題平均得分都在平均數 4 以上，可見家長教育選擇權教學品質認知在高程度；家長教育選擇權校園安全構面各題平均得分都在平均數 4 以上，可見家長教育選擇權校園安全認知在高程度；家長教育選擇權教師素質構面各題平均得分都在平均數 4 以上，可見家長教育選擇權教師素質認知在高程度。

　　在家長教育選擇權構面各題中，以「我認為學校能定期或不定期舉辦舉辦學生多元學習活動」得分最高（M=4.23），其次為「我認為學校能提供學生各項特色課程）如：在地藝術與文化、各種語言課程）」（M=4.17）及「我認為學校能提供多元豐富的學習課程」（M=4.17），「我認為學校在辦學理念上能符合家長需求」（M=4.12）最低。

　　在校園安全構面各題中，以「我認為學校能時常提醒學生並宣導校園安全之相關事項」得分最高（M=4.31），其次為「我認為學校能提供具有各種防災教育知能及做法的課程」（M=4.27），以「我認為學校的教學設備、設施、場地等各方面安全維護良好」（M=4.20）最低。

　　在教師素質構面各題中，以「我能感受到學校教師在教學上有優良教學表現」得分最高（M=4.27），其次為「我認為學校教師有令人滿意的班級經營管理方式」（M=4.22），「我認為學校教師能提供學生個別化學業輔導」（M=4.17）最低。

　　本研究就單題家長教育選擇權以校園安全「我認為學校能時常提醒學生並宣導校園安全之相關事項」得分最高（M=4.31），其次為校園安全「我認為學校能提供具有各種防災教育知能及做法的課程」（M=4.27）及教師素質「我能感受到學校教師在教學上有優良教學表現」（M=4.27），可見校園安全及教師素質，對於家長教育選擇權有關鍵性的影響程度。在家長教育選擇權教學品質中以「我認為學校在辦學理念上能符合家長需求」得分最低（M=4.12），顯示學校辦學理念能否符合家長需求程度，具有多元性的選擇因素。

三、小結

　　綜上所述，家長教育選擇權中，「教學品質」、「校園安全」、「教師素質」構面，均達高程度，其原因可能在訊息快速流通的現代社會，國民小學家長對國民中學的辦學各項成效，會更加重視與關心。

第二節　國民中學學校品牌形象、行銷策略與家長教育選擇權差異分析

本節旨在探討不同背景變項（家長性別、年齡、最高學歷、學校位置、學校規模、學校縣市）在學校品牌形象、行銷策略與家長教育選擇權之整體與分構面得分上差異的情形。資料呈現分為兩大部分：一、結果分析；二、綜合討論。本部分之統計方法為 t 考驗、單因子獨立樣本變異數分析（One-way ANOVA），並由平均數與 Scheffe's 進行事後比較。分述如下說明：

壹、不同性別家長在學校品牌形象、行銷策略與家長教育選擇權差異分析

本研究針對不同性別之國民小學六年級學生家長分別進行學校品牌形象、行銷策略與家長教育選擇權之差異分析。其結果如表 4-8。

表 4-8 不同性別在學校品牌形象、行銷策略與家長教育選擇權之差異分析

構面	男（平均）	女（平均）	t 值	p 值
功能性	4.18	4.27	-1.66	.099
經驗性	4.37	4.35	.284	.777
象徵性	4.14	4.20	-1.01	.313
學校品牌形象	4.22	4.27	-.918	.359
外部行銷	4.21	4.21	-.099	.921
內部行銷	4.14	4.05	1.527	.127
互動行銷	4.21	4.19	.400	.689
行銷策略	4.18	4.14	.840	.401
教學品質	4.18	4.17	.107	.915
校園安全	4.28	4.25	.569	.570
教師素質	4.24	4.21	.560	.576
家長教育選擇權	4.23	4.21	.491	.624

1. n=男 163、女 410

2. p* < .05

依據表 4-8 統計結果，分析如下：

一、不同性別在學校品牌形象的差異性分析討論

（一）整體差異性分析討論

表 4-8 是不同性別家長在學校品牌形象「功能性」、「經驗性」與「象徵性」總分及其分構面差異之 t 考驗。由表 4-8 可以看出，不同性別家長在學校品牌形象之得分情形。男性得分平均為 4.22，女性得分平均為 4.27，

t 考驗值為-.918，結果未達顯著水準。亦即不同性別家長在整體學校品牌形象的得分上無顯著差異。此研究結果與張哲彰（2014）與 Varadarajan, B.（2016).研究相近；但與鄭琦蓉（2008）、許育禎（2010）、林怡佳（2011）等研究結果不盡相同。

（二）分構面差異性分析討論

不同性別家長在學校品牌形象「功能性」、「經驗性」、「象徵性」等構面上，未達顯著水準，亦即不同性別家長在學校品牌形象個分構面得分上無顯著差異

在「功能性」、「經驗性」、「象徵性」等構面上，亦呈現無顯著差異水準，代表男性家長與女性家長在學校品牌形象之「功能性」、「經驗性」、象徵性」等構面表現上是一致的。此結果和張哲彰（2014）與 Varadarajan, B.（2016).研究是一致的；但與鄭琦蓉（2008）、許育禎（2010）、林怡佳（2011）等研究結果不盡相同。

（三）小結

綜上所述，不同性別家長對學校品牌形象的整體與各構面上並沒有顯著的差異。可能原因是家長為了替子女選擇心目中理想的國民中學，無論是父母或直系親屬，對於國民中學的學校品牌形象皆會很重視與斟酌的比較。

二、不同性別在行銷策略的差異性分析討論

（一）整體差異性分析討論

不同性別家長在行銷策略之得分情形。男性得分平均為 4.18，女性得分平均為 4.14，t 考驗值為.840，結果未達顯著水準。亦即不同性別家長在整體行銷策略的得分上無顯著差異。此結果和張哲彰（2014）研究是一致的；但與余杰儒（2012）與余美惠（2012）等研究結果不盡相同。

（二）分構面差異性分析討論

　　不同性別家長在行銷策略「外部行銷」、內部行銷」、「互動行銷」等構面上，未達顯著水準，亦即不同性別家長在行銷策略各分構面得分上無顯著差異

　　在行銷策略「外部行銷」、內部行銷」、「互動行銷」等構面上，亦呈現無顯著差異水準，代表男性家長與女性家長在行銷策略之「外部行銷」、「內部行銷」、「互動行銷」等構面表現上是一致的。此結果和張哲彰（2014）研究是一致的。

（三）小結

　　綜上所述，不同性別家長對行銷策略的整體與各構面上並沒有顯著的差異。可能原因是家長為了替子女選擇心目中理想的國民中學，無論是父母或直系親屬對於國民中學的行銷策略所呈現的辦學績效，皆會很重視與做比較。

三、不同性別在家長教育選擇權的差異性分析討論

（一）整體差異性分析討論

　　不同性別家長在家長教育選擇權之得分情形。男性得分平均為 4.23，女性得分平均為 4.21，t 考驗值為.491，結果達未顯著水準。亦即男性家長在整體家長教育選擇權的得分表現上，無顯著差異。

　　不同性別家長在整體「家長教育選擇權」感受上未達顯著差異水準，亦即不同性別家長在整體家長教育選擇權的得分上無顯著差異。此結果和張哲彰（2014）研究是一致的；但與余杰儒（2012）與余美惠（2012）等研究結果不盡相同。

（二）分構面差異性分析討論

不同性別家長在家長教育選擇權「教學品質」、「校園安全」、「教師素質」等構面上，未達顯著水準，亦即不同性別家長在行銷策略各分構面得分上無顯著差異。

在家長教育選擇權「教學品質」、「校園安全」、「教師素質」等構面上，亦呈現無顯著差異水準，代表男性家長與女性家長在行銷策略之「教學品質」、「校園安全」、「教師素質」等構面表現上是一致的。此結果和張哲彰（2014）研究是一致的。

（三）小結

綜上所述，不同性別家長對家長教育選擇權的整體與各構面上並沒有顯著的差異。可能原因是家長為了替子女選擇心目中理想的國民中學，無論是父母或直系親屬，對於國民中學的學校呈現的辦學績效，皆會影響其教育的感受與認知，進而替其子女選擇心中理想的國中就讀。

貳、不同年齡家長在學校品牌形象、行銷策略與家長教育選擇權差異分析

本研究針對不同年齡的國民小學六年級學生家長分別進行學校品牌形象、行銷策略與價長教育選擇權之差異比較。將回收有效問卷資料進行單因子變異數分析、雪費法（Scheffe's）事後比較。結果如下分述：

一、不同年齡家長在學校品牌形象的差異分析討論

不同年齡家長在學校品牌形象之差異分析結果如表 4-9。

表 4-9 不同年齡家長在學校品牌形象之差異分析

構面	組別	個數	平均數	標準差	F	Scheff'e 事後比較
功能性	1	148	4.22	.586	1.348	
	2	355	4.22	.553		
	3	70	4.34	.576		
	總和	573	4.24	.565		
經驗性	1	148	4.34	.706	.451	
	2	355	4.35	.605		
	3	70	4.42	.552		
	總和	573	4.35	.626		
象徵性	1	148	4.19	.645	.070	
	2	355	4.17	.576		
	3	70	4.19	.552		
	總和	573	4.18	.591		
學校品牌 形象	1	148	4.24	.558	.509	
	2	355	4.24	.489		
	3	70	4.31	.475		
	總和	573	4.25	.506		

表格說明:

組別中的「1」代表未滿 40 歲、「2」代表 40 歲以上未滿 50 歲、「3」代表 50 歲以上。

（一）整體差異性分析討論

表 4-9 為不同年齡家長在學校品牌形象整體及構面差異之 F 考驗。由表 4-9 可以得知，不同年齡的家長在學校品牌形象整體的得分情形：整體（M=4.25）未達顯著水準；未滿 40 歲這組（M=4.24）；40 歲以上未滿 50 歲這組（M=4.24）；50 歲以上這組（M=4.31）。其結果未達顯著水準，亦即在整體學校品牌形象得分表現上，不因家長年齡不同而有所差異。不同年齡家長在學校品牌形象感受上無顯著差異。此結果和張哲彰（2014）與 Varadarajan, B.（2016）.研究是一致的；但與鄭琦蓉（2008）、許育禎（2010）、林怡佳（2011）等研究結果不盡相同。

（二）構面差異性分析討論

不同年齡的國民小學六年級學生家長，在學校品牌形象的功能性、經驗性與象徵性三構面中，均未達顯著差異。亦即家長的年齡不同，對其在學校品牌形象各構面的得分表現上，不會有顯著差異。此結果和張哲彰（2014）與 Varadarajan, B.（2016）. 研究是一致的。

（三）小結

綜上所述，不同年齡的國民小學六年級學生家長，其在學校品牌形象整體及所有構面的知覺上，均未呈現顯著性差異水準，代表不同年齡家長對學校品牌形象，在統計上不會造成顯著差異。可能原因是家長為了替子女選擇心目中理想的國民中學，對於國民中學的學校品牌形象，不會因不同年齡而影響其對教育的感受與認知。

二、不同年齡家長在行銷策略的差異分析討論

不同年齡家長在行銷策略的差異分析結果如表 4-10。

表 4-10 不同年齡家長在行銷策略之差異分析

構面	組別	個數	平均數	標準差	F	Scheff'e 事後比較
外部行銷	1	148	4.23	.634	.088	
	2	355	4.21	.586		
	3	70	4.22	.576		
	總和	573	4.21	.599		
內部行銷	1	148	4.12	.654	.293	
	2	355	4.06	.611		
	3	70	4.06	.748		
	總和	573	4.08	.639		
互動行銷	1	148	4.23	.587	.562	
	2	355	4.17	.584		
	3	70	4.20	.588		
	總和	573	4.19	.580		
行銷策略	1	148	4.18	.571	.395	
	2	355	4.14	.641		
	3	70	4.15	.614		
	總和	573	4.15	.558		

表格說明：

組別中的「1」代表未滿 40 歲、「2」代表 40 歲以上未滿 50 歲、「3」代表 50 歲以上。

（一）整體差異性分析討論

表 4-9 為不同年齡家長在行銷策略整體及構面差異之 F 考驗。由表 4-10 可以得知，不同年齡的家長在學校品牌形象整體的得分情形：整體（M=4.15）未達顯著水準；未滿 40 歲這組（M=4.18）；40 歲以上未滿 50 歲這組（M=4.14）；50 歲以上這組（M=4.15）。其結果未達顯著水準，亦即在整體行銷策略得分表現上，不會因家長年齡不同而有所差異。不同年齡家長在行銷策略感受上沒有顯著差異。此結果和盧麗津（2009）研究結果不相同。

（二）構面差異性分析討論

不同年齡的國民小學六年級學生家長，在行銷策略的外部行銷構、內部行銷與互動行銷皆未達顯著差異。亦即不同年齡的家長在行銷策略的各構面的感受上沒有顯著差異，此結果和盧麗津（2009）研究不相同。

（三）小結

綜上所述，不同年齡的國民小學六年級學生家長，其在行銷策略整體及所有構面的知覺上，未達顯著性差異水準，代表不同年齡家長對行銷策略，在統計上不會造成顯著差異。可能原因是家長為了替子女選擇心目中理想的國民中學，對於國民中學的行銷策略的感受，不會因家長年齡不同而有所差異。

三、不同年齡家長在教育選擇權的差異分析討論

不同年齡家長在家長教育選擇權之差異分析結果如表 4-11

表 4-11 不同年齡家長在家長教育選擇權之差異分析

構面	組別	個數	平均數	標準差	F	Scheff'e 事後比較
教學品質	1	148	4.23	.638	1.109	
	2	355	4.15	.603		
	3	70	4.15	.619		
	總和	573	4.17	.614		
校園安全	1	148	4.34	.590	2.192	
	2	355	4.22	.578		
	3	70	4.28	.583		
	總和	573	4.26	.583		
教師素質	1	148	4.29	.611	1.553	
	2	355	4.20	.619		
	3	70	4.16	.674		
	總和	573	4.22	.625		
家長教育 選擇權	1	148	4.29	.534	1.797	
	2	355	4.19	.539		
	3	70	4.20	.563		
	總和	573	4.22	.541		

表格說明：

組別中的「1」代表未滿 40 歲、「2」代表 40 歲以上未滿 50 歲、「3」代表 50 歲以上。

（一）整體差異性分析討論

　　表 4-11 為不同年齡家長在家長教育選擇權整體及構面差異之 F 考驗。由表 4-11 可以得知，不同年齡的家長在家長教育選擇權整體的得分情形：整體（M=4.22）未達顯著水準；未滿 40 歲這組（M=4.29）；40 歲以上未滿 50 歲這組（M=4.19）；50 歲以上這組（M=4.20）。其結果未達顯著水準，亦即在整體家長教育選擇權得分表現上，不會因家長年齡不同而有所差異。不同年齡家長在家長教育選擇權感受上沒有顯著差異。此結果和盧麗津（2009）研究不相同。

（二）構面差異性分析討論

　　不同年齡的國民小學六年級學生家長，在家長教育選擇權的教學品質、教師素質與校園安全構面中，皆未達顯著差異。此結果和盧麗津（2009）研究是不一致的。

（三）小結

　　綜上所述，不同年齡的國民小學六年級學生家長，其在家長教育選擇整體及所有構面的知覺上，沒有呈現顯著性差異水準，代表不同年齡的家長對家長校選擇權在統計上不會造成顯著差異。可能原因是家長為了替子女選擇心目中理想的國民中學，對於國民中學的學校品牌形象與行銷策略，不會因不同年齡而影響其對教育的感受與認知。

參、不同學歷家長在學校品牌形象、行銷策略與家長教育選擇權差異分析

本研究針對不同學歷的國民小學六年級學生家長分別進行學校品牌形象、行銷策略與價長教育選擇權之差異比較。將回收有效問卷資料進行單因子變異數分析、雪費法（Scheffe's）事後比較。結果如下分述：

一、不同學歷家長在學校品牌形象的差異分析討論

不同學歷家長在學校品牌形象之差異分析結果如表 4-12。

表 4-12 不同學歷家長在學校品牌形象之差異分析

構面	組別	個數	平均數	標準差	F	Scheff'e 事後比較
功能性	1	329	4.24	.571	.337	
	2	158	4.27	.547		
	3	86	4.21	.577		
	總和	573	4.24	.565		
經驗性	1	329	4.34	.596	.825	
	2	158	4.41	.655		
	3	86	4.31	.684		
	總和	573	4.35	.626		

（續下頁）

構面	組別	個數	平均數	標準差	F	Scheff'e 事後比較
象徵性	1	329	4.19	.604	.191	
	2	158	4.16	.579		
	3	86	4.17	.564		
	總和	573	4.18	.591		
學校品牌形象	1	329	4.25	.513	.174	
	2	158	4.26	.489		
	3	86	4.22	.511		
	總和	573	4.25	.506		

表格說明：

組別中的「1」代表專科以下、「2」代表大學、3」代表碩士以上。

（一）整體差異性分析討論

　　表 4-12 為不同學歷家長在學校品牌形象整體及構面差異之 F 考驗。由表 4-12 可以得知，不同學歷的家長在學校品牌形象整體的得分情形：整體（M=4.25）未達顯著水準；專科以下這組（M=4.25）；大學這組（M=4.26）；碩士以上這組（M=4.22）。其結果未達顯著水準，亦即在整體家長教育選擇權得分表現上，不會因家長學歷不同而有所差異。不同學歷家長在學校品牌形象感受上有未有顯著差異。此結果和張哲彰（2014）研究是一致的；但與鄭琦蓉（2008）、許育禎（2010）、林怡佳（2011）等研究結果不盡相同。

（二）構面差異性分析討論

　　不同學歷的國民小學六年級學生家長，在學校品牌形象的功能性、經驗性與象徵性中未達顯著差異。亦即不同學歷的家長在學校品牌形象的功能性、經驗性與象徵感受上有未有顯著差異性。此結果和張哲彰（2014）研究是一致。

（三）小結

　　綜上所述，不同學歷的國民小學六年級學生家長，其在學校品牌形象整體及所有構面的知覺上，未達顯著性差異水準，代表不同學歷的家長對學校品牌形象在統計上不會造成顯著差異。可能原因是不同學歷家長為了替子女選擇心目中理想的國民中學，對於國民中學的學校品牌形象，皆會影響其教育的感受與認知。

二、不同學歷家長在行銷策略的差異分析討論

　　不同學歷家長在行銷策略之差異分析結果如表 4-13。

表 4-13　不同學歷家長在行銷策略之差異分析

構面	組別	個數	平均數	標準差	F	Scheff'e 事後比較
外部行銷	1	329	4.23	.599	.506	
	2	158	4.21	.610		
	3	86	4.16	.587		
	總和	573	4.21	.599		

（續下頁）

構面	組別	個數	平均數	標準差	F	Scheff'e 事後比較
內部行銷	1	329	4.14	.610	3.998*	1＞3
	2	158	4.03	.679		
	3	86	3.34	.650		
	總和	573	4.08	.639		
互動行銷	1	329	4.23	.559	1.936	
	2	158	4.16	.631		
	3	86	4.10	.559		
	總和	573	4.19	.580		
行銷策略	1	329	4.19	.541	2.633	
	2	158	4.12	.591		
	3	86	4.05	.548		
	總和	573	4.15	.558		

表格說明：

組別中的「1」代表專科以下、「2」代表大學、「3」代表碩士以上。

（一）整體差異性分析討論

　　表 4-13 為不同學歷家長在行銷策略整體及構面差異之 F 考驗。由表 4-13 可以得知，不同學歷的家長在行銷策略整體的得分情形：整體（M=4.15）未達顯著顯著；專科以下這組（M=4.19）；大學這組（M=4.12）；碩士以上這組（M=4.05）。其結果未達顯著水準，亦即在整體行銷策略得分表現上，不會因家長學歷不同而有所差異。不同學歷家長在行銷策略感受上未達顯

著差異。此結果與張義忠（2011）、余杰儒（2012）、余美惠（2012）、王立梅（2013）、薛普文（2013）研究不相同；和張哲彰（2014）研究一致。

（二）構面差異性分析討論

　　不同學歷的國民小學六年級學生家長，在行銷策略的外部行銷與互動行銷未達顯著差異，但內部行銷達顯著差異；即在內部行銷中，專科以下這組（M=4.14）表現得分顯著高於碩士以上這組（M=3.34），並達顯著水準。此結果與張義忠（2011）、余杰儒（2012）、余美惠（2012）、王立梅（2013）、薛普文（2013）研究相同；和張哲彰（2014）研究不一致。

（三）小結

　　綜上所述，不同學歷的國民小學六年級學生家長，其在行銷策略部分構面的知覺上，達顯著性差異水準。代表不同學歷的家長對行銷策略在統計上會造成顯著差異。可能原因是不同學歷的家長，為了替子女選擇心目中理想的國民中學，對於國民中學的行銷策略，尤其是內部行銷，會更有深刻的教育感受與認知。

三、不同學歷家長在家長教育選擇權的差異分析討論

　　不同學歷家長在家長教育選擇權之差異分析結果如表 4-14。

表 4-14 不同學歷家長在家長教育選擇權之差異分析

構面	組別	個數	平均數	標準差	F	Scheff'e 事後比較
教學品質	1	329	4.22	.587	2.786	
	2	158	4.12	.687		
	3	86	4.07	.560		
	總和	573	4.17	.614		
校園安全	1	329	4.29	.561	1.407	
	2	158	4.23	.633		
	3	86	4.18	.571		
	總和	573	4.26	.583		
教師素質	1	329	4.27	.589	2.963	
	2	158	4.15	.675		
	3	86	4.14	.646		
	總和	573	4.21	.625		
家長教育 選擇權	1	329	4.26	.514	2.912	
	2	158	4.17	.599		
	3	86	4.13	.518		
	總和	573	4.22	.541		

表格說明：

組別中的「1」代表專科以下、「2」代表大學、3」代表碩士以上。

（一）整體差異性分析討論

　　表 4-14 為不同學歷家長在家長教育選擇權整體及構面差異之 F 考驗。由表 4-14 可以得知，不同學歷的家長在家長教育選擇權整體的得分情形：整體（M=4.22），未達顯著水準；專科以下這組（M=4.26）；大學這組（M=4.17）；碩士以上這組（M=4.13）。其結果未達顯著水準，亦即在整體家長教育選擇權得分表現上，不會因家長學歷不同而有所差異。

　　不同學歷家長在家長教育選擇權未達顯著差異。此結果與盧麗津（2009）、余杰儒（2012）、余美惠（2012）、王立梅（2013）、張義忠（2014）、薛普文（2013）研究不相同；和張哲彰（2014）研究是一致的。

（二）構面差異性分析討論

　　不同學歷的國民小學六年級學生家長，在家長教育選擇權皆未達顯著差異。此結果與盧麗津（2009）、余杰儒（2012）、余美惠（2012）、王立梅（2013）、張義忠（2014）、薛普文（2013）研究不相同；和張哲彰（2014）研究相同。

（三）小結

　　綜上所述，不同學歷的國民小學六年級學生家長，其在家長教育選擇權整體及所有構面的知覺上，皆未達顯著性水準。代表不同學歷的家長對家長教育選擇權統計上不會造成顯著差異。可能原因是即使是不同學歷的家長對於子女教育的關心是一致的。對於國民中學的辦學經營與績效，皆會有更深刻的教育感受與認知。

肆、不同學校位置在學校品牌形象、行銷策略與家長教育選擇權差異分析

本研究針對不同學校位置的國民小學六年級學生家長分別進行學校品牌形象、行銷策略與家長教育選擇權之差異比較。將回收有效問卷資料進行單因子變異數分析、雪費法（Scheffe's）事後比較。結果如下分述：

一、不同學校位置家長在學校品牌形象的差異分析討論

不同學校位置家長在學校品牌形象之差異分析結果如表 4-15。

表 4-15 不同學校位置家長在學校品牌形象之差異分析

構面	組別	個數	平均數	標準差	F	Scheff'e 事後比較
功能性	1	213	4.28	.535	1.074	
	2	332	4.21	.587		
	3	28	4.26	.508		
	總和	573	4.24	.565		
經驗性	1	213	4.32	.650	2.695	
	2	332	4.36	.618		
	3	28	4.61	.489		
	總和	573	4.35	.626		

（續下頁）

構面	組別	個數	平均數	標準差	F	Scheff'e 事後比較
象徵性	1	213	4.17	.592	.28	
	2	332	4.18	.599		
	3	28	4.19	.484		
	總和	573	4.18	.590		
學校品牌形象	1	213	4.25	.500	.442	
	2	332	4.24	.515		
	3	28	4.34	.436		
	總和	573	4.25	.506		

表格說明：

組別中的「1」代表都市區、「2」代表一般鄉鎮、「3」代表偏遠（含山區）

（一）整體差異性分析討論

　　表 4-15 為不同學校位置家長在學校品牌形象整體及構面差異之 F 考驗。由表 4-15 可以得知，不同學校位置的家長在學校品牌形象整體的得分情形：都市區這組（M=4.25）；一般鄉鎮這組（M=4.24）；偏遠（含山區）這組（M=4.34）。其結果未達顯著水準，亦即在整體家長在不同學校位置得分表現上，不因家長在不同學校位置而有所差異。 不同學校位置家長在學校品牌形象感受上未達顯著差異。此結果與張哲彰（2014）研究相同；和薛普文（2013）研究是不一致。

（二）構面差異性分析討論

不同學校位置的國民小學六年級學生家長，在學校品牌形象皆未達顯著差異即在不同學校位置得分表現上，不因家長在不同學校位置而有所差異。此結果與張哲彰（2014）研究相同；和薛普文（2013）研究是不一致。

（三）小結

綜上所述，不同學校位置的國民小學六年級學生家長，其在學校品牌形象整體及所有構面的知覺上，未達顯著性差異水準，代表不同學校位置的家長對學校品牌形象統計上沒有顯著差異。可能原因是家長為了替子女選擇心目中理想的國民中學，對於國民中學的辦學校品牌形象與學校經營，不會因不同學校位置而影響其教育的感受與認知。

二、不同學校位置家長在行銷策略的差異分析討論

不同學校位置家長在行銷策略之差異分析結果如表 4-16。

表 4-16 不同學校位置家長在行銷策略之差異分析

構面	組別	個數	平均數	標準差	F	Scheff'e 事後比較
外部行銷	1	213	4.23	.602	.108	
	2	332	4.20	.605		
	3	28	4.24	.528		
	總和	573	4.21	.599		

（續下頁）

構面	組別	個數	平均數	標準差	F	Scheff'e 事後比較
內部行銷	1	213	4.02	.640	2.577	
	2	332	4.09	.644		
	3	28	4.30	.526		
	總和	573	4.08	.639		
互動行銷	1	213	4.17	.576	.837	
	2	332	4.20	.593		
	3	28	4.32	.440		
	總和	573	4.19	.580		
行銷策略	1	213	4.12	.558	1.166	
	2	332	4.15	.567		
	3	28	4.29	.426		
	總和	573	4.15	.558		

表格說明：

組別中的「1」代表都市區、「2」代表一般鄉鎮、「3」代表偏遠（含山區）

（一）整體差異性分析討論

　　表 4-16 為不同學校位置家長在行銷策略整體及構面差異之 F 考驗。由表 4-16 可以得知，不同學校位置的家長在行銷策略整體的得分情形：都市區這組（M=4.12）；一般鄉鎮這組（M=4.15）；偏遠（含山區）這組（M=4.29）。其結果未達顯著水準，亦即在整體家長在不同學校位置得分表現上，不因家長在不同學校位置而有所差異。不同學校位置家長在行銷策略感受上未

達顯著差異。此結果與張哲彰（2014）研究相同；和盧麗津（2009）、張義忠（2011）、余美惠（2012）、薛普文（2013）研究是不一致；與張哲彰（2014）研究相同。

（二）構面差異性分析討論

不同學校位置的國民小學六年級學生家長，在行銷策略皆未達顯著差異。即在不同學校位置得分表現上，不因家長在不同學校位置而有所差異。此結果與張哲彰（2014）研究相同；和盧麗津（2009）、張義忠（2011）、余美惠（2012）、薛普文（2013）研究是不一致；與張哲彰（2014）研究相同。

（三）小結

綜上所述，不同學校位置的國民小學六年級學生家長，其在行銷策略整體及所有構面的知覺上，未達顯著性差異水準，代表不同學校位置的家長對行銷策略統計上不會造成顯著差異。可能原因是家長為了替子女選擇心目中理想的國民中學，對於國民中學的行銷策略與辦學績效，不會因不同學校位置而影響其對教育的感受與認知。

三、不同學校位置家長在家長教育選擇權的差異分析討論

不同學校位置家長在家長教育選擇權之差異分析結果如表 4-17。

表 4-17 不同學校位置家長在家長教育選擇權之差異分析

構面	組別	個數	平均數	標準差	F	Scheff'e 事後比較
教學品質	1	213	4.16	.578	校園安全	1
	2	332	4.15	.638		3＞1
	3	28	4.48	.518		
	總和	573	4.17	.614		
校園安全	1	213	4.26	.583	.696	
	2	332	4.25	.590		
	3	28	4.38	.497		
	總和	573	4.26	.583		
教師素質	1	213	4.21	.617	.049	
	2	332	4.22	.626		
	3	28	4.23	.673		
	總和	573	4.22	.625		
家長教育選擇權	1	213	4.21	.528	1.144	
	2	332	4.21	.553		
	3	28	4.37	.486		
	總和	573	4.22	.541		

表格說明：

組別中的「1」代表都市區、「2」代表一般鄉鎮、「3」代表偏遠（含山區）

（一）整體差異性分析討論

　　表4-17為不同學校位置家長在家長教育選擇權整體及構面差異之F考驗。由表 4-17 可以得知，不同學校位置的家長在家長教育選擇權整體的得分情形：都市區這組（M=4.21）；一般鄉鎮這組（M=4.21）；偏遠（含山區）這組（M=4.37）。其結果未達顯著水準，亦即在整體家長在不同學校位置得分表現上，不因家長在不同學校位置而有所差異。不同學校位置家長在家長教育選擇權感受上未達顯著差異。此結果與盧麗津（2009）、余美惠（2012）、張義忠（2011）、余美惠（2012）、王立梅（2013）、詹雅嫻（2013）、薛普文（2013）研究不一致；與張哲彰（2014）研究相同。

（二）構面差異性分析討論

　　不同學校位置的國民小學六年級學生家長，在家長教育選擇權的校園安全及教師素質未達顯著差異；但在教學品質達顯著差異，偏遠（含山區）這組（M=4.48）大於一般鄉鎮這組（M=4.15）及都市區這組（M=4.16）。即在在不同學校位置教學品質得分表現上，會因家長在不同學校位置而有所差異。此結果與盧麗津（2009）、余美惠（2012）、張義忠（2011）、余美惠（2012）、王立梅（2013）、詹雅嫻（2013）、薛普文（2013）研究一致；與張哲彰（2014）研究不相同。

（三）小結

　　綜上所述，不同學校位置的國民小學六年級學生家長，其在家長教育選擇權整體及部分構面的知覺上，未達顯著性差異水準，只有在教學品質上達顯著性差異水準。代表不同學校位置的家長對家長教育選擇權統計上不會造成顯著差異。可能原因是不同學校位置的家長，為了替子女選擇心目中理想的國民中學，對於國民中學的辦學績效，尤其是教學品質，更會影響家長對其教育的感受與認知。

伍、不同學校規模在學校品牌形象、行銷策略與家長教育選

擇權差異分析

本研究針對不同學校規模的國民小學六年級學生家長分別進行學校品牌形象、行銷策略與家長教育選擇權之差異比較。將回收有效問卷資料進行單因子變異數分析、雪費法（Scheffe's）事後比較。結果如下分述：

一、不同學校規模家長在學校品牌形象的差異分析討論

不同學校規模家長在學校品牌形象之差異分析結果如表 4-18。

表 4-18 不同學校規模家長在學校品牌形象之差異分析

構面	組別	個數	平均數	標準差	F	Scheff'e 事後比較
功能性	1	248	4.23	.578	.742	
	2	203	4.22	.576		
	3	122	4.29	.519		
	總和	573	4.24	.565		
經驗性	1	248	4.43	.584	3.682*	1＞3
	2	203	4.33	.640		
	3	122	4.25	.670		
	總和	573	4.35	.626		

（續下頁）

構面	組別	個數	平均數	標準差	F	Scheff'e 事後比較
象徵性	1	248	4.18	.585	2.058	
	2	203	4.12	.603		
	3	122	4.26	.575		
	總和	573	4.18	.590		
學校品牌形象	1	248	4.27	.494	.886	
	2	203	4.21	.518		
	3	122	4.27	.509		
	總和	573	4.25	.506		

表格說明：

組別中的「1」代表 12 班以下、「2」代表 13-48 班、「3」代表 49 班以上

（一）整體差異性分析討論

表 4-18 為不同學校規模家長在學校品牌形象整體及構面差異之 F 考驗。由表 4-18 可以得知，不同學校規模的家長在學校品牌形象整體的得分情形：12 班以下這組（M=4.27）；13-48 班這組（M=4.21）；49 班以上這組（M=4.27）。其結果未達顯著水準，亦即在整體家長在不同學校規模得分表現上，不因不同學校規模而有所差異。不同學校規模家長在學校品牌形象感受上未達顯著差異。此結果與薛普文（2013）研究不一致；與張哲彰（2014）研究相同。

（二）構面差異性分析討論

不同學校規模的國民小學六年級學生家長，在學校品牌的功能性及象徵性未達顯著差異；但在經驗性達顯著差異。12 班以下這組（M=4.43）大

於 49 班以上這組（M=4.25）。即在不同學校規模，學校品牌形象得經驗性
得分表現上，會因家長在不同學校規模而有所差異。此結果與薛普文（2013）
研究一致；與張哲彰（2014）研究不相同。

（三）小結

綜上所述，不同學校規模的國民小學六年級學生家長，其在學校品牌
形象整體及部分構面的知覺上，未達顯著性差異水準，在經驗性上達顯著
差異水準。代表不同學校規模的家長對整體學校品牌形象統計上不會造成
顯著差異。可能原因是家長為了替子女選擇心目中理想的國民中學，對於
國民中學的學校品牌形象，尤其是經驗性部分，更會影響其教育的感受與
認知。

二、不同學校規模家長在行銷策略的差異分析討論

不同學校規模家長在行銷策略之差異分析結果如表 4-19。

表 4-19 不同學校規模家長在行銷策略之差異分析

構面	組別	個數	平均數	標準差	F	Scheff'e 事後比較
外部行銷	1	248	4.30	.563	4.159*	1＞2
	2	203	4.15	.627		
	3	122	4.15	.608		
	總和	573	4.21	.599		

（續下頁）

學校品牌行銷與教育選擇權

構面	組別	個數	平均數	標準差	F	Scheff'e 事後比較
內部行銷	1	248	4.20	.599	8.464*	1＞2
	2	203	3.97	.659		1＞3
	3	122	3.99	.647		
	總和	573	4.08	.639		
互動行銷	1	248	4.25	.598	2.094	
	2	203	4.13	.544		
	3	122	4.19	.600		
	總和	573	4.19	.580		
行銷策略	1	248	4.24	.541	5.805*	1＞2
	2	203	4.07	.561		
	3	122	4.10	.565		
	總和	573	4.15	.558		

表格說明：

組別中的「1」代表 12 班以下、「2」代表 13-48 班、「3」代表 49 班以上

（一）整體差異性分析討論

表 4-19 為不同學校規模家長在行銷策略整體及構面差異之 F 考驗。由表 4-19 可以得知，不同學校規模的家長在行銷策略整體的得分情形：整體（M=4.15）；12 班以下這組（M=4.24）；13-48 班這組（M=4.07）；49 班以上這組（M=4.10）。其結果整體（M=4.15）達顯著水準。12 班以下這組（M=4.24）大於 13-48 班這組（M=4.07），亦即在整體家長在不同學校規

280

模得分表現上，會因不同學校規模而有所差異。此結果與余美惠（2012）、
薛普文（2013）研究一致；與張哲彰（2014）研究不相同。

（二）構面差異性分析討論

　　不同學校規模的國民小學六年級學生家長，在行銷策略的互動行銷未
達顯著差異；但在外部行銷及內部行銷達顯著差異。外部行銷的 12 班以下
這組（M=4.30）大於 13-48 班這組（M=4.15）及內部行銷 12 班以下這組
（M=4.20）大於 13-48 班這組（M=3.97）， 12 班以下這組（M=4.20）也大
於 49 班以上

　　這組（M=3.99）。即在不同學校規模，行銷策略形象的外部行銷與內部
行銷得分表現上，會因家長在不同學校規模而有所差異。此結果與余美惠
（2012）、薛普文（2013）研究相同；與張哲彰（2014）研究不相同。

（三）小結

　　綜上所述，不同學校規模的國民小學六年級學生家長，其在行銷策略
整體及部分構面的知覺上，達顯著性差異水準。代表不同學校規模的家長
對行銷策略統計上會造成顯著差異。可能原因是不同學校規模的家長為了
替子女選擇心目中理想的國民中學，對於國民中學的行銷策略，尤其外部
行銷與內部行銷，會更加關注與關心。

三、不同學校規模家長在家長教育選擇權的差異分析討論

　　不同學校規模家長在家長教育選擇權之差異分析結果如表 4-20。

表 4-20 不同學校規模家長在家長教育選擇權之差異分析

構面	組別	個數	平均數	標準差	F	Scheff'e 事後比較
教學品質	1	248	4.25	.638	4.547*	1＞2
	2	203	4.08	.567		
	3	122	4.15	.624		
	總和	573	4.17	.614		
校園安全	1	248	4.31	.580	1.898	
	2	203	4.22	.592		
	3	122	4.21	.571		
	總和	573	4.26	.583		
教師素質	1	248	4.27	.640	1.834	
	2	203	4.18	.597		
	3	122	4.15	.632		
	總和	573	4.22	.625		
家長教育選擇權	1	248	4.28	.550	3.159	
	2	203	4.16	.521		
	3	122	4.17	.545		
	總和	573	4.22	.541		

表格說明：

組別中的「1」代表 12 班以下、「2」代表 13-48 班、「3」代表 49 班以上

（一）整體差異性分析討論

　　表4-20為不同學校規模家長在家長教育選擇權整體及構面差異之F考驗。由表4-20可以得知，不同學校規模的家長在家長教育選擇權整體的得分情形：整體（M=4.22）達顯著水準；12班以下這組（M=4.28）；13-48班這組（M=4.16）；49班以上這組（M=4.17）。其結果整體（M=4.22）未達顯著水準，亦即在整體家長在不同學校規模得分表現上，不因不同學校規模而有所差異。不同學校規模家長在家長教育選擇權感受上未達顯著差異。此結果與盧麗津（2009）、余美惠（2012）、張義忠（2011）、王立梅（2013）、詹雅嫻（2013）、薛普文（2013）研究一致。

（二）構面差異性分析討論

　　不同學校規模的國民小學六年級學生家長，在家長教育選擇權的校園安全及教師素質未達顯著差異；但在教學品質達顯著差異。教學品質的12班以下這組（M=4.25）大於13-48班這組（M=4.08）。即在不同學校規模，家長教育選擇權的教學品質得分表現上，會因家長在不同學校規模而有所差異。此結果與盧麗津（2009）、余美惠（2012）、張義忠（2011）、王立梅（2013）、詹雅嫻（2013）、薛普文（2013）、張哲彰（2014）研究一致。

（三）小結

　　綜上所述，不同學校規模的國民小學六年級學生家長，其在家長教育選擇權整體及部分構面的知覺上，未達顯著性差異水準。代表不同學校規模的家長對家長教育選擇權統計上不會造成顯著差異。可能原因是不同學校規模的家長為了替子女選擇心目中理想的國民中學，對於國民中學的辦學績效，尤其是教學品質，皆會更加關心與關注。

陸、不同學校縣市在學校品牌形象、行銷策略與家長教育選擇權差異分析

本研究針對不同學校縣市的國民小學六年級學生家長分別進行學校品牌形象、行銷策略與家長教育選擇權之差異比較。將回收有效問卷資料進行單因子變異數分析、雪費法（Scheffe's）事後比較。結果如下分述：

一、不同學校縣市家長在學校品牌形象的差異分析討論

不同學校縣市家長在學校品牌形象之差異分析結果如表 4-21。

表 4-21 不同學校縣市家長在學校品牌形象之差異分析

構面	組別	個數	平均數	標準差	F	Scheff'e 事後比較
功能性	1	258	4.25	.541	1.771	
	2	188	4.18	.585		
	3	127	4.30	.578		
	總和	573	4.24	.564		
經驗性	1	258	4.37	.639	1.552	
	2	188	4.29	.644		
	3	127	4.41	.567		
	總和	573	4.35	.626		

（續下頁）

構面	組別	個數	平均數	標準差	F	Scheff'e 事後比較
象徵性	1	258	4.20	.588	2.661	
	2	188	4.10	.599		
	3	127	4.41	.567		
	總和	573	4.35	.626		
象徵性	1	258	4.20	.588	2.661	
	2	188	4.10	.599		
	3	127	4.25	.575		
	總和	573	4.18	.590		
學校品牌形象	1	258	4.27	.491	2.788	
	2	188	4.18	.526		
	3	127	4.31	.498		
	總和	573	4.25	.506		

表格說明：

組別中的「1」代表臺中市、「2」代表彰化縣、「3」代表南投縣

（一）整體差異性分析討論

　　表 4-21 為不同學校縣市家長在學校品牌形象整體及構面差異之 F 考驗。由表 4-21 可以得知，不同學校縣市的家長在學校品牌形象整體的得分情形：整體（M=4.25）；臺中市這組（M=4.27）；彰化縣這組（M=4.18）；南投縣這組（M=4.31）。其結果整體（M=4.25）未達顯著水準，亦即在整

體家長在不同學校縣市得分表現上，不因學校縣市不同而有所差異。不同學校縣市家長在學校品牌形象感受上未達顯著差異。

（二）構面差異性分析討論

不同學校縣市的國民小學六年級學生家長，在學校品牌形象的功能性、經驗性與象徵性皆未達顯著差異。即在不同學校縣市，學校品牌形象得分表現上，不會因家長在不同縣市而有所差異。

（三）小結

綜上所述，不同學校縣市的國民小學六年級學生家長，其在學校品牌形象整體及所有構面的知覺上，未達顯著性差異水準，代表不同學校縣市的家長對學校品牌形象統計上不會造成顯著差異。可能原因是不同學校縣市的家長為了替子女選擇心目中理想的國民中學，對於國民中學的學校品牌形象，皆會影響其對教育的感受與認知。

二、不同學校縣市家長在行銷策略的差異分析討論

不同學校縣市家長在行銷策略之差異分析結果如表 4-22。

表 4-22 不同學校縣市家長在行銷策略之差異分析

構面	組別	個數	平均數	標準差	F	Scheff'e 事後比較
外部行銷	1	258	4.27	.571	4.228*	1＞3
	2	188	4.11	.642		
	3	127	4.26	.576		
	總和	573	4.21	.599		

（續下頁）

構面	組別	個數	平均數	標準差	F	Scheff'e 事後比較
內部行銷	1	258	4.14	.630	6.333*	3＞1
	2	188	3.94	.673		3＞2
	3	127	4.15	.576		
	總和	573	4.08	.639		
互動行銷	1	258	4.21	.588	2.548	
	2	188	4.12	.564		
	3	127	4.26	.582		
	總和	573	4.19	.580		
行銷策略	1	258	4.19	.552	5.217*	1＞2
	2	188	4.04	.575		
	3	127	4.21	.523		
	總和	573	4.15	.558		

表格說明：

組別中的「1」代表臺中市、「2」代表彰化縣、「3」代表南投縣

（一）整體差異性分析討論

　　表 4-22 為不同學校縣市家長在行銷策略整體及構面差異之 F 考驗。由表 4-22 可以得知，不同學校縣市的家長在行銷策略整體的得分情形：整體（M=4.15）達顯著水準；臺中市這組（M=4.19）；彰化縣這組（M=4.04）；南投縣這組（M=4.31）。其結果整體（M=4.21）達顯著水準，臺中市這組

（M=4.19）大於彰化縣這組（M=4.04）。亦即在整體家長在不同學校縣市得分表現上，因學校縣市不同而有所差異。

（二）構面差異性分析討論

不同學校縣市的國民小學六年級學生家長，在行銷策略的互動行銷未達顯著差異；而在外部行銷與內部行銷達顯著差異。外部行銷部分，臺中市這組（M=4.27）大於南投縣這組（M=4.26）；內部行銷部分，南投縣這組（M=4.15）大於臺中市這組（M=4.14）及南投縣這組（M=4.15）大於彰化縣這組（M=3.94）。即在不同學校縣市，行銷策略的外部行銷與內部行銷得分表現上，會因家長在不同學校縣市而有所差異。

（三）小結

綜上所述，不同學校縣市的國民小學六年級學生家長，其在行銷策略整體及部分構面的知覺上，達顯著性差異水準。代表不同學校縣市的家長對行銷策略統計上會造成顯著差異。可能原因是不同學校縣市的家長為了替子女選擇心目中理想的國民中學，對於國民中學的行銷策略，尤其是外部行銷與內部行銷，更會影響其對教育的感受與認知。

三、不同學校縣市家長在家長教育選擇權的差異分析討論

不同學校縣市家長在家長教育選擇權之差異分析結果如表 4-23。

表 4-23 不同學校縣市家長在家長教育選擇權之差異分析

構面	組別	個數	平均數	標準差	F	Scheff'e 事後比較
教學品質	1	258	4.18	.634	2.423	
	2	188	4.10	.595		
	3	127	4.26	.593		
	總和	573	4.17	.614		
校園安全	1	258	4.31	.596	2.218	
	2	188	4.19	.589		
	3	127	4.26	.542		
	總和	573	4.26	.583		
教師素質	1	258	4.27	.626	4.014*	1＞2
	2	188	4.11	.634		3＞2
	3	127	4.27	.592		
	總和	573	4.22	.624		
家長教育	1	258	4.25	.545	3.167	
選擇權	2	188	4.13	.546		
	3	127	4.27	.517		
	總和	573	4.22	.541		

表格說明：

組別中的「1」代表臺中市、「2」代表彰化縣、「3」代表南投縣

（一）整體差異性分析討論

表4-23為不同學校縣市家長在家長教育選擇權整體及構面差異之F考驗。由表 4-23 可以得知，不同學校縣市的家長在家長教育選擇權整體的得分情形：整體（M=4.22）達顯著水準；臺中市這組（M=4.25）；彰化縣這組（M=4.13）；南投縣這組（M=4.27）。其結果整體（M=4.22）未達顯著水準，亦即在整體家長在不同學校縣市得分表現上，不因學校縣市不同而有所差異。

（二）構面差異性分析討論

不同學校縣市的國民小學六年級學生家長，在家長教育選擇權的教學品質與校園安全未達顯著差異；而在教師素質達顯著差異。教師素質部分，臺中市這組（M=4.27）大於彰化縣這組（M=4.11）及南投縣這組（M=4.27）大於彰化縣這組（M=4.11）。即在不同學校縣市，家長教育選擇權的教師素質得分表現上，會因家長在不同學校縣市而有所差異。

（三）小結

綜上所述，不同學校縣市的國民小學六年級學生家長，其在家長教育選擇權整體及部分構面的知覺上，未達顯著性差異水準，在教師素質上達顯著性差異水準。代表不同學校縣市的家長對家長教育選擇權統計上不會造成顯著差異。可能原因是不同學校縣市的家長為了替子女選擇心目中理想的國民中學，對於國民中學的辦學績效，尤其是教師素質部分，會有更深刻教育的感受與認知。

柒、差異分析彙整總表

透過差異性分析，將表 4-9 至表 4-23 共 15 個表，代表不同年齡、不同學歷、不同學校位置、不同學校規模與不同學校縣市的結果，彙整如表 4-24 所示。

表 4-24 差異分析彙整總表

構面	不同年齡	不同學歷	不同學校位置	不同學校規模	不同縣市
學校品牌形象	未達顯著	未達顯著	未達顯著	未達顯著	未達顯著
功能性	未達顯著	未達顯著	未達顯著	未達顯著	未達顯著
經驗性	未達顯著	未達顯著	未達顯著	12 班以下＞49 班以上	未達顯著
象徵性	未達顯著	未達顯著	未達顯著	未達顯著	未達顯著
行銷策略	未達顯著	未達顯著	未達顯著	12 班以下＞13-48 班	臺中＞彰化
外部行銷	未達顯著	未達顯著	未達顯著	12 班以下＞13-48 班	臺中＞南投
內部行銷	未達顯著	專科以下＞碩士以上	未達顯著	12 班以下＞13-48 班、49 班以上	南投＞臺中 南投＞彰化
互動行銷	未達顯著	未達顯著	未達顯著	未達顯著	未達顯著

（續下頁）

構面	不同年齡	不同學歷	不同學校位置	不同學校規模	不同縣市
家長教育選擇權	未達顯著	未達顯著	未達顯著	未達顯著	未達顯著
教學品質	未達顯著	未達顯著	偏鄉>一般鄉鎮、都市	12班以下>13-48班	未達顯著
校園安全	未達顯著	未達顯著	未達顯著	未達顯著	未達顯著
教師素質	未達顯著	未達顯著	未達顯著	未達顯著	臺中>彰化 南投>彰化

第三節　國民中學學校品牌形象、行銷策略與家長教育選擇權相關分析

　　本節旨在探討學校品牌形象、行銷策略與家長教育選擇權之相關情形。學校品牌形象包括功能性、經驗性與象徵性等三個構面；行銷策略包括外部行銷、內部行銷與互動行銷等三個構面；家長教育選擇權包括教學品質、校園安全與教師素質等三個構面。相關係數小於.4 為低度相關；介於.4~.8 為中度相關；大於.8 為高度相關（吳明隆、涂金堂，2016）。本部分之統計方法為 Pearson 積差相關。以下分別探討這些構面間的相關情形。

壹、學校品牌形象與行銷策略的相關分析與討論

一、學校品牌形象與行銷策略的相關分析

為進一步釐清學校品牌形象整體及各分構面，對行銷策略整體及各分構面的彼此相關程度，茲整理學校品牌形象與行銷策略之相關分析，如表4-25所示。

表 4-25 學校品牌形象與行銷策略之相關分析摘要表

構面	外部行銷	內部行銷	互動行銷	行銷策略
功能性	.610**	.529**	.606**	.627**
經驗性	.624**	.574**	.598**	.649**
象徵性	.684**	.626**	.652**	.709**
學校品牌形象	.755**	.683**	.730**	.782**

**p＜.01

由表 4-25 顯示，功能性與行銷策略總分相關為.627，達顯著水準；其與各分構面由高而低，依序為外部行銷.610，互動行銷.606，內部行銷.529，均達顯著水準，且皆為中度正相關。亦即學校品牌形象的分構面功能性，會中度且正向相關其在行銷策略整體及其分構面（外部行銷、內部行銷與互動行銷）的表現。

經驗性與行銷策略總分相關為.649，達顯著水準；其與各分構面由高而低，依序為外部行銷.624，互動行銷.598，內部行銷.574，均達顯著水準，且皆為中度正相關。亦即學校品牌形象的分構面經驗性，會中度且正向相

關其在行銷策略整體及其分構面（外部行銷、內部行銷與互動行銷）的表現。

象徵性與行銷策略總分相關為.709，達顯著水準；其與各分構面由高而低，依序為外部行銷.684，互動行銷.652，內部行銷.626，均達顯著水準，且皆為中度正相關。亦即學校品牌形象的分構面象徵性，會中度且正向相關其在行銷策略整體及其分構面（外部行銷、內部行銷與互動行銷）的表現。

學校品牌形象與行銷策略總分相關為.782，達顯著水準；其與各分構面由高而低，依序為外部行銷.755，互動行銷.730，內部行銷.683，均達顯著水準，且皆為中度正相關。可見，學校品牌形象整體相對而言，對於行銷策略整體及各分構面，均有正向的相關。

二、學校品牌形象與行銷策略的相關分析討論

首先，依據本研究結果分析，發現整體學校品牌形象與行銷策略間呈現顯著的中度正相關（r=.782，p＜.001），亦即整體學校品牌形象得分愈高的國民小學六年級學生家長，其在整體行銷策略得分也會愈高。

其次，探討分析學校品牌形象與行銷策略各分構面相關係數，均達顯著水準，且均為中度正相關，而在學校品牌形象各分構面與行銷策略整體及各分構面的關係係數，亦均達顯著正相關。其中分構面間，以「象徵性」與「外部行銷」的相關係數最高（.684）；而學校品牌形象分構面「象徵性」與行銷策略整體的相關係數最高（.709）。

分析討論上述之研究結果，可以得知整體學校品牌形象及各構面得分程度愈高之國民小學六年級學生家長，其整體行銷策略及各構面效能亦愈高。推究其原因，可能是學校品牌形象會影響行銷策略，而且影響程度為

中度正相關。表示學校品牌形象的優劣，將會影響行銷策略的有效性；而學銷行銷成效良好與否，也會影響學校品牌形象的發展。

貳、學校品牌形象與家長教育選擇權的相關分析與討論

一、學校品牌形象與家長教育選擇權的相關分析

為進一步釐清學校品牌形象整體及各分構面，對家長教育選擇權整體及各分構面的彼此相關程度，茲整理學校品牌形象與家長教育選擇權之相關分析，如表 4-26 所示。

表 4-26 學校品牌形象與家長教育選擇權之相關分析摘要表

構面	教學品質	校園安全	教師素質	家長教育選擇權
功能性	.576**	.531**	.534**	.614**
經驗性	.542**	.563**	.525**	.610**
象徵性	.643**	.585**	.573**	.674**
學校品牌形象	.695**	.660**	.641**	.747**

**p<.01

由表 4-26 顯示，功能性與家長教育選擇權總分相關為.614，達顯著水準；其與各分構面由高而低，依序為教學品質.576，教師素質.534，校園安全.531，均達顯著水準，且皆為中度正相關。亦即學校品牌形象的分構面功能性，會中度且正向相關其在家長教育選擇權整體及其分構面（教學品質、校園安全與教師素質）的表現。

經驗性與家長教育選擇權總分相關為.610，達顯著水準；其與各分構面由高而低，依序為校園安全.563，教學品質.542，教師素質.525，均達顯著水準，且皆為中度正相關。亦即學校品牌形象的分構面經驗性，會中度且正向相關其在家長教育選擇權整體及其分構面（教學品質、校園安全與教師素質）的表現。

象徵性與家長教育選擇權總分相關為.674，達顯著水準；其與各分構面由高而低，依序為教學品質.643，校園安全.585，教師素質.573，均達顯著水準，且皆為中度正相關。亦即學校品牌形象的分構面象徵性，會中度且正向相關其在家長教育選擇權整體及其分構面（教學品質、校園安全與教師素質）的表現。

學校品牌形象與家長教育選擇權總分相關為.747，達顯著水準；其與各分構面由高而低，依序為教學品質.695，校園安全.660，教師素質.641，均達顯著水準，且皆為中度正相關。可見，學校品牌形象整體相對而言，對於家長教育選擇權整體及各分構面，均有正向的相關。

二、學校品牌形象與家長教育選擇權的相關分析討論

首先，依據本研究結果分析，發現整體學校品牌形象與家長教育選擇權呈現顯著的中度正相關（r=.747，p＜.001），亦即整體學校品牌形象得分愈高的國民小學六年級學生家長，其在整體家長教育選擇權得分也會愈高。

其次，探討分析學校品牌形象與家長教育選擇權各分構面相關係數，均達顯著水準，且均為中度正相關，而在學校品牌形象各分構面與家長教育選擇權整體及各分構面的關係係數，亦均達顯著正相關。其中分構面間，以「象徵性」與「教學品質」的相關係數最高（.643）；而學校品牌形象分構面「象徵性」與行銷策略整體的相關係數最高（.674）。

　　分析討論上述之研究結果，可以得知整體學校品牌形象及各構面得分程度愈高之國民小學六年級學生家長，其整體家長教育選擇權及各構面效能亦愈高。推究其原因，可能是學校品牌形象會影響家長教育選擇權的感受，而且影響程度為中度正相關。表示學校品牌形象的優劣，將會影響家長教育選擇權的認知；而家長教育選擇權的感受是否被重視與否，也會影響學校品牌形象的實質內涵。

參、行銷策略與家長教育選擇權的相關分析與討論

一、行銷策略與家長教育選擇權的相關分析

　　為進一步釐清行銷策略整體及各分構面，對家長教育選擇權整體及各分構面的彼此相關程度，茲整理行銷策略與家長教育選擇權之相關分析，如表 4-27 所示。

表 4-27 行銷策略與家長教育選擇權之相關分析摘要表

構面	教學品質	校園安全	教師素質	家長教育選擇權
外部行銷	.644**	.677**	.687**	.759**
內部行銷	.683**	.667**	.687**	.763**
互動行銷	.758**	.710**	.768**	.838**
行銷策略	.768**	.747**	.779**	.859**

$**p < .01$

　　由表 4-27 顯示，外部行銷與家長教育選擇權總分相關為.759，達顯著水準；其與各分構面由高而低，依序為教師素質.687，校園安全.677，教學

品質.664，均達顯著水準，且皆為中度正相關。亦即行銷策略的分構面外部行銷，會中度且正向相關其在家長教育選擇權整體及其分構面（教學品質、校園安全與教師素質）的表現。

內部行銷與家長教育選擇權總分相關為.763，達顯著水準；其與各分構面由高而低，依序為教師素質.687，教學品質.683，校園安全.667，均達顯著水準，且皆為中度正相關。亦即行銷策略的分構面內部行銷，會中度且正向相關其在家長教育選擇權整體及其分構面（教學品質、校園安全與教師素質）的表現。

互動行銷與家長教育選擇權總分相關為.838，達顯著水準；其與各分構面由高而低，依序為教師素質.768，教學品質.758，校園安全.710，均達顯著水準，且皆為中度正相關。亦即行銷策略的分構面互動行銷，會中度且正向相關其在家長教育選擇權整體及其分構面（教學品質、校園安全與教師素質）的表現。

行銷策略與家長教育選擇權總分相關為.859，達顯著水準；其與各分構面由高而低，依序為教學素質.779，教學品質.768，校園安全.747，均達顯著水準，且皆為中度正相關。可見，行銷策略整體相對而言，對於家長教育選擇權整體及各分構面，均有正向的相關。

二、行銷策略與家長教育選擇權的相關分析討論

首先，依據本研究結果分析，發現整體行銷策略與家長教育選擇權呈現顯著的中度正相關（r=.859，p＜.001），亦即整體行銷策略得分愈高的國民小學六年級學生家長，其在整體家長教育選擇權得分也會愈高。

其次，探討分析行銷策略與家長教育選擇權各分構面相關係數，均達顯著水準，且均為中度正相關，而在行銷策略各分構面與家長教育選擇權

整體及各分構面的關係係數，亦均達顯著正相關。其中分構面間，以「互動行銷」與「教師素質」的相關係數最高（.768）；而學校品牌形象分構面「互動行銷」與行銷策略整體的相關係數最高（.838）。

分析討論上述之研究結果，可以得知整體學校品牌形象及各構面得分程度愈高之國民小學六年級學生家長，其整體家長教育選擇權及各構面效能亦愈高。推究其原因，可能是行銷策略會影響家長教育選擇權的感受與認知，而且影響程度為中度正相關。表示行銷策略的成效，將會影響家長教育選擇權的感受與認知；而家長教育選擇權的感受與認知是否被重視，也會影響行銷策略的推展。

第四節　國民中學學校品牌形象、行銷策略與家長教育選擇權之結構方程模型影響效果分析

本節旨在以 AMOS 結構方程模型進行模式的配適度檢測，以考驗學校品牌形象、行銷策略與家長教育選擇權間的模式關係。

壹、整體模型結構與假設

本研究旨在探討學校品牌形象、行銷策略與家長教育選擇權之關係。在實務上，學校品牌形象會影響行銷策略，也會影響學生家長教育選擇權；學校品牌形象會透過行銷策略影響家長教育選擇權。因而，建立本研究學

校品牌形象、行銷策略與家長教育選擇權概念結構模型假設,如表 4-28 所示。

表 4-28 學校品牌形象、行銷策略與家長教育選擇權概念性結構模型假設

假設	內容
H1	學校品牌形象對家長教育選擇權有正向效果
H2	學校品牌形象對行銷策略有正向效果
H3	行銷策略對家長教育選擇權有正向效果

　　在經過一階與二階驗證性因素分析後,學校品牌形象、行銷策略與家長教育選擇權構面都具有良好的信度、收斂效度與區別效度。接下來將進行結構模型分析,以驗證概念性架構的配適度與假設,並分析各構面的直接效果與間接效果。由於各構面的信度、收斂效度與區別效度均已達到可接受的水準以上,故將以單一指標取代多重衡量指標。亦即以各子構面的題項得分之平均值,做為各子構面的得分,再由各子構面做為主構面的多重衡量指標。例如:學校品牌形象為潛在變數時,其觀察變數包括功能性平均分數、經驗性平均分數與象徵性平均分數等三個子構面;而以行銷策略為潛在變數時,其觀察變數包括外部行銷平均分數、內部行銷平均分數與互動行銷平均分數等三個子構面;而以家長教育選擇權為潛在變數時,其觀察變數包括教學品質平均分數、校園安全平均分數與教師素質平均分數等三個子構面。以測量學效學校品牌形象、行銷策略與家長教育選擇權三者之間的關係。學校品牌形象、行銷策略與家長教育選擇權整體結構模型,如圖 4-1 所示。

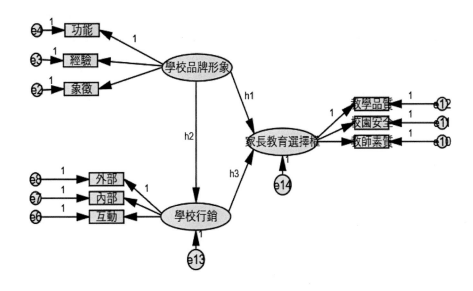

圖 4-1 學校品牌形象、行銷策略與家長教育選擇權整體結構模型

在學校品牌形象觀察指標中，功能性代表功能性各題項平均分數、經驗性代表經驗性各題項平均分數、象徵性代表象徵性各題項平均分數；在行銷策略觀察指標中，外部行銷代表外部行銷各題項平均分數、內部行銷代表內部行銷各題項平均分數、互動行銷代表互動行銷各題項平均分數；在家長教育選擇權觀察指標中，教學品質代表教學品質各題項平均分數、校園安全代表校園安全各題項平均分數、教師素質代表教師素質各題項平均分數。

貳、整體模型參數估計檢驗

整體模型參數估計，乃在檢驗學校品牌形象、行銷策略與家長教育選擇權三個構面與各潛在變項之間的關係。茲分別說明如下：

一、學校品牌形象構面

學校品牌形象構面包括：功能性、經驗性與象徵性等三個子構面。

功能性、經驗性與象徵性之因素負荷估計值分別為.73、.74與.81，t值也都大於 1.96 達到顯著水準。其 R^2 值為.53、.54 與.66，R^2 值大於.5 表示具有高解釋力。此外，由各構面之因素負荷量加以比較可以得知，學校品牌形象構面以象徵性.81 為最重要因素，其次為經驗性.74、功能性.73。學校品牌形象之重要因素排序為象徵性、經驗性、功能性。因此，影響學校品牌形象最重要的因素為象徵性。

二、行銷策略構面

行銷策略構面包括：外部行銷、內部行銷與互動行銷等三個子構面。

外部行銷、內部行銷與互動行銷之因素負荷估計值分別為.86、.84 與.90，t 值也都大於 1.96 達到顯著水準。其 R^2 值為.74、.79 與.82，R^2 值大於.5 表示具有高解釋力。此外，由各構面之因素負荷量加以比較可以得知，行銷策略構面以互動行銷.90 為最重要因素，其次為外部行銷.86、內部行銷.84。行銷策略之重要因素排序為互動行銷、外部行銷、內部行銷。因此，影響行銷策略最重要的因素為互動行銷。

三、家長教育選擇權構面

家長教育選擇權構面包括：教學品質、校園安全與教師素質等三個子構面。

教學品質、校園安全與教師素質之因素負荷估計值分別為.83、.83 與.84，t 值也都大於 1.96 達到顯著水準。其 R^2 值為.69、.68 與.70，R^2 值大於.5 表示具有高解釋力。此外，由各構面之因素負荷量加以比較可以得知，構

面以教師素質.84 為最重要因素,其次為教學品質.83 與校園安全.83。家長教育選擇權之重要因素排序為教師素質、教學品質與校園安全。因此,影響家長教育選擇權最重要的因素為教師素質。

參、研究假設檢定

經由實證分析與檢定結果,本研究所建構之整體結構模型均符合標準,如表 4-29 所示:

表 4-29 整體模型配適度指標檢核表

配適指標	標準值	檢定結果	模型配適判斷
(χ2/DF)	1~5 之間	3.812	是
GFI	>0.9	0.965	是
AGFI	>0.9	0.938	是
CFI	>0.9	0.982	是

本研究所建構之整體結構模式標準化估計,如圖 4-2 所示。途中實線代表檢定後之顯著路徑,數值為路徑係數。因此,本研究之三條路徑為學校品牌形象→家長教育選擇權(t=6.888)、學校品牌形象→行銷策略(t=17.742)、行銷策略→家長教育選擇權(t=10.019)等,三條路徑皆為顯著(t 的絕對值大於 1.96)。

卡方值=95.305自由度=25

卡方/自由=3.812

GFI=.965 AGFI=.938

CFI=.982 RMSEA=.070

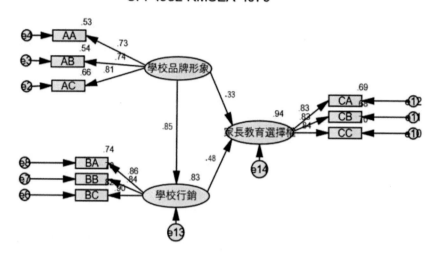

圖 4-2 整體結構模型路徑分析圖

本研究依據圖 4-2 整體結構模型路徑分析結果，進行研究假設之檢定，詳細如表 4-30 所示。

表 4-30 路徑關係檢定表

假設	路徑	假設關係	路徑值	假設成立與否
H1	學校品牌形象→家長教育選擇權	正向	.33*	成立
H2	學校品牌形象→行銷策略	正向	.85*	成立
H3	行銷策略→家長教育選擇權	正向	.48*	成立

*$p < .05$

依據表 4-30 所獲得之結論如下：

一、假設一：學校品牌形象對家長教育選擇權有顯著正向效果

學校品牌形象對家長教育選擇權的路徑係數值為.33，t 值為 6.888，絕對值大於 1.96，顯示該路徑係數估計值為顯著。與本研究方向一致。故本研究之假設一成立，表示若學校品牌形象愈高，家長感受到的家長教育選擇權就愈高。

二、假設二：學校品牌形象對行銷策略有顯著正向效果

學校品牌形象對行銷策略之路徑係數為.85，t 值為 17.742，大於 1.96，顯示該路徑係數估計值為顯著。故本研究之假設二成立，表示若學校品牌形象愈高，家長感受到的行銷策略也愈高。

三、行銷策略對家長教育選擇權有顯著正向效果

行銷策略對家長教育選擇權之路徑係數為.48，t 值為 10.019，大於 1.96，顯示該路徑係數估計值為顯著。故本研究之假設三成立，表示若行銷策略愈高，家長感受到的家長教育選擇權也愈高。

肆、影響效果分析

各潛在變數之影響效果，詳如表 4-31 所示，學校品牌形象透過行銷策略對家長教育選擇權有直接及間接地影響效果。而學校品牌形象對家長教育選擇權的直接效果為.33，間接效果為（0.85×0.48=0.41），顯示學校品牌形象對家長教育選擇權透過行銷策略具有間接效果，亦即學校品牌形象經由行銷策略對家長教育選擇權產生影響力，其整體影響力達 0.74；其中學

校品牌形象對行銷策略有正向直接的影響效果，其效果值為.85；此外，行銷策略對家長教育選擇權亦有正向的直接效果，其效果值為.48。

由以上的效果分析中發現，對於家長教育選擇權而言，影響最大的因素是行銷策略，其次是學校品牌形象。

表 4-31 潛在變數之直接與間接效果表

潛在依變數	潛在自變數	直接效果	間接效果	整體效果	假設成立否
學校品牌形象		0.33	0.85×0.48=0.41	0.74	H1 成立
行銷策略	家長教育選擇權	0.48	……	0.48	H2 成立
學校品牌形象	行銷策略	0.85	……	0.85	H3 成立

……表示無效果

伍、綜合討論

本節旨在以 AMOS 結構方程模式，進行模式的因果關係及配適度檢測，驗證學校品牌形象、行銷策略與家長教育選擇權之間的模式關係。經檢驗結果，學校品牌形象、行銷策略與家長教育選擇權建構的整體模式適配度良好。學校品牌形象、行銷策略之間的交互作用對家長教育選擇權具有顯著的因果關係。本模型證明影響家長教育選擇權的重要因素為行銷策

略；其次為學校品牌形象，並且學校品牌形象能透過行銷策略影響家長教育選擇權。

綜合上述研究結果顯示，當國民中學有獨特的學校品牌形象時，就會有不同的行銷策略方式，進而影響家長教育選擇權的成效。進一步來說，學校品牌形象對行銷策略有直接的高影響力；學校品牌形象對行銷策略的直接效果比行銷策略對家長教育選擇權的直接效果大。學校品牌形象透過行銷策略對於家長教育選擇權有良好的整體效果。換言之，國民中學具有良好的學校品牌形象，就能展現適合的行銷策略方式；同時行銷策略也深受學校品牌形象影響。

從本研究結果證實，學校品牌形象和行銷策略兩者有相關和影響力。學校品牌形象透過行銷策略對家長教育選擇權有間接效果，換言之，國民小學六年級學生家長知覺學校品牌形象會經由行銷策略對家長教育選擇權產生影響力。因此，本研究學校品牌形象、行銷策略與家長教育選擇權的關係是有直接和間接的效果，同時也具有良好的適配度。

本研究發現與蔡金田（2010）之研究結果「家長職業、教育程度不同，知覺學校教育品質層面重要性之得分有顯著差異」相同；蔡金田（2011）之研究結果「少子化與教育市場的理念加速行銷策略的腳步」、「學校辦學績效是行銷策略的重要內涵」「行銷策略應重視資源的整合與行銷的效益」相同；蔡金田、施皇羽與施又瑀（2012）之研究結果「不同背景變項學生在品牌知名度、院系偏好、選填意願等因素構面上有顯著差異存在」、「院系偏好與品牌知名度中品牌回憶及品牌象徵二者對選填意願具有顯著的正向直接影響效果」、「品牌辨識、品牌象徵、品牌回憶、院系偏好與選填意願五者有顯著相關存在」相同；蔡金田（2013）之研究結果「教育品質理論層面以顧客導向最為重要」相同；蔡金田（2013）之研究結果「家長知

覺學校教育品質滿意度中，師資素質、環境設施、行政管理、課程教學四個層面間，有顯著相關存在」相同；與黃義良（2005）之研究結果「校長知覺行銷策略整體運作達理想程度，分向度的運作以內部向度最高、互動向度次之，外部向度略低」相似；黃義良（2017）之研究結果「行銷策略組合、學校形象與顧客滿意度彼此之間具有中度至高度相關」相同；黃義良（2017）之研究結果「內部行銷、外部行銷與學校效能具有高度相關，且屬於中等以上效果量」相同。

另外，也與李明真（2010）之研究結果「行銷策略對家長選校決策有顯著正向影響」、「學校形象對家長選校決策有顯著影響」相同；林美慧（2011）之研究結果「行銷策略是影響家長滿意度重要因素」相同；李昱秋、（2012）之研究結果「行銷策略對學校形象有正向且顯著影響」、「學校滿意度對選校因素有正向且顯著的影響」相同；余杰儒（2012）之研究結果學行銷策略的知覺程度與學校滿意度成中高度相關」相同；蔡銘澤（2013）「行銷策略與家長選校決策有顯著相關性」、「學校形象與家長選校決策有顯著相關性」相同；張哲彰（2013）「行銷策略推動的越好，家長越不會有轉學的想法」相同。

第三部分　發展趨勢

第五章　　結論與建議

　　本研究以國民小學六年級學生家長為研究對象，旨在探討國民小學六年級學生家長對國民中學的學校品牌形象、行銷策略與家長教育選擇權關係之認知。首先，依據所蒐集到的文獻，加以探討與分析，以了解學校品牌形象、行銷策略與家長教育選擇權相關的內涵，以作為本研究之基礎，進而提出學校品牌形象、行銷策略與家長教育選擇權相關的架構；其次進行問卷的編製、修正、預測、項目分析、因素分析、信度與效度考驗後，形成本研究正式的研究工具；最後，進行實證性的研究。經由結構方程模式驗證性因素分析，篩選因素負荷值較高的題目，作為模型建構和路徑分析之依據，以了解學校品牌形象、行銷策略與家長教育選擇權之關係影響。

　　本章共分為兩節，第一節結論。將作問卷調調查分析結果總結論述；第二節建議。將依實證結果所獲得之結論提出建議。

第一節　　結論

　　依據國民中學的學校品牌形象、行銷策略與家長教育選擇權實證調查之結果，本研究歸納出以下結論：

壹、學校品牌形象、行銷策略與家長教育選擇權實證分析結果

本研究於正式問卷回收後，經由結構方程模式一階及二階驗證性因素分析，刪除因素負荷值較低之題項，然後再進行差異分析與路徑分析結果。所獲得的結論，分述如下：

一、學校品牌形象屬於高程度，其中以經驗性感受程度最高。

（一）學校品牌形象整體與各子構面平均分數均高於 3 分。學校品牌形象整體構面得分平均 4.23 分；就各子構面來看，經驗性得分較高（M=4.35），其次為功能性得分（M=4.24），最低為得分為象徵性（M=4.18）。

（二）學校品牌形象在各題項平均得分，介於 4.18–4.35 之間，均高於平均數 3 以上。由此推論，學校品牌形象屬於高程度。

二、行銷策略屬於高程度，其中以外部行銷感受程度最高。

（一）行銷策略整體與各子構面平均分數均高於 3 分。行銷策略整體構面得分平均 4.15 分；就各子構面來看，外部行銷得分較高（M=4.21），其次為互動行銷得分（M=4.19），最低為得分為內部行銷（M=4.19）。

（二）行銷策略在各題項平均得分，介於 4.08–4.21 之間，均高於平均數 3 以上。由此推論，行銷策略屬於高程度。

三、家長教育選擇權屬於高程度，其中以校園安全感受程度最高。

（一）家長教育選擇權整體與各子構面平均分數均高於 3 分。家長教育選擇權整體構面得分平均 4.22 分；就各子構面來看，校園安全得分較高（M=4.26），其次為教師素質得分（M=4.22），最低為得分為教學

品質（M=4.17）。

（二）家長教育選擇權在各題項平均得分，介於 4.17 –4.26 之間，均高於
平均數 3 以上。由此推論，家長教育選擇權屬於高程度。

貳、不同背景變項之國民小學六年級學生家長對學校品牌形

象、行銷策略與家長教育選擇權分析討論

一、不同性別之國民小學六年級學生家長在整體學校品牌形象、行銷策略
與家長教育選擇權沒有顯著差異。

（一）不同性別之國民小學六年級學生家長在整體學校品牌形象及功能性、
經驗性與象徵性，沒有顯著差異；在各分構面上，沒有顯著差異。

（二）不同性別之國民小學六年級學生家長在整體行銷策略及外部行銷、內
部行銷與互動行銷，沒有顯著差異；在各分構面上，沒有顯著差異。

（三）不同性別之國民小學六年級學生家長在整體家長教育選擇權及教學
品質、校園安全與教師素質，沒有顯著差異；在各分構面上，沒有
顯著差異。

二、不同年齡之國民小學六年級學生家長在整體學校品牌形象、行銷策略
與家長教育選擇權沒有顯著差異。

（一）不同年齡之國民小學六年級學生家長在整體學校品牌形象及功能性、
經驗性與象徵性，沒有顯著差異；在各分構面上，沒有顯著差異。

（二）不同年齡之國民小學六年級學生家長在整體行銷策略及外部行銷、內
部行銷與互動行銷，沒有顯著差異；在各分構面上，沒有顯著差異。

（三）不同年齡之國民小學六年級學生家長在整體家長教育選擇權及教學品質、校園安全與教師素質，沒有顯著差異；在各分構面上，沒有顯著差異。

三、不同學歷之國民小學六年級學生家長在整體學校品牌形象、學校行銷與家長教育選擇權沒有顯著差異；在部份分構面上，有顯著差異。

（一）不同學歷之國民小學六年級學生家長在整體學校品牌形象及功能性、經驗性與象徵性，沒有顯著差異；各分構面上，沒有顯著差異。

（二）不同學歷之國民小學六年級學生家長在整體行銷策略沒有顯著差異；內部行銷達顯著差異；在內部行銷中，專科以下這組（M=4.14）表現得分顯著高於碩士以上這組（M=3.34），並達顯著水準。即在不同行銷策略的內部行銷得分表現上，會因家長不同學歷而有所差異。

（三）不同學歷之國民小學六年級學生家長在整體家長教育選擇權及教學品質、校園安全與教師素質，沒有顯著差異；在各分構面上，沒有顯著差異。

四、不同學校位置之國民小學六年級學生家長在整體學校品牌形象、行銷策略與家長教育選擇權沒有顯著差異，在部分構面上有差異存在。

（一）不同學校位置之國民小學六年級學生家長在整體學校品牌形象及功能性、經驗性與象徵性，在各分構面上，沒有顯著差異。

（二）不同學校位置之國民小學六年級學生家長在整體行銷策略及外部行銷、內部行銷與互動行銷，在各分構面上，沒有顯著差異。

（三）不同學校位置之國民小學六年級學生在整體家長教育選擇權及校園安全、教師素質沒有顯著差異；教學品質達顯著差異。偏遠（含山區）這組（M=4.48）大於一般鄉鎮這組（M=4.15）及都市區這組

（M=4.16）。在不同學校位置教學品質得分表現上，會因家長在不同學校位置而有差異。

五、不同學校規模之國民小學六年級學生家長在整體學校品牌形象沒有顯著差異；行銷策略及家長教育選擇權有顯著差異，在部分構面上有差異存在。

（一）不同學校規模之國民小學六年級學生在整體學校品牌形象及功能性、象徵性沒有顯著差異；經驗性達顯著差異。12 班以下這組（M=4.43）大於 49 班以上這組（M=4.25）。即在不同學校規模，學校品牌形象得經驗性得分表現上，會因家長在不同學校規模而有所差異。

（二）不同學校規模之國民小學六年級學生家長在互動行銷沒有顯著差異；整體行銷策略與外部行銷及內部行銷，達顯著差異；外部行銷的 12 班以下這組（M=4.30）大於 13-48 班這組（M=4.15）及內部行銷 12 班以下這組（M=4.20）大於 13-48 班這組（M=3.97）， 12 班以下這組（M=4.20）也大於 49 班以上這組（M=3.99）。即在不同學校規模，行銷策略形象的外部行銷與內部行銷得分表現上，會因家長在不同學校規模而有所差異。

（三）不同學校規模之國民小學六年級學生家長在校園安全與教師素質沒有顯著差異；整體家長教育選擇權與教學品質，達顯著差異；教學品質的 12 班以下這組（M=4.25）大於 13-48 班這組（M=4.08）。即在不同學校規模，家長教育選擇權的教學品質得分表現上，會因家長在不同學校規模而有所差異。

六、不同縣市之國民小學六年級學生家長在整體學校品牌形象沒有顯著差異；行銷策略與家長教育選擇權有顯著差異，在部分構面上有差異存在。

（一）不同學校縣市之國民小學六年級學生家長在整體學校品牌形象與功能性、經驗性及象徵性，各分構面上未達顯著差異。

（二）不同學校縣市之國民小學六年級學生家長在整體行銷策略與互動行銷有顯著差異；外部行銷及內部行銷，達顯著差異；外部行銷部分，臺中市這組（M=4.27）大於南投縣這組（M=4.26）；內部行銷部分，南投縣這組（M=4.15）大於臺中市這組（M=4.14）及南投縣這組（M=4.15）大於彰化縣這組（M=3.94）。即在不同學校縣市，行銷策略的外部行銷與內部行銷得分表現上，會因家長在不同學校縣市而有所差異。

（三）不同學校縣市之國民小學六年級學生家長在教學品質與校園安全未達顯著差異；在家長教育選擇權整體與教師素質，達顯著差異；教師素質部分，臺中市這組（M=4.27）大於南投縣這組（M=4.26）；內部行銷部分，臺中市這組（M=4.27）大於彰化縣這組（M=4.11）。即在不同學校縣市，家長教育選擇權的教師素質得分表現上，會因家長在不同學校縣市而有所差異。

參、學校品牌形象、行銷策略與家長教育選擇權相關分析結論

一、學校品牌形象與行銷策略有顯著正相關

　　學校品牌形象會高度正向影響行銷策略。因此，強化學校品牌形象將有助於行銷策略的推展。學校品牌形象與行銷策略之相關中，以功能性和內部行銷的相關較低（r=.529），以象徵性與外部行銷較高（r=.684）。

二、學校品牌形象與家長教育選擇權有顯著正相關

　　學校品牌形象會高度正向影響家長教育選擇權。因此，強化學校品牌形象將有助於家長教育選擇權的感受。學校品牌形象與家長教育選擇權之相關中，以經驗性和教師素質的相關較低（r=.525），以象徵性與教學品質較高（r=.643）。

三、行銷策略與家長教育選擇權有顯著正相關

　　行銷策略會高度正向影響家長教育選擇權。因此，強化行銷策略將有助於家長教育選擇權的認知。行銷策略與家長教育選擇權之相關中，以外部行銷和教學品質的相關較低（r=.644），以互動行銷與教師素質較高（r=.768）。

肆、學校品牌形象、行銷策略與家長教育選擇權之效果分析

結論

一、學校品牌形象對行銷策略有顯著正向直接效果

學校品牌形象愈高，則家長感受到的家長教育選擇權就愈高。學校品牌形象對行銷策略之路徑係數為.85，t 值為 17.742，大於 1.96，顯示該路徑係數估計值為顯著。行銷策略各子構面中，影響行銷策略最重要的因素為互動行銷，其因素負荷值為.90，可以解釋的變異量為 82 %，亦即影響行銷策略最重要關鍵因素為互動行銷。

二、學校品牌形象對家長教育選擇權有顯著正向直接效果

學校品牌形象愈高，家長感受到的家長教育選擇權愈高。學校品牌形象對家長教育選擇權的路徑係數值為.33，t 值為 6.888，絕對值大於 1.96，顯示該路徑係數估計值為顯著。學校品牌形象各子構面中，影響學校品牌形象最重要的因素為象徵性，其因素負荷值為.81，可以解釋的變異量為 66 %，亦即影響學校品牌形象最重要關鍵因素為象徵性。

三、行銷策略對家長教育選擇權有顯著正向直接效果

行銷策略愈高，則家長感受到的家長教育選擇權就愈高。行銷策略對家長教育選擇權之路徑係數為.48，t 值為 10.019，大於 1.96，顯示該路徑係數估計值為顯著。家長教育選擇權各子構面中，影響家長教育選擇權最重要的因素為教師素質，其因素負荷值皆為.84，可以解釋的變異量為 70 %，亦即影響家長教育選擇權最重要關鍵因素為教師素質。

四、學校品牌形象透過行銷策略對家長教育選擇權有正向間接效果

學校品牌形象對家長教育選擇權的直接效果為.33，間接效果為（0.85×0.48=0.41），整體效果為 0.74。顯示學校品牌形象對家長教育選擇權會透過行銷策略而具有間接效果，亦即學校品牌形象能經由行銷策略對家長教育選擇權產生影響力，其整體影響效果為 0.74。

第二節　建議

本節依據文獻分析、研究結果與討論後所得之結果，提出下列幾項建議，以作為國民中學學校單位、教育行政機關與未來相關研究之參酌。同時給予教育相關單位與國民中學，在對於未來探討「學校品牌形象」、「行銷策略」與「家長教育選擇權」等相關議題或衍生其他迫切且重要的相關議題時，能有更多審思之空間。

壹、對於國民中學辦學之建議

一、學校可加強績效宣傳並與外界連結，以提升外界對學校品牌形象的認同

學校品牌形象，包括功能性、經驗性與象徵性。在本研究中，經驗性得分較高，其次為功能性得分，最低得分為象徵性。在不同學校規模，學校品牌形象經驗性之得分表現上，會因家長在不同學校規模學區而有所差異。因此，學校可由課程設計與實施，建構獨特的學校品牌形象；並藉由

家長經驗性的口耳相傳，強化學校與外界的連結，以增加家長對學校品牌形象的認同。

二、研擬各項行銷策略，並透過各種行銷方式，提升家長對學校辦學的肯定

行銷策略包括外部行銷、內部行銷與互動行銷。在本研究中，外部行銷得分較高，其次為互動行銷得分，最低得分為內部行銷。在不同學校規模，行銷策略的外部行銷與內部行銷得分表現上，會因家長在不同學校規模而有所差異。在不同學校縣市，行銷策略的外部行銷與內部行銷得分表現上，也會因家長在不同學校縣市而有所差異。因此，可辦理多元性的交流機會，讓學校的內部文化讓家長了解，要深化外界對學校的肯定，方能增加行銷策略較弱的內部行銷部分之影響性。增加家長教育選擇權訊息，透過各種方式，強化家長對學校辦學的選擇。

三、學校提供各項進修歷程，讓教師專業能力提升，教學品質才能獲得肯定

家長教育選擇權包括教學品質、校園安全與教師素質。在本研究中，校園安全得分較高，其次為教師素質得分，最低得分為教學品質。在不同學校位置之教學品質得分表現上，會因家長在不同學校位置而有所差異。在不同學校規模、不同學校縣市，家長教育選擇權的教師素質與教學品質得分表現上，也會因家長在不同學校規模與不同縣市而有所差異。因此，可藉由教師素質的提升，強化教師專業，讓家長對學校辦學的品質，有認同感與信任感。

四、學校因應不同環境條件，提供多元化的辦學績效，建構學校經營特色

　　本研究發現，在不同學校位置、不同學校規模與不同學校縣市，在學校品牌形象、行銷策略與家長教育選擇權整體構面或各分構面上有顯著差異存在。不同學校位置的家長，家長教育選擇權的教學品質上，偏遠組均優於都市組與一般鄉鎮組。在不同學校縣市的學生家長，行銷策略的外部行銷上，臺中市大於南投縣；行銷策略的內部行銷上，南投縣大於臺中市與南投縣大於彰化縣。在家長教育選擇權的教師素質上，臺中市大於彰化縣與南投縣大於彰化縣。因此，學校須因應不同環境條件，提供多元化的辦學績效，建構學校獨特的經營特色，才能有效吸引學生就讀。

五、對學生家長背景做妥善分析，並規劃良好的辦學策略

　　首先，本研究發現，填答者共 573 位家長，女性家長占 71.55%，男性家長占 28.45%；其次，40 歲以上未滿 50 歲的家長占 62.48%；最後，大學學歷以上家長占 72.90%。明顯女性家長對於子女教育，較為主動與關心，大學學歷以上的家長也大幅增加，且家長大約在中壯年階段。因此，學校可做家長背景的資料分析，針對家長的特性，研擬適合的行銷策略，將學校獨特的品牌形象展現於外界，以增加家長對於學校的信任感與認同感。

貳、對於教育行政機關之建議

一、強化各國民中學的辦學績效，建立獨特的學校品牌形象

　　依據研究結果顯示，學校品牌形象對家長教育選擇權有正向且顯著的影響。在三個研究構面中，功能性、經驗性與象徵性對家長教育選擇權整體與教學品質、校園安全與教師素質均有正向影響。由此可見，國民中學

之學校品牌形象，對於國民小學六年級學生家長之家長教育選擇權認知與感受，具有相當關鍵性的影響。因此，建議教育行政機關，應重視各國民中學之學校品牌形象的建立，依據 108 新課綱之課程，規劃學校相關的學校品牌形象建立的教育訓練。透過專業進修課程，建立各學校的獨特學校品牌形象，由而讓國民小學六年級學生家長，對於國民中學之學校辦學績效能予以肯定與認同。

二、辦理學校互相交流的課程活動，理解行銷策略的內涵與執行

依據研究結果顯示，國民中學的學校品牌形象、行銷策略與家長教育選擇權，皆達到顯著且中度以上的正相關。這表示了除了學校品牌形象會實際影響家長教育選擇權外，行銷策略也會影響家長教育選擇權；而學校品牌形象也會影響行銷策略。

基於此，教育行政機關，除了重視各國民中學之學校品牌形象建立外，對於行銷策略如何規劃與執行，也應有完善的教育訓練課程，讓學校理解行銷策略的內涵與執行方式。如此，才能讓學校將獨特的學校品牌形象行銷給家長及利害關係人，讓家長及利害關係人對於國民中學辦學經營績效能有所認同，進而強化家長教育選擇權的認知與感受。

三、國民中學校長培訓，應融入學校品牌形象、行銷策略與家長教育選擇權的相關課程

校長是學校的領導者，也是首席教師。因此，在校長培訓的課程中，應融入學校品牌形象、行銷策略與家長教育選擇權的相關課程，培養校長具有相關議題的知能與理解實際執行之作法。當校長具有學校品牌形象、行銷策略與家長教育選擇權相關議題的知能後，對於學校組織成員，才能

有效的領導，並專注於績效的執行。當組織成員也有此知能後，學校才容易建構獨特的學校品牌形象，並藉由學銷行銷策略之執行，讓國民小學學生家長對於國民中學的經營辦學能有所肯定，進而強化家長教育選擇權的認知與感受。

參、對於未來研究之建議

一、研究對象方面

本研究只針對臺中市、彰化縣與南投縣之公立國民小學六年級學生家長，對國民中學的學校品牌形象、行銷策略與家長教育選擇權之關係進行探討；對於其他階段及類型的公私立學生家長，並未納入為研究對象。故使得本研究在進行推論時有所限制。所以，未來研究時，可將研究對象範圍擴大，以更深入了解國民小學六年級學生家長對國民中學的學校品牌形象、行銷策略與家長教育選擇權的認知與感受情形，建構各類型家長看法的同異，以建立更完整的資料，使研究推論更具有參考價值。

二、研究方法方面

首先，本研究採用調查研究法，以調查問卷作為分析的依據。雖然能廣泛蒐集各校資料，但就方法論取向上，仍有不足之處。就實務上來說，國民中學的學校品牌形象、行銷策略與家長教育選擇權之現況或關係，仍需長期觀察與深入了解。

其次，除了上述原因之外，本研究所採用的依不同班級規模隨機抽樣的問卷調查方式，在填答時，也可能因填答者的自我防衛機制，而沒有據實填答的情形發生，造成調查問卷無法據實反映國民中學之學校場域的真實情況，影響了調查問卷的品質。因此，未來建議可採用個案研究、深度

訪談與焦點座談等方法，對學生家長進行資料蒐集，以進一步探討國民中學的學校品牌形象、行銷策略與家長教育選擇權彼此間的關係，以使資料蒐集更加完善，並使其研究結果具有更高的學術價值。

三、研究主題方面

目前大多數的研究，大部分針對國民中學的學校品牌形象或家長教育選擇權進行探討，對於行銷策略的議題，較缺乏研究。依據本研究的實證調查發現，學生家長在行銷策略的三個構面，外部行銷、內部行銷與互動行銷的得分，相對低於學校品牌形象與家長教育選擇權之分構面。顯示出學生家長對於行銷策略這部分的認知較為缺乏。

四、研究構面方面

本研究共有三個研究變項，每個研究構面之各分構面，皆是參考相關文獻，進而斟酌參考使用，所得結果，有可能會因後續研究者所採用的分構面不同，而有不同的研究結果。未來研究者可以從不同的構面進行探討。另外，研究構面的數量，也會影響問卷題項的數量，更會影響到受試者填答的意願。因此，未來的研究者在做後續研究時，可以詳加考慮研究變項、構面數量與題項數目，以獲得更具代表性的相關資料，使其研究結果，更具有學術價值性。

五、研究設計方面

本研究結果，顯示出國民中學的學校品牌形象、行銷策略與家長教育選擇權之重要性。但是學校品牌形象、行銷策略與家長教育選擇權的研究，應是屬於連續不斷的研究歷程；如果僅以橫斷式的研究結果，大約只能反映出實證調查時的現況。因此，在未來研究上，可以針對同一群樣本，進

行縱貫性的連續研究，對於分析國民中學的學校品牌形象、行銷策略與家長教育選擇權的狀況，將會有相當大的助益。

參考文獻

一、中文部分

王世維（2008）。**國小外部行銷對家長滿意度之影響：互動行銷的干擾效應**〔未出版之碩士論文〕。國立臺南大學，臺南市。

王立梅（2013）。**金門縣國民小學行銷策略與家長滿意度關係之研究**〔未出版之碩士論文〕。國立臺東大學，臺東縣。

王如哲（2002）。**知識經濟與教育**。臺北市：五南

余杰儒（2012）。**宜蘭縣蘇澳地區之國民中學家長對行銷策略知覺程度與學校滿意度之研究**〔未出版之碩士論文〕。佛光大學，宜蘭縣。

余美惠（2012）。**國小家長知覺行銷策略、學校品牌形象與學校滿意度之相關研究**〔未出版之碩士論文〕。國立雲林科技大學，雲林縣。

余美惠與陳斐娟（2013）。行銷策略、學校品牌形象與家長滿意度之相關研究。**明道學術論壇，8**（2），3-24。

吳清山（2004）。行銷策略管理的理念與策略。**北縣教育，47**，23-34。

吳清山與林天祐（2009）。**教育小辭書**。臺北市：五南。

李明真（2010）。**行銷策略與學校形象對家長選校決策的影響-知覺風險的干擾效果**〔未出版之碩士論文〕。真理大學，新北市。

李昱秋（2012）。**屏東縣立完全中學行銷策略、學校形象、學校滿意度與選校因素關係之研究**〔未出版之碩士論文〕。國立屏東教育大學，屏東縣。

李柏佳（2016）。學校型態實驗教育實施條例解析-國民教育階段為例。**學校行政雙月刊，101**，15-33。

李淑菁（2019）。你的孩子不是你的孩子？家長 [教育選擇權] 範圍與內涵再思考。**文化研究季刊，166**，102-113。

李達平（2013）。屏東縣國中小學試辦大學區政策家長認知之研究。**學校行政雙月刊，83**，157-176。

林予雯、陳姿伶與蔣憲國（2013）。消費者對便利商店自有品牌商品之購買涉入、學校品牌形象與購買行為研究：以 7-SELECT 為例，**臺灣農學會報 14**（3），291-313。

林來利（2012）。**國民小學校長提升學校競爭優勢策略之研究**〔未出版之博士論文〕。國立臺北教育大學，臺北市。

林怡佳（2011）。**國民小學學校品牌形象之研究**〔未出版之碩士論文〕。國立暨南國際大學，南投縣。

林建煌（2019）。**消費者行為**。臺北市：華泰。

林進丁（2011）。探討行銷策略概念及其應用於國民中小學之有利因素。**學校行政，77**，27-45。

林義棟、陳信助與莊貴枝 （2020） 。 私立高級中等學校形象管理指標建構。**臺灣教育評論月刊**，9（4），177-195。

林楸燕與黃書儀譯（2018）。**教養是一種可怕的發明：解放現代直升機父母的親子關係人類**。臺北市：大寫出版。

邱彥棠（2019）。**行銷策略、學校品牌形象與就讀意願之研究-以宜蘭縣某國民中學為例**〔未出版之碩士論文〕。醒吾科技大學，新北市。

姜韻梅（2018）。從逆境中突起—偏鄉學校本位課程變革的實例分享。**臺灣教育評論月刊，7**（1），336-349。

施皇羽（2017）。**高等教育顧客導向行銷策略指標建構與實證分析之研究**〔未出版之博士論文〕。國立暨南國際大學，南投縣。

洪順慶（2012）。品牌關係：顧客價值與品牌愛慕。**臺大管理論叢，23**（1），1-28。

洪詩喬（2017）。學校品牌形塑可行乎？**臺灣教育評論月刊，2018，7**（9），47-49

胡政源（2006）。**品牌管理：品牌價值的創造與經營**。臺北市：新文京。

孫在國（2019）。**行銷策略與實務**，6-65。臺北市：財經錢線。

徐瑞陽（2016）。學校教育行銷之策略與建議。**臺灣教育評論月刊，2016，5**（5），32-37

侯靖男（2009）。**中彰投地區國民小學家長參與子女教育行為意象模式之研究**〔未出版之博士論文〕。國立臺中教育大學，臺中市。

秦夢群（2015）。**教育選擇權研究**，78-121。臺北市:五南。

張明輝與王湘栗（2009，5月）。**教育行銷策略的創新思維**。2009教育行政的力與美國際學術研討會，臺灣師範大學教育行政研究所，臺北。

張茂源（2008）。教出不一樣的臺灣囝仔－兼論家長教育選擇權。**學校行政雙月刊，54**，193-204。

張哲彰（2014）。**嘉義市國民小學家長行銷策略覺知、選校因素與轉學想法關係之研究**〔未出版之博士論文〕。國立嘉義大學，嘉義市。

張淑芬（2010）。**彰化縣國民小學教育人員對學校品牌管理認知之研究**〔未出版之碩士論文〕。大葉大學，彰化縣。

張淑貞與蘇雅雯（2011）。國民小學學校品牌運作之分析。**學校行政雙月刊，**

73，125-144。

張義忠（2012）。**雲林縣轉型優質學校家長對行銷策略認知與滿意度之研究**〔未出版之碩士論文〕。康寧大學，臺南市。

張偉豪（2013）。**論文寫作 SEM 不求人**。高雄：三星統計服務有限公司。

張德銳（2020）。我國教師領導研究成果分析與發展方向。**教育研究與發展期刊，16**（1），101-154。

許如菁（2015）。談實驗教育三法及其在公立學校實現之可能與挑戰。**教師天地，197**，34-40。

許如瑩（2010）。**臺北縣國民小學學校行銷策略與家長滿意度之關係研究**〔未出版之碩士論文〕。國立臺北教育大學，臺北市。

許育禎（2010）。**臺北市優質學校品牌管理之研究**〔未出版之碩士論文〕。國立臺灣師範大學，臺北市。

郭鈺羚（2015）。**家長教育選擇權與家長參與之研究—以南部一所華德福小學為例**〔未出版之碩士論文〕。國立中正大學，嘉義縣。

陳木金與尹潔茹（2012）。Facebook效應對中小學校長推動品牌領導之啟示。**學校行政研究，80**，107-119。

陳怡均與鮑慧文（2018）。學校行銷策略對學校形象之影響-以互動行銷為調節變數。**兩岸職業教育論叢**，2（1），64-78。

陳啟榮（2012）。教育行銷在學校經營之應用。教育經營與管理研究集刊。**教育經營與管理研究集刊，8**，59-80。

陳惠文（2010）。行銷溝通策略在學校招生之應用—以南部一所國中為例。**學校行政雙月刊，70**，174-189。

陳惠文（2011）。國中關係行銷策略對家長滿意度之影響—學校品牌形象的干擾效應。**學校行政雙月刊，73**，103-124。

曾智豐（2013），**國民小學認知行銷、家長滿意度與家長參與的關係—情感型行銷的調節效果**〔未出版之博士論文〕。國立臺南大學，臺南市。

曾聖文與陳宇軒（2013）。品牌熟悉度、商品特性對運動鞋相似品購買意願及忠誠度之影響：以個人特質為干擾變數。**運動休閒管理學報，10**（1），44-63。

童鳳嬌與林志成（2007）。學校經營管理與品牌創新策略。**學校行政，50**，96-108。

黃正泓（2009）。**國民小學教育人員知覺行銷策略與形象關係之研究-以基隆市為例**〔未出版之碩士論文〕。輔仁大學，新北市。

黃宇仲（2014）。從教育市場化探討偏遠地區學校因應之道。**學校行政雙月刊，91**，199-210。

黃俊英（2007）。**行銷學的世界〈第四版〉**。臺北市：天下遠見。

黃義良（2004），**國民中小學行銷策略指標與行銷運作之研究**〔未出版之博士論文〕。國立高雄師範大學，高雄市。

黃義良（2017）。行銷策略組合、學校形象與顧客滿意度之關聯探討：MASEM 方法的分析。**教育學誌，37**，1-61。

黃義良（2018）。行銷策略與學校效能關聯之探討：採後設分析結合結構方程模式之驗證。**嘉大教育研究學刊，40**，63-98。

戢芳（2010）。零售商自有品牌開發和推廣中的問題及對策，**現代商業 2010**（5C），11-21。

楊杏琳（2010）。**彰化縣國民小學行銷策略、校長領導風格、學校本位課程發展及學校效能之研究**〔未出版之碩士論文〕。虎尾科技大學，雲林縣。

楊台寧與謝秉訓（2012，6 月）。**電子口碑、學校品牌形象、品牌忠誠度與消費者購買意願關係之研究**。2012 第 15 屆科技整合管理研討會，東

吳大學企業管理學系，臺北。

楊欣怡(2017)。淺論學校如何運用 Line@社群行銷平台提升學校品牌形象。**臺灣教育評論月刊，2017，6**（6），114-118。

葉連祺（2002）。國民中小學學校願景之建構分析。**學校行政雙月刊，19**，107-126。

葉連祺（2003）。國民中小學學校願景之建構分析。**教育研究月刊，114**，96-110。

董榮康（2009）。**高級中等學校形象一致性之研究**〔未出版之碩士論文〕。淡江大學，新北市。

詹雅嫻（2013）。**行銷策略與家長滿意度之關係研究-以苗栗縣苑裡國小為例**〔未出版之碩士論文〕。玄奘大學，新竹縣。

廖愛仁(2013)。**桃園縣國民小學家長教育選擇權與學校特色關係之研究**〔未出版之碩士論文〕。中原大學，桃園市。

劉名斐(2008)。**車籠埔國民小學潛在顧客選擇學校的考量因素與學校形象知覺之研究**〔未出版之碩士論文〕。國立嘉義大學，嘉義市。

蔡銘澤(2013)。**行銷策略與學校形象對家長選校決策的影響-以新北市八里區公立國民小學為例**〔未出版之碩士論文〕。亞東技術學院，新北市。

蔡金田(2009)。學校品牌建構與行銷管理之探究。**國民教育研究學報，23**，139-160。

蔡金田(2011)。一所國小校長在行銷策略的實踐探究。**嘉大教育研究學刊，27**，29-54。

蔡金田（2011）。國民小學學生家長知覺學校教育品質滿意度之探究-以彰化縣一所國民小學為例。**慈濟大學教育研究期刊，7**，101-132。

蔡金田、施皇羽與施又瑀（2012）。大學品牌知名度與院系偏好對高中學生

選填意願之影響。**教育與心理研究，35**（1），57-79。

蔡金田（2018）。**學校行政的理念與分析**。臺北：元華文創股份有限公司。

蔡進發與蕭至惠（2017）。「學校品牌形象、情感性品牌 依附、知覺品質、滿意度與購後行為關係之探討—兼論自我一致性的 干擾效果」。**中山管理評論，25。**

蔡燕娟（2020）。**臺北市一所創新經營的優質國民中學之研究**〔未出版之碩士論文〕。國立臺灣師範大學，臺北市。

蔡翼擎、鄭妃秀、林譽庭、陳芊頤與魏妤真（2019）。探討臺灣化妝品產業建構國際品牌之關鍵決策因子。**管理資訊計算，8**（1），129-144。

鄭孟忠（2014）。**國民中小學行政人員教育市場化認同、行銷策略重要性與運作知覺之研究**〔未出版之博士論文〕。國立臺中教育大學，臺中市。

鄭琦蓉（2008）。**高雄市國民小學學生家長對行銷策略與學校形象關係之研究**〔未出版之碩士論文〕。國立屏東教育大學，屏東縣。

盧麗津（2012）。**國小家長對行銷策略認知與家長滿意度之研究-以屏東縣潮州國小為例**〔未出版之碩士論文〕。高苑科技大學，高雄市。

戴國良（2019）。**行銷學: 精華理論與本土案例**，118-125。臺北市：五南。

薛普文（2013）。**臺中市小型國民小學家長知覺行銷策略與學校滿意度之研究**〔未出版之碩士論文〕。中臺科技大學，臺中市。

謝明慧與楊達凱（2015）。從基模觀點探討顧客品牌關係之建立過程，**行銷科學學報，11**（2），193 - 227。

謝馨瑩（2020）。國民小學家長教育選擇權之探討。**臺灣教育評論月刊，9**（3），107-113

謝馨瑩（2020）。從人本主義心理學談家長教育選擇權之迷思。**臺灣教育評論月刊，9**（11），150-155。

鍾乙豪（2020）。大學區政策之探究-以高雄市小學為例。**臺灣教育評論月刊**，**9**（9），72-77。

顏如妙（2018）。私立大學學校行銷策略認知建構與轉型之研究。**兩岸職業教育論叢**，**2**（1），21-31。

藍玉婷與張弘勳（2018）。臺南市家長選擇幼兒園考量因素之調查研究。**學校行政**，**116**，110-146。

藍俊雄與邱彥棠（2020）。學校行銷與就讀意願相關之研究-以某國中為例。**管理資訊計算**，**9**（1），70-80。

羅依婷、何黎明、邱靖文與黃怡嘉（2013）。便利商店咖啡之學校品牌形象、產品屬性對購買意願之影響：以產品認知為中介效果分析。**休閒研究**，**5**（2），1-22。

羅明忠（2013）。**國民小學關係行銷對家長參與行為影響之研究**〔未出版之博士論文〕。國立臺南大學，臺南市。

蘇容梅（2012）。大學關係行銷對學生行為意向之影響—學校品牌知名度的調節效果。**臺北市立教育大學學報**，**43**（1），1-26。

二、英文部分

Anisimova, T. (2007). The effects of corporate brand attributes on attitudinal and behavioural consumer loyalty. *Journal of Consumer Marketing, 24*,395-405. doi: 10.1108/07363760710834816

Anast-May, L., Mitchell, M., Buckner, B. C., & Elsberry, C. (2012). School Principals as marketing managers: the expanding role of marketing for school development. *Journal of School Public Relations, 33*(4), 262–291. https://doi.org/10.3138/jspr.33.4.262

Bagley, C. (2006). School choice and competition: a public-market in education revisited. *Oxford Review of Education, 32*(3), 347–362. doi:10.1080/03054980600775656

Baack, D. W., & Boggs, D. J. (2008). The difficulties in using a cost leadership strategy in emerging markets. *International Journal of Emerging Markets, 3* (2), 125-139. doi: 10.1108/17468800810862605

Barrows, S., Cheng, A., Peterson, P. E., & West, M. R. (2018). Do charters pose a threat to private schools? Evidence from nationally representative surveys of U.S. parents. *Journal of School Choice, 13*(1), 10–32. doi: 10.1080/15582159.2018.1547589

Beabout, B. R., & Cambre, B. M. (2013). Parental voucher enrollment decisions: choice within choice in New Orleans. *Journal of School Choice, 7*(4), 560–588. https://doi.org/10.1080/15582159.2013.837773

Burgess, S., Greaves, E., Vignoles, A., & Wilson, D. (2014a). What parents want: school preferences and school choice. *The Economic Journal, 125*(587), 1262–1289. https://doi.org/10.1111/ecoj.12153

Baker, M. J., & Saren, M. (Eds.) (2010). *Marketing theory: A student text.* SAGE. Publications Ltd, doi: 10.4135/9781446280096

Bagozzi, R. P., & Yi, Y. (1988). On the evaluation of structural equation odels. *Journal of the Acdemy of Marketing Science, 16*(1), 74-94.

Bifulco, R. (2012). Can nonexperimental estimates replicate estimates based on random assignment in evaluations of school choice? A within-study comparison. *Journal of Policy Analysis and Management, 31*(3), 729–751. doi: 10.1002/pam.20637

Blankson, C., & Kalafatis, S. P. (2001). The development of a consumer/customer-derived generic typology of positioning strategies. *Journal of Marketing Theory and Practice, 9*(2), 35–53. doi: 10.1080/10696679.2001.11501890

Bower, H. A., & Griffin, D. (2011). Can the Epstein model of parental involvement work in a high-minority, high-poverty elementary school? A case study. *Professional School Counseling, 15*(2), doi: 10.1177/2156759x1101500201

Boyles, D. (2020). *American Education and Corporations: The free market goes to school* (2nd ed.) Routledge.

Boyer E. L. (1992). Carnegie foundation for the advancement of teaching. school. choice: A special report. Michigan, MI: Jossey-Bass Inc Pub

Brannen W.H., Renforth W. (2015) Dial your successful small business marketer: the classroom telephone interview. In: Bellur V. (eds) The 1980's: a decade of marketing challenges. developments in marketing science: Proceedings of the academy of marketing science. Springer, Cham. doi: 10.1007/978-3-319-16976-7_26

Brock, S. E. (2019). *At the intersection of education, marketing, and transformation.* academic studies press. doi: 10.1515/9781618113191-014

Bulut, C. (2017). Quality orientation and innovative performance. *Coimbra Business School, 3*, 37-42.

Carole, M. (2014). An examination of the risks and benefits of alternative education. *Relational Child & Youth Care Practice, 27*(1), 35-46.

Casidy, R., & Wymer, W. (2015). The impact of brand strength on satisfaction, loyalty and WOM: An empirical examination in the higher education sector. *Journal of Brand Management, 22*(2), 117–135. doi: 10.1057/bm.2015.6

Chen, S., Benedicktus, R., Kim, Y., & Shih, E. (2018). Teaching design thinking in marketing: linking product design and marketing strategy in a product development class. *Journal of Marketing Education, 40*(3), 176–187. doi: 10.1177/0273475317753678

Cheng, A., Trivitt, J. R., & Wolf, P. J. (2015). School choice and the branding of Milwaukee private schools. *Social Science Quarterly, 97*(2), 362–375. https://doi.org/10.1111/ssqu.12222

Chhun, C., Vuthy, T., & Keosothea, N. (2020). The production, marketing, and export of rice in Takeo. In white gold: *The Commercialisation of Rice*

Farming in the Lower Mekong Basin (pp. 247-259). Singapore, Singapore: Palgrave Macmillan.

Cihovska, V. (2013). Social orientation of marketing concept. *Journal of Positive Management, 4*(1), 52-62. doi: 10.12775/jpm.2013.004

Condliffe, B., Boyd, M., & Deluca, S. (2015). Stuck in school: How social context shapes school choice for inner-city students. Teachers College Record, *117*(3), 1-36.

Cuesta, J. I., González, F., & Larroulet Philippi, C. (2020). Distorted quality signals in school markets. *Journal of Development Economics, 147*, 102532. doi: 10.1016/j.jdeveco.2020.102532

Casidy, R., & Wymer, W. (2015). The impact of brand strength on satisfaction, loyalty and WOM: An empirical examination in the higher education sector. *Journal of Brand Management, 22*(2), 117–135. doi: 10.1057/bm.2015.6

Chawla, M. (2013). Customers (Students) perceptions about 7Ps of Higher Education Marketing Mix. *Asian Journal of Multidisciplinary Studies, 1*(5), 107.

Daft, R. (2010). *Organization theory and design*, New York, NY: West.

Daughtry, D. D. (2020). *Elementary school principals' experiences marketing dual language programs to promote diversity* (Doctoral dissertation, Fordham University).

Damaso, M., & Lima, J. (2020) Marketing the school? How local context shapes school marketing practices, J*ournal of School Choice, 14*(1), 26-48. doi: 10.1080/15582159.2019.1616993

Del Rio, A. B., Vázquez, R., & Iglesias, V. (2001). The effects of brand associations on consumer response. *Journal of Consumer Marketing*, *18*(5), 410–425. doi: 10.1108/07363760110398808

de Talancé, M. (2020). Private and public education: Do parents care about school quality?. *Annals of Economics and Statistics*, (137), 117-144.

DiMartino, C., & Jessen, S. B. (2016). School Brand Management: The Policies, Practices, and Perceptions of Branding and Marketing in New York City's Public High Schools. Urban Education, *51*(5), 447–475. https://doi.org/10.1177/0042085914543112

de Talancé, M. (2020). Private and public education: Do parents care about school quality?. *Annals of Economics and Statistics*, (137), 117-144.

Dick, A. S., & Basu, K. (1994). Customer loyalty: toward an integrated conceptual framework. *Journal of the Academy of Marketing Science*, *22*(2), 99–113. doi: 10.1177/0092070394222001

Farhana, M. (2012). Brand elements lead to brand equity: differentiate or die. *Information Management and Business Review*, *4*(4), 223–233. doi: 10.22610/imbr.v4i4.983

Favaloro, C. (2015). Marketing in the Australian higher education sector. *Journal of Higher Education Policy and Management*, *37*(5), 490–506. doi: 10.1080/1360080x.2015.1079396

Fayvishenko, D. (2018). Formation of brand positioning strategy. *Baltic Journal of Economic Studies*, *4*(2), 245–248. doi: 10.30525/2256-0742/2018-4-2-245-248

Forsberg, H. (2018). School competition and social stratification in the deregulated upper secondary school market in Stockholm. B*ritish Journal of Sociology of Education,* *39*(6), 891–907. https://doi.org/10.1080/01425692.2018.1426441

Frandsen, S., Gotsi, M., Johnston, A., Whittle, A., Frenkel, S., & Spicer, A. (2018). Faculty responses to business school branding: a discursive approach. *European Journal of Marketing*, *52*(5/6), 1128–1153. doi: 10.1108/ejm-11-2016-0628

Gautam, V. (2015). An empirical test for mediation effect of educational institute's image on relationship between marketing elements and parents' loyalty: evidence from India. *Journal of Promotion Management*, *21*(5), 584–600. doi: 10.1080/10496491.2015.1055040

Gura, S., & Gura, K. (2018). Promotion on marketing decision-making: "case study albtelecom eagle mobile." *European Journal of Marketing and Economics*, *1*(3), 78. doi: 10.26417/ejme.v1i3.p78-87

Hauser, J. R. (1988). Note—Competitive price and positioning strategies. *Marketing Science*, *7*(1), 76–91. doi: 10.1287/mksc.7.1.76

He, S. Y., & Giuliano, G. (2017). School choice: understanding the trade-off between travel distance and school quality. *Transportation*, *45*(5), 1475–1498. doi: 10.1007/s11116-017-9773-3

Herrera-González, F., & de Streel, T. A. (2017). How to integrate zero-price markets in antitrust analysis. FSR Conference paper.

Hill, M. O. (2018). *The business of education: an investigation into the developing trend of marketing strategies in Texas public schools.* ProQuest LLC.

Hofflinger, A., Gelber, D., & Tellez Cañas, S. (2020). School choice and parents' preferences for school attributes in Chile. *Economics of Education Review, 74*, 101946. https://doi.org/10.1016/j.econedurev.2019.101946

Isyanto, P., Sapitri, R. G., & Sinaga, O. (2020). Marketing mix in an effort to increase the interest of students to choose the university of Buana Perjuangan (UBP) Karawang through competitive advantage (Case study on high school students of Xiith Grade in West Karawang). *Systematic Reviews in Pharmacy, 11*(1), 606-611.

Inoue-Smith, Y. (2019). *Faculty roles and changing expectations in the new age (Advances in educational marketing, administration, and leadership)* (1st ed.). PA: IGI Global.

Jabbar, H. (2015). "Every kid is money." *Educational Evaluation and Policy Analysis, 37*(4), 638–659. https://doi.org/10.3102/0162373715577447

James, L. T., & Casidy, R. (2018). Authentic assessment in business education: its effects on student satisfaction and promoting behaviour. *Studies in Higher Education, 43*(3), 401–415. doi: 10.1080/03075079.2016.1165659

Jones, M. A., Mothersbaugh, D. L., & Beatty, S. E. (2002). Why customers stay: measuring the underlying dimensions of services switching costs and managing their differential strategic outcomes. *Journal of Business Research, 55*(6), 441–450. doi: 10.1016/s0148-2963(00)00168-5

Joyce, M. L., & Krentler, K. A. (2015). Educating marketers to market education. *in marketing horizons: A 1980's perspective* (pp. 334-334). Springer, Cham.

Jukić, D. (2017). The importance of corporate branding in school management. *Strategic Management*, 22(4), 11-18.

Kalafatis, S. P., Tsogas, M. H., & Blankson, C. (2000). Positioning strategies in business markets. *Journal of Business & Industrial Marketing, 15*(6), 416–437. doi: 10.1108/08858620010349501

Keller, K. L. (1993). Conceptualizing, measuring, and managing customer-based brand equity. *Journal of Marketing, 57*(1), 1–22. doi: 10.1177/002224299305700101

Khanna, M., Jacob, I., & Chopra, A. (2019). Promoting business school brands through alumni (past customers)-analyzing factors influencing their brand resonance. *Journal of Promotion Management, 25*(3), 337–353. doi: 10.1080/10496491.2019.1557812

Kim, J.-S., & Hwang, Y.-J. (2012). The Effects of school choice on parental school participation and school satisfaction in Korea. *Social Indicators Research, 115*(1), 363–385. doi:10.1007/s11205-012-0224-4

Kotler, P., & Fox, K. F. A. (1995). *Strategic marketing for educational institutions* (2nd ed.). Pearson College Div.

Kotler, P. (2017). *Marketing management*(15th ed.). New York, NY: PEARSON INDIA.

Kotler, P., & Lee, N. R. (2009). *Up and out of poverty: The social marketing solution* (1st ed.). New Jersey, NJ: Ft Pr.

Kotler, P. (1996). *By Phillip Kotler - Marketing management: Analysis, planning, implementation, and control: 11th Edition*. Englewood Cliffs, NJ: Prentice Hall Professional Technical Reference.

Kotler, P. & Keller, K. (2012). *Marketing Management.* 14th Edition, Upper Saddle, New Jersey: Prentice Hall.

Koval, E., Ilyina, K., & Fefelova, A. (2019). Investing in higher education marketing. *Problems of Innovation and Investment Development*, (21), 125–134. doi: 10.33813/2224-1213.21.2019.13

Kukanja, M., Gomezelj Omerzel, D., & Kodrič, B. (2016). Ensuring restaurant quality and guests' loyalty: an integrative model based on marketing (7P) approach. *Total Quality Management & Business Excellence*, *28*(1–17), 1509–1525. doi: 10.1080/14783363.2016.1150172

L, J. (2018). A study on business school branding. *Kongunadu Research Journal*, *5*(2), 64–68. doi: 10.26524/krj274

Lefebvre, R. C. (2013). Social marketing and social change: *Strategies and tools for improving health, well-being, and the environment*. John Wiley & Sons.

Litel, J. L. (2017). *Local parents' perspectives on choosing charter schools versus traditional schools.* (Doctoral dissertation, Walden University).

Looser, S., Mohr, S., & Wehrmeyer, W. (2019). Crises communication vs. united nation sustainable development goals: The 7S paradigm as feasible solution facilitator. *International Journal of Crisis Communication*, *3*(3), 62–80. https://doi.org/10.31907/2617-121x.2019.03.03.3

Lovelock, C.H., & Wright, L. (2001). *Organizational influences on services managemen, principles of service marketing and management* (1st ed.). New Jersey, NJ: Prentice Hall.

Lucht, T. (2013). *Sylvia porter: America's original personal finance columnist*. Syracuse, New York, NY: Syracuse University Press. doi:10.2307/j.ctt1j5d7zn

Madan, D. B., & Schoutens, W. (2011). Conic coconuts: the pricing of contingent capital notes using conic finance. Mathematics and Financial Economics, *4*(2), 87–106. doi: 10.1007/s11579-011-0038-1

Madan, D. B. (2015). Marking to two-price markets. *Journal of Asset Management, 17*(2), 100–118. doi: 10.1057/jam.2015.42

Manea, N. (2015). *Marketingul serviciilor educaţionale–abordare din perspectivă universitară*. Editura Printech, Bucureşti.

Manea, N., & Purcaru, M. (2017). The evolution of educational marketing. *Annals of Spiru Haret University. Economic Series, 17*(4), 37–45. doi: 10.26458/1744

Maringe, F., & Gibbs, P. (2012). *Positioning the institution in the market, marketing higher education: Theory and practice*, New York, NY: McGraw-Hill.

Maringe, F., & Mourad, M. (2012). Marketing for higher education in developing countries: emphases and omissions. *Journal of Marketing for Higher Education, 22*(1), 1–9. doi: 10.1080/08841241.2012.719297

McCarthy E. J. (2018). *Business and organizational customers and their buying behavior, essentials of marketing:a marketing strategy planning approach*(16ed).New York: Mc-Graw Hill Education. p148-266.

Mocan, I., & Maniu, G., & Ionela, M. (2019). Educational market: higher education marketing strategies. *Creating marketing strategies for higher education institutions*, *8*(4), 12-14.

Nawaz Khan, S., & Qureshi, I. M. (2010). Impact of promotion on students' enrollment: a case of private schools in pakistan. *International Journal of Marketing Studies*, *2*(2), 267. doi: 10.5539/ijms.v2n2p267

Nguyen, K. H., Glantz, S. A., Palmer, C. N., & Schmidt, L. A. (2020). Transferring racial/ethnic marketing strategies from tobacco to food corporations: Philip morris and kraft general foods. *American Journal of Public Health*, *110*(3), 329–336. doi: 10.2105/ajph.2019.305482

Ntents, C. (2003). Organizational influences on services management. *Services Marketing and Management*, *102*.

Nikula, P. (2019). *Consumer protection in export education marketing*. Conference Paper, ANZMAC 2019, Wellington, New Zealan.

Oplatka, I., & Hemsley-Brown, J. (2012). *The Management and leadership of educational marketing: research, practice and applications (advances in educational administration)*. Bingley, UK: Emerald Publishing Limited.

Olson, S. J. (2014). Social marketing and social change. *Health Promotion Practice*, *15*(3), 309–312. doi: 10.1177/1524839913518921

Oiam, D. L. (2006). Establishing school image-quality and marketing management. *The Education Monthly*, *474*. 28-32.

Oplatka, I., & Hemsley-Brown, J. (2004). The research on school marketing. *Journal of Educational Administration*, *42*(3), 375–400. doi: 10.1108/09578230410534685

Pang, B., & Kubacki, K. (2015). The four Es of social marketing: ethicality, expensiveness, exaggeration and effectiveness. *Journal of Social Marketing*, *5*(1), 83–99. doi: 10.1108/jsocm-01-2014-0008

Park, C. W., Jaworski, B. J., & MacInnis, D. J. (1986). Strategic brand concept-image management. *Journal of Marketing*, *50*(4), 135. doi: 10.2307/1251291

Parasuraman, A., Zeithaml, V. A., & Berry, L. L. (2015). Quality counts in service. *Business Horizon*, *31*, 41-50.

Park, C. W., Milberg, S., & Lawson, R. (1991). Effects of prior knowledge and experience and phase of the choice process on consumer decision processes: A protocol analysis, *Journal of Consumer Research*, *18*(2).

Patti, F. A. (2017). *Branding in independent schools: identifying important aspects of the school branding process* (Doctoral dissertation, University of Pennsylvania)

Petruzzellis, L., & Romanazzi, S. (2010). Educational value: how students choose university. *International Journal of Educational Management*, *24*(2), 139–158. doi: 10.1108/09513541011020954

Philip K. (1995) *Strategic Marketing for Educational Institutions*, Englewood Cliffs, NJ: Prentice Hall.

Pietsch, M., & Leist, S. (2018). The effects of competition in local schooling markets on leadership for learning. *Zeitschrift Für Bildungsforschung*, *9*(1), 109–134. https://doi.org/10.1007/s35834-018-0224-9

Plantz, M. C. (1980). Salient hopes and fears: social marketing to promote human services. *Community Mental Health Journal*, *16*(4), 293–305. doi: 10.1007/bf00821561

Ranchhod, A., & Kofkin, D. (2003). *Branding in higher education*. Retrieved from http://albany.bizjournals.com/albany/stories/2003/10/27/focus5.html

Richardson, L. (2013). *School choice & competition: what is the impact on school leadership?* (Dissertation, Florida State University)

Riviere, C., & Kosunen, S. (2017). School choice, school markets and children's urban socialization. *In Second International Handbook of Urban Education* (pp. 1291-1305). NY: PrinceHall publishcation.

Rosola, U. (2016). *Actuality of creation of marketing schools, management and leadership of educational marketing: research, practice and applications*, New York: Emerald Publications.

Rohde, L. A., Campani, F., Oliveira, J. R. G., Rohde, C. W., Rocha, T., & Ramal, A. (2019). Parental reasons for school choice in elementary school: A systematic review. *Journal of School Choice*, *13*(3), 287–304. https://doi.org/10.1080/15582159.2019.1643970

Ryu, S., & Park, J. K. (2020). The effects of benefit-driven commitment on usage of social media for shopping and positive word-of-mouth. *Journal of Retailing and Consumer Services*, *55*, 102094. doi: 10.1016/j.jretconser.2020.102094

Same, S., & Larimo, J. (2012, May). Marketing theory: experience marketing *and experiential marketing*. In 7th International Scientific Conference "Business and Management (pp. 10-11).

Sankar, T., & Lozano, A. M. (2013). Introduction: functional imaging. *Neurosurgical focus, 34*(4), Introduction. doi: 10.3171/2013.2.focus1376

Shotton, M. A. (1989). *Analysis of the demographic data: Who is computer dependent? Computer addition? A study of computer dependency*. London, England: Taylor & Francis.

Singh, K. S. K. (2020). *The influence of educational marketing mix towards parental choice of private islamic international schools in Malaysia* (Master's thesis, Kuala Lumpur: Kulliyyah of Economics and Management Sciences, International Islamic University Malaysia, 2020).

Stachowski, C. A. (2011a). Educational marketing: a review and implications for supporting practice in tertiary education. Educational Management Administration & Leadership, 39(2), 186–204. doi: 10.1177/1741143210390056

Stensaker, B., & D'Andrea, V. B. (2007). *The why, what and how phenomenon*, Amsterdam: The European.

Stephenson, A. L., Heckert, A., & Yerger, D. B. (2015). College choice and the university brand: exploring the consumer decision framework. *Higher Education, 71*(4), 489–503. doi:10.1007/s10734-015-9919-1

Sudarikov, A., Muratbakeev, E., Voronina, M., Tretyakova, Z., & Sudarikova, A. (2019). A Market segmentation approach of higher education, *Higher Education Market Segmentation*. 1-17.

Tahir, A. G., RIZVI, S. A. A., Khan, M. B., & Ahmad, F. (2017). Keys of educational marketing. *Journal of Applied Environmental and Biological Sciences*, *7*(1), 180-187.

Thellefsen, T., & Sørensen, B. (2015). What brand associations are. *Sign Systems Studies*, *43*(2/3), 191–206. doi: 10.12697/sss.2015.43.2-3.03

Thomaidou Pavlidou, C., & Efstathiades, A. (2021). The effects of internal marketing strategies on the organizational culture of secondary public schools. *Evaluation and Program Planning*, *84*, 101894. https://doi.org/10.1016/j.evalprogplan.2020.101894

Tony P. (2020). *Educational Article Marketing*: Procedural Tips.

Tripathi, P., & Mukerji, S. (2018). *Marketing Initiatives for Sustainable Educational Development (Advances in Educational Marketing, Administration, and Leadership)* (1st ed.). New York, NY: IGI Global.

Trivitt, J. R., & Wolf, P. J. (2011). School choice and the branding of catholic schools. *Education Finance and Policy*, *6*(2), 202–245. https://doi.org/10.1162/edfp_a_00032

Ullah, S., & Hussain, I. A. (2020). To evaluate preference of parents sending their children to public or private schools in district Karak. *Bulletin of Education and Research*, *42*(1), 67-77.

Varadarajan, B. (2016). *Branding strategies of private international schools in India*. (Doctoral dissertation, Walden University).

Varadarajan, B., & Malone, T. (2018). Branding strategies of a private international school. *The Qualitative Report*, *23*(4), 932-948. Retrieved from https://nsuworks.nova.edu/tqr/vol23/iss4/15

Vrontis, D., Sakka, G., & Amirkhanpour, M. (Eds.). (2015). *Management Innovation and Entrepreneurship: A Global Perspective*. New York, NY: Cambridge Scholars Publishing.

Zhan, C. (2018). School choice programs and location choices of private schools. *Economic Inquiry*, *56*(3), 1622–1645. doi: 10.1111/ecin.12560

Zimmer, M. R., & Kapferer, J.-N. (1994). Strategic Brand Management: New Approaches to Creating and Evaluating Brand Equity. *Journal of Marketing*, *58*(3), 118. doi: 10.2307/1252315

三、網路部分

Goh, J., Chua, C., & Hairon, S. (2019). School Branding. Retrieved from
https://www.bdcnetwork.com/blog/school-branding-impact-identity-and-
engagement 10.1007/978-3-319-74746-0_12.

Iwu, C. (2009). What is Marketing? Customer Think
http://customerthink.com/209180/.

Ranchod, A., & Kofkin, D. (2003). Branding in Higher Education. Retrieved
June 20, 2008 from the World Wide Web:
http://albany.bizjournals.com/albany/ stories/2003/10/27/focus5.html

Smarick, A. (2014). A new frontier: Utilizing charter schooling to strengthen
rural education. Retrieved from
http://www.rociidaho.org/wpcontent/uploads/2014/01/EMBARGOED_Bel
lwether_A-New-Frontier_Jan2014.pdf

張錦弘（2015）。教長：教育創新年：全面翻轉教學。**聯合新聞網**。2021
年1月7日，擷取自 http://udn.com/news/index

內政部（2021）。**中華民國統計資訊網**。2021年1月9日，擷取自
https://www1.stat.gov.tw/ct.asp?xItem=15409&CtNode=4693&mp=3

教育部（2021）。**教育部全球資訊網**。2021年1月9日，擷取自
https://www.edu.tw/news_Content.aspx?n=9E7AC85F1954DDA8&s=C5
AC6858C0DC65F3

全國法規資料庫（2021）。2021 年 1 月 9 日，擷取自

　　https://law.moj.gov.tw/LawClass/LawAll.aspx?pcode=H0070029

全國法規資料庫（2021）。2021 年 2 月 1 日，擷取自

　　https://law.moj.gov.tw/LawClass/LawAll.aspx?pcode=H0070006

附　錄

附錄一　國民中學學校品牌形象、行銷策略與國民小學家長教育選擇權調查

（預試問卷）

敬愛的家長您好：

　　感謝您在百忙中撥空填寫這份問卷。**本問卷的目的在瞭解國小六年級學生家長對國民中學學校品牌形象、學校行銷策略與國民小學家長教育選擇權的看法**。問卷中的題目並無標準答案，請您依照您個人的狀況填答。問卷所得資料僅供學術研究之用，絕對保密，請您放心填答。

　　請您先填寫「基本資料」後，再逐題填答。您的意見非常寶貴，若是沒有您的協助，本研究將難以完成，衷心感謝您。

國立暨南國際大學 教育政策與行政學系

指導教授：蔡金田博士

博士候選人：温富榮 敬

中華民國 110 年 3 月

壹、基本資料：　※請您依實際情況，在適當的□打" V "

一、性別：1. □男　2. □女

二、年齡：

　　1. □未滿30歲　　2. □30歲以上未滿40歲　　3. □40歲以上未滿50歲

　　4. □50歲以上未滿60歲　　5. □ 60歲以上

三、最高學歷：

1. □高中職以下　　2. □專科　　3. □大學　　4. □碩士以上　5. □其他

四、目前子女就讀學校位置：

1. □都市區　　2. □一般鄉鎮　　3. □偏遠（含山區）

五、目前子女就讀學校規模：

1. □12班以下　　2. □13-48班　　3. □49班以上

六、目前子女就讀學校縣市：

1. □臺中市　　2. □彰化縣　　3. □南投縣

貳、填答說明

一、本問卷共分三大部分

（一）學校品牌形象

（二）行銷策略

（三）家長教育選擇權

二、本問卷共68個題目，請就您的知覺與感受，在適當的選項□內打V，計
　　分方式是根據受試者對每一題的同意程度，由「非常不同意」、「不
　　同意」、「普通」、「同意」、「非常同意」，五個等級填答反應，
　　分別給予一分、二分、三分、四分、五分。

參、問卷內容

一、學校品牌形象

學校品牌形象是家長在子女學校生活中，接收自己或子女品牌傳遞之訊息
後，在心中形成對該品牌之主觀印象與看法，形塑一種對於該品牌既定之
觀感。

	非常不同意 1	不同意 2	普通 3	同意 4	非常同意 5
（一）功能性					
1.我認為學校的教學軟硬體設施完善（如：無線網路、電腦軟體、體育器材等）。	☐	☐	☐	☐	☐
2.我認為學校能提供各式符合學生學習的課程。	☐	☐	☐	☐	☐
3.我認為學校能定期或不定期辦理各項活動（如：班親會、運動會、親職活動、晚會等）	☐	☐	☐	☐	☐
4.我認為學校位置交通便利，家長接送方便。	☐	☐	☐	☐	☐
5.我認為學校的教學品質良好，教師能用心教導學生。	☐	☐	☐	☐	☐
6.我認為學校課程的設計與安排合宜，適合學生學習。	☐	☐	☐	☐	☐
7.我認為學校能提供學生多元社團活動學習。	☐	☐	☐	☐	☐
8.我認為學校能提供給努力向上的學生各項獎助學金。	☐	☐	☐	☐	☐

	非常不同意 1	不同意 2	普通 3	同意 4	非常同意 5
（二）經驗性					
9.我認為學校教師在教學上能用心、耐心、細心。	☐	☐	☐	☐	☐
10.我認為學校教師具有專業教學能力（如：課程、教學、輔導等知能）。	☐	☐	☐	☐	☐
11.我認為學校教師能以身作則，品德操守良好。	☐	☐	☐	☐	☐
12.我認為學校學生的品德能合乎常規。	☐	☐	☐	☐	☐
13.我認為校長能領導學校教職員工順利完成各項教學工作。	☐	☐	☐	☐	☐
14.我覺得校長具有教育專業理念。	☐	☐	☐	☐	☐
15.我覺得校長能領導教師用心辦學。	☐	☐	☐	☐	☐
16.我覺得校長個人有親和力，十分投入校務辦學。	☐	☐	☐	☐	☐

	非常不同意 1	不同意 2	普通 3	同意 4	非常同意 5
（三）象徵性					
17.我認為學校參加校外競賽有良好的表現成績。	☐	☐	☐	☐	☐
18.我認為學校畢業學生升學表現能獲得外界肯定。	☐	☐	☐	☐	☐
19.我認為學校有良好的校譽能獲得外界好評。	☐	☐	☐	☐	☐
20.我認為學校具有可供辨識標誌（如：校徽、校旗等）能表現出學生良好形象。	☐	☐	☐	☐	☐
21.我認為學校能與其他夥伴學校策略聯盟及資源共享。	☐	☐	☐	☐	☐
22.我認為學校能獲得縣市政府補助重大建設經費，以改善老舊校舍環境及更新教學設備。	☐	☐	☐	☐	☐
23.我認為【家長會】能熱心協助學校推展各項工作。	☐	☐	☐	☐	☐

	非常不同意 1	不同意 2	普通 3	同意 4	非常同意 5
24.我認為社區能熱心協助學校推展各項工作。	☐	☐	☐	☐	☐
25.我覺得對未來就讀學校辦學的優劣,不會影響對就讀看法。	☐	☐	☐	☐	☐

二、行銷策略

行銷策略是學校與家長互動過程中,提供家長有形或無形的產品與服務,擬定行銷策略加以分析、規劃、執行與控制,以符合家長滿意與學校目標達成目的。

	非常不同意 1	不同意 2	普通 3	同意 4	非常同意 5
(一)外部行銷					
1.我認為學生學業表現良好,能受家長肯定。	☐	☐	☐	☐	☐

	非常不同意 1	不同意 2	普通 3	同意 4	非常同意 5
2.我認為教師能在教學專業上精進,能受家長肯定。	☐	☐	☐	☐	☐
3.我認為學生參加校外競賽表現良好,能受外界肯定。	☐	☐	☐	☐	☐
4.我認為學校行政人員與家長、學生互動熱絡與服務親切。	☐	☐	☐	☐	☐
5.我認為學校能成立多元社團供學生選擇學習。	☐	☐	☐	☐	☐
6.我認為教師具專業能力與教學熱忱。	☐	☐	☐	☐	☐
7.我認為學校能提供與家長溝通管道的平台(如:FB、LINE、留言板等)。	☐	☐	☐	☐	☐
(二)內部行銷					
8.我覺得學校能激勵教職員工,提升教學工作滿意度。	☐	☐	☐	☐	☐
9.我覺得學校內部溝通管道順暢,樂於分享與討論。	☐	☐	☐	☐	☐

	非常不同意 1	不同意 2	普通 3	同意 4	非常同意 5
10.我覺得學校願意善用各式各樣的激勵制度，來提高　教職員工作士氣。	☐	☐	☐	☐	☐
11.我覺得學校內部能積極培養優秀的學校成員。	☐	☐	☐	☐	☐
12.我覺得學校內部能宣導各項理念或推動的相關工作給教職員工知道。	☐	☐	☐	☐	☐
13.我覺得學校教職員工能清楚瞭解學校辦學政策方向。	☐	☐	☐	☐	☐
14.我覺得學校能提供教職員工順暢的溝通管道）如：教職員之間能互相討論或分享）。	☐	☐	☐	☐	☐
15.我覺得學校能重視教職員工作環境與感受。	☐	☐	☐	☐	☐
（三）互動行銷					
16.我認為學校教師能透過聯絡簿、社交媒體群組（如：LINE、FB等）或電子郵件與家長	☐	☐	☐	☐	☐
17.我認為學校能重視所有校外人士及全校師生的意見。	☐	☐	☐	☐	☐

	非常不同意 1	不同意 2	普通 3	同意 4	非常同意 5
18.我感受到學校良好的口碑及好評能受到家長的認同。	☐	☐	☐	☐	☐
19.我認為家長能普遍肯定教師教學之用心。	☐	☐	☐	☐	☐
20.我認為【家長會】能提供資源給學校,有更多的學習資源。	☐	☐	☐	☐	☐
21.我認為學校教師的教學方式能讓學生喜歡上學與學習。	☐	☐	☐	☐	☐

三、家長教育選擇權

家長教育選擇權是指家長或家庭有自由及權利,基於最適合子女發展需求,保障維護子女學習權之考量,針對學校品質及軟、硬體,如:教學品質、校園安全、教師素質等,為子女選擇合適的學校。

	非常不同意 1	不同意 2	普通 3	同意 4	非常同意 5
(一) 教學品質					
1.我認為學校能定期或不定期舉辦舉辦學生多元學習活動。	☐	☐	☐	☐	☐
2.我認為學校能提供學生各項特色課程(如:在地藝術與文化、各種語言課程)。	☐	☐	☐	☐	☐
3我認為學校能提供多元豐富的學習課程。	☐	☐	☐	☐	☐
4.我認為學校在辦學理念上能符合家長需求。	☐	☐	☐	☐	☐
5.我認為學校有足夠的專科教室(如:電腦教室、音樂教室、英語教室等)	☐	☐	☐	☐	☐
6.我認為學校有齊全的教學設備(如:體育設備、資訊科技設備、圖書館藏書等)。	☐	☐	☐	☐	☐

	非常不同意 1	不同意 2	普通 3	同意 4	非常同意 5
7.我認為學生學業表現普遍良好。	☐	☐	☐	☐	☐
8.我對學校整體表現印象良好。	☐	☐	☐	☐	☐
（二）校園安全					
9.我認為學校教職員在遇到緊急狀況時，具有危機處理的能力。	☐	☐	☐	☐	☐
10.我認為學校的教學設備、設施、場地等各方面安全維護良好。	☐	☐	☐	☐	☐
11.我認為學校能提供具有各種防災教育知能及做法的課程。	☐	☐	☐	☐	☐
12.我認為學校學校能提供校園安全防護知能及做法的課程。	☐	☐	☐	☐	☐
13.我認為學校在上學、放學交通與安全方面，能令人感到放心。	☐	☐	☐	☐	☐
14.我認為學校能定期或不定期宣導校園安全事項與議題，讓學生學習到校園安全的相關知識。	☐	☐	☐	☐	☐

	非常不同意 1	不同意 2	普通 3	同意 4	非常同意 5
15.我認為學校能時常提醒學生並宣導校園安全之相關事項。	☐	☐	☐	☐	☐
（三）教師素質					
16.我能感受到學校教師在教學上有優良教學表現。	☐	☐	☐	☐	☐
17.我認為學校教師的學經歷良好。	☐	☐	☐	☐	☐
18.我認為學校教師有合理管教輔導學生方式。	☐	☐	☐	☐	☐
19.我認為學校教師有令人滿意的班級經營管理方式。	☐	☐	☐	☐	☐
20.我認為學校教師能提供學生個別化學業輔導。	☐	☐	☐	☐	☐
21.我認為學校教師有順暢的管道能與家長順利溝通。	☐	☐	☐	☐	☐
22.我認為學校教師能正向回應家長的建議。	☐	☐	☐	☐	☐

本問卷到此結束，非常感謝您的填答，謝謝您！

附錄二　國民中學學校品牌形象、行銷策略與國民小學家長教育選擇權調查

（正式問卷）

敬愛的家長您好：

　　感謝您在百忙中撥空填寫這份問卷。**本問卷的目的在瞭解國小六年級學生家長對國民中學學校品牌形象、學校行銷策略與國民小學家長教育選擇權的看法**。問卷中的題目並無標準答案，請您依照您個人的狀況填答。問卷所得資料僅供學術研究之用，絕對保密，請您放心填答。

　　請您先填寫「基本資料」後，再逐題填答。您的意見非常寶貴，若是沒有您的協助，本研究將難以完成，衷心感謝您。

國立暨南國際大學 教育政策與行政學系

指導教授：蔡金田博士

博士候選人：温富榮 敬

中華民國 110 年 3 月

壹、基本資料：　※**請您依實際情況，在適當的□打" V "**

一、性別：1. □男　　2. □女

二、年齡：

　　1. □未滿40歲　　2. □40歲以上未滿50歲　　3. □50歲以上

三、最高學歷：

　　1. □專科以下　　2. □大學　　3. □碩士以上

四、目前子女就讀學校位置：

　　1. □都市區　　2. □一般鄉鎮　　3. □偏遠（含山區）

五、目前子女就讀學校規模：

    1. □12班以下   2. □13-48班   3. □49班以上

六、目前子女就讀學校縣市：

    1. □臺中市   2. □彰化縣   3. □南投縣

貳、填答說明

一、本問卷共分三大部分

（一）學校品牌形象

（二）行銷策略

（三）家長教育選擇權

二、本問卷共58個題目，請就您的知覺與感受，在適當的選項□內打V，計分方式是根據受試者對每一題的同意程度，由「非常不同意」、「不同意」、「普通」、「同意」、「非常同意」，五個等級填答反應，分別給予一分、二分、三分、四分、五分。

參、問卷內容

一、學校品牌形象

學校品牌形象是家長在子女學校生活中，接收自己或子女品牌傳遞之訊息後，在心中形成對該品牌之主觀印象與看法，形塑一種對於該品牌既定之觀感。

	非常不同意 1	不同意 2	普通 3	同意 4	非常同意 5
（一）功能性					
1.我認為學校的教學軟硬體設施完善（如：無線網路、電腦軟體、體育器材等）。	□	□	□	□	□
2.我認為學校能定期或不定期辦理各項活動（如：班親會、運動會、親職活動、晚會等）。	□	□	□	□	□
3.我認為學校位置交通便利，家長接送方便。	□	□	□	□	□
4.我認為學校的教學品質良好，教師能用心教導學生。	□	□	□	□	□
5.我認為學校能提供學生多元社團活動學習。	□	□	□	□	□
（二）經驗性					
6.我認為學校教師在教學上能用心、耐心、細心。	□	□	□	□	□
7.我認為學校教師具有專業教學能力（如：課程、教學、輔導等知能）。	□	□	□	□	□
8.我認為學校教師能以身作則，品德操守良好。	□	□	□	□	□

	非常不同意 1	不同意 2	普通 3	同意 4	非常同意 5
9.我認為校長能領導學校教職員工順利完成各項教學工作。	☐	☐	☐	☐	☐
10.我覺得校長具有教育專業理念。	☐	☐	☐	☐	☐
11.我覺得校長能領導教師用心辦學。	☐	☐	☐	☐	☐
12.我覺得校長個人有親和力，十分投入校務辦學。	☐	☐	☐	☐	☐
（三）象徵性					
13.我認為學校參加校外競賽有良好的表現成績。	☐	☐	☐	☐	☐
14.我認為學校畢業學生升學表現能獲得外界肯定。	☐	☐	☐	☐	☐
15.我認為學校有良好的校譽能獲得外界好評。	☐	☐	☐	☐	☐
16.我認為學校具有可供辨識標誌（如：校徽、校旗等）能表現出學生良好形象。	☐	☐	☐	☐	☐
17.我認為學校能與其他夥伴學校策略聯盟及資源共享。	☐	☐	☐	☐	☐

	非常不同意 1	不同意 2	普通 3	同意 4	非常同意 5
18.我認為學校能獲得縣市政府補助重大建設經費，以改善老舊校舍環境及更新教學設備。	☐	☐	☐	☐	☐
19.我認為社區能熱心協助學校推展各項工作。	☐	☐	☐	☐	☐

二、行銷策略

行銷策略是學校與家長互動過程中，提供家長有形或無形的產品與服務，擬定行銷策略加以分析、規劃、執行與控制，以符合家長滿意與學校目標達成目的。

	非常不同意 1	不同意 2	普通 3	同意 4	非常同意 5
（一）外部行銷					
1.我認為學生學業表現良好，能受家長肯定。	☐	☐	☐	☐	☐
2.我認為教師能在教學專業上精進，能受家長肯定。	☐	☐	☐	☐	☐
3.我認為學生參加校外競賽表現良好，能受外界肯定。	☐	☐	☐	☐	☐

	非常不同意 1	不同意 2	普通 3	同意 4	非常同意 5
4.我認為學校行政人員與家長、學生互動熱絡與服務親切。	☐	☐	☐	☐	☐
5.我認為教師具專業能力與教學熱忱。	☐	☐	☐	☐	☐
（二）內部行銷					
6.我覺得學校能激勵教職員工，提升教學工作滿意度。	☐	☐	☐	☐	☐
7.我覺得學校內部溝通管道順暢，樂於分享與討論。	☐	☐	☐	☐	☐
8.我覺得學校願意善用各式各樣的激勵制度，來提高教職員工作士氣。	☐	☐	☐	☐	☐
9.我覺得學校內部能積極培養優秀的學校成員。	☐	☐	☐	☐	☐
10.我覺得學校內部能宣導各項理念或推動的相關工作給教職員工知道。	☐	☐	☐	☐	☐
11.我覺得學校教職員工能清楚暸解學校辦學政策方向。	☐	☐	☐	☐	☐
12.我覺得學校能提供教職員工順暢的溝通管道（如：教職員之間能互相討論或分享）。	☐	☐	☐	☐	☐

	非常不同意 1	不同意 2	普通 3	同意 4	非常同意 5
13.我覺得學校能重視教職員工作環境與感受。	☐	☐	☐	☐	☐
（三）互動行銷					
14.我認為學校能提供與家長溝通管道的平台（如：FB、LINE、留言板等）。	☐	☐	☐	☐	☐
15.我認為學校教師能透過聯絡簿、社交媒體群組（如：LINE、FB等）或電子郵件與家長溝通。	☐	☐	☐	☐	☐
16.我感受到學校良好的口碑及好評能受到家長的認同。	☐	☐	☐	☐	☐
17.我認為家長能普遍肯定教師教學之用心。	☐	☐	☐	☐	☐
18.我認為【家長會】能提供資源給學校，有更多的學習資源。	☐	☐	☐	☐	☐
19.我認為學校教師的教學方式能讓學生喜歡上學與學習。	☐	☐	☐	☐	☐

三、家長教育選擇權

家長教育選擇權是指家長或家庭有自由及權利，基於最適合子女發展需求，保障維護子女學習權之考量，針對學校品質及軟、硬體，如：教學品質、校園安全、教師素質等，為子女選擇合適的學校。

	非常不同意 1	不同意 2	普通 3	同意 4	非常同意 5
（一）教學品質					
1.我認為學校能定期或不定期舉辦學生多元學習活動。	☐	☐	☐	☐	☐
2.我認為學校能提供學生各項特色課程（如：在地藝術與文化、各種語言課程）。	☐	☐	☐	☐	☐
3.我認為學校能提供多元豐富的學習課程。	☐	☐	☐	☐	☐
4.我認為學校在辦學理念上能符合家長需求。	☐	☐	☐	☐	☐
5.我認為學校有足夠的專科教室（如：電腦教室、音樂教室、英語教室等）	☐	☐	☐	☐	☐
6.我認為學校有齊全的教學設備（如：體育設備、資訊科技設備、圖書館藏書等）。	☐	☐	☐	☐	☐
7.我認為學生學業表現普遍良好。	☐	☐	☐	☐	☐
（二）校園安全					

	非常不同意 1	不同意 2	普通 3	同意 4	非常同意 5
8.我認為學校教職員在遇到緊急狀況時，具有危機處理的能力。	☐	☐	☐	☐	☐
9.我認為學校的教學設備、設施、場地等各方面安全維護良好。	☐	☐	☐	☐	☐
10.我認為學校能提供具有各種防災教育知能及做法的課程。	☐	☐	☐	☐	☐
11.我認為學校能提供校園安全防護知能及做法的課程。	☐	☐	☐	☐	☐
12.我認為學校在上學、放學交通與安全方面，能令人感到放心。	☐	☐	☐	☐	☐
13.我認為學校能定期或不定期宣導校園安全事項與議題，讓學生學習到校園安全的相關知識。	☐	☐	☐	☐	☐
14.我認為學校能時常提醒學生並宣導校園安全之相關事項。	☐	☐	☐	☐	☐
（三）教師素質					
15.我能感受到學校教師在教學上有優良教學表現。	☐	☐	☐	☐	☐
16.我認為學校教師的學經歷良好。	☐	☐	☐	☐	☐
17.我認為學校教師有合理管教輔導學生方式。	☐	☐	☐	☐	☐

	非常不同意 1	不同意 2	普通 3	同意 4	非常同意 5
18.我認為學校教師有令人滿意的班級經營管理方式。	☐	☐	☐	☐	☐
19.我認為學校教師能提供學生個別化學業輔導。	☐	☐	☐	☐	☐
20.我認為學校教師有順暢的管道能與家長順利溝通。	☐	☐	☐	☐	☐

本問卷到此結束,非常感謝您的填答,謝謝您!

附錄三　國民中學學校品牌形象、行銷策略與國民小學家長教育選擇權調查驗證性因素分析後正式問卷

敬愛的家長您好：

　　感謝您在百忙中撥空填寫這份問卷。**本問卷的目的在瞭解國小六年級學生家長對國民中學學校品牌形象、學校行銷策略與國民小學家長教育選擇權的看法。**問卷中的題目並無標準答案，請您依照您個人的狀況填答。問卷所得資料僅供學術研究之用，絕對保密，請您放心填答。

　　請您先填寫「基本資料」後，再逐題填答。您的意見非常寶貴，若是沒有您的協助，本研究將難以完成，衷心感謝您。

國立暨南國際大學 教育政策與行政學系

指導教授：蔡金田博士

博士候選人：温富榮 敬上

中華民國 110 年 4 月

壹、基本資料：　※請您依實際情況，在適當的□打" V "

一、性別：1. □男　　　　2. □女

二、年齡：

　　1. □未滿40歲　　2. □40歲以上未滿50歲　　3. □50歲以上

三、最高學歷：

　　1. □專科以下　　2. □大學　　　　3. □碩士以上

四、目前子女就讀學校位置：

　　1. □都市區　　　2. □一般鄉鎮　　3. □偏遠（含山區）

五、目前子女就讀學校規模：

　　1. □12班以下　　2. □13-48班　　3. □49班以上

六、目前子女就讀學校縣市：

　　1. □臺中市　　　　　2. □彰化縣　　　　3. □南投縣

貳、填答說明

一、本問卷共分三大部分

（一）學校品牌形象

（二）行銷策略

（三）家長教育選擇權

二、本問卷共34個題目，請就您的知覺與感受，在適當的選項□內打V，計分方式是根據受試者對每一題的同意程度，由「非常不同意」、「不同意」、「普通」、「同意」、「非常同意」，五個等級填答反應，分別給予一分、二分、三分、四分、五分。

參、問卷內容

一、學校品牌形象

學校品牌形象是家長在子女學校生活中，接收自己或子女品牌傳遞之訊息後，在心中形成對該品牌之主觀印象與看法，形塑一種對於該品牌既定之觀感。

	非常不同意 1	不同意 2	普通 3	同意 4	非常同意 5
（一）功能性					
1.我認為學校位置交通便利，家長接送方便。	☐	☐	☐	☐	☐
2.我認為學校的教學品質良好，教師能用心教導學生。	☐	☐	☐	☐	☐
3.我認為學校能提供學生多元社團活動學習。	☐	☐	☐	☐	☐
（二）經驗性					
4.我覺得校長具有教育專業理念。	☐	☐	☐	☐	☐
5.我覺得校長能領導教師用心辦學。	☐	☐	☐	☐	☐
6.我覺得校長個人有親和力，十分投入校務辦學。	☐	☐	☐	☐	☐
（三）象徵性					
7.我認為學校參加校外競賽有良好的表現成績。	☐	☐	☐	☐	☐
8.我認為學校畢業學生升學表現能獲得外界肯定。	☐	☐	☐	☐	☐
9.我認為學校有良好的校譽能獲得外界好評。	☐	☐	☐	☐	☐
10.我認為學校具有可供辨識標誌（如：校徽、校旗等）能表現出學生良好形象。	☐	☐	☐	☐	☐

二、行銷策略

行銷策略是學校與家長互動過程中，提供家長有形或無形的產品與服務，擬定行銷策略加以分析、規劃、執行與控制，以符合家長滿意與學校目標達成目的。

	非常不同意 1	不同意 2	普通 3	同意 4	非常同意 5
（一）外部行銷					
1.我認為教師能在教學專業上精進，能受家長肯定。	☐	☐	☐	☐	☐
2.我認為學校行政人員與家長、學生互動熱絡與服務親切。	☐	☐	☐	☐	☐
3.我認為教師具專業能力與教學熱忱。	☐	☐	☐	☐	☐
（二）內部行銷					
4.我覺得學校能激勵教職員工，提升教學工作滿意度。	☐	☐	☐	☐	☐
5.我覺得學校願意善用各式各樣的激勵制度，來提高教職員工作士氣。	☐	☐	☐	☐	☐
6.我覺得學校內部能積極培養優秀的學校成員。	☐	☐	☐	☐	☐
7.我覺得學校內部能宣導各項理念或推動的相關工作給教職員工知道。	☐	☐	☐	☐	☐
8.我覺得學校能重視教職員工作環境與感受。	☐	☐	☐	☐	☐

	非常不同意 1	不同意 2	普通 3	同意 4	非常同意 5
（三）互動行銷					
9.我感受到學校良好的口碑及好評能受到家長的認同。	☐	☐	☐	☐	☐
10.我認為家長能普遍肯定教師教學之用心。	☐	☐	☐	☐	☐
11.我認為【家長會】能提供資源給學校，有更多的學習資源。	☐	☐	☐	☐	☐
12.我認為學校教師的教學方式能讓學生喜歡上學與學習。	☐	☐	☐	☐	☐

三、家長教育選擇權

家長教育選擇權是指家長或家庭有自由及權利，基於最適合子女發展需求，保障維護子女學習權之考量，針對學校品質及軟、硬體，如：教學品質、校園安全、教師素質等，為子女選擇合適的學校。

	非常不同意 1	不同意 2	普通 3	同意 4	非常同意 5
（一）教學品質					
1.我認為學校能定期或不定期舉辦舉辦學生多元學習活動。	☐	☐	☐	☐	☐
2我認為學校能提供學生各項特色課程（如：在地藝術與文化、各種語言課程）。	☐	☐	☐	☐	☐
3.我認為學校能提供多元豐富的學習課程。	☐	☐	☐	☐	☐
4.我認為學校在辦學理念上能符合家長需求。	☐	☐	☐	☐	☐
（二）校園安全					
5.我認為學校的教學設備、設施、場地等各方面安全維護良好。	☐	☐	☐	☐	☐
6.我認為學校能提供具有各種防災教育知能及做法的課程。	☐	☐	☐	☐	☐
7.我認為學校學校能提供校園安全防護知能及做法的課程。	☐	☐	☐	☐	☐

	非常不同意 1	不同意 2	普通 3	同意 4	非常同意 5
8.我認為學校能時常提醒學生並宣導校園安全之相關事項。	☐	☐	☐	☐	☐
（三）教師素質					
9.我能感受到學校教師在教學上有優良教學表現。	☐	☐	☐	☐	☐
10.我認為學校教師有合理管教輔導學生方式。	☐	☐	☐	☐	☐
11.我認為學校教師有令人滿意的班級經營管理方式。	☐	☐	☐	☐	☐
12.我認為學校教師能提供學生個別化學業輔導。	☐	☐	☐	☐	☐

本問卷到此結束，非常感謝您的填答，謝謝您！

國家圖書館出版品預行編目(CIP) 資料

學校品牌行銷與教育選擇權/蔡金田, 溫富榮著.
　-- 初版. -- 臺北市：元華文創股份有限公司,
2022.01

　面；　公分

　ISBN 978-957-711-237-8 (平裝)

　1.學校管理 2.品牌行銷 3.義務教育

527　　　　　　　　　　　　110020665

學校品牌行銷與教育選擇權

蔡金田　溫富榮　著

發 行 人：賴洋助
出 版 者：元華文創股份有限公司
聯絡地址：100 臺北市中正區重慶南路二段 51 號 5 樓
公司地址：新竹縣竹北市台元一街 8 號 5 樓之 7
電　　話：(02) 2351-1607　　傳　　真：(02) 2351-1549
網　　址：www.eculture.com.tw
E - m a i l：service@eculture.com.tw
主　　編：李欣芳
責任編輯：立欣
行銷業務：林宜葶
出版年月：2022 年 01 月 初版
定　　價：新臺幣 550 元

ISBN：978-957-711-237-8 (平裝)

總經銷：聯合發行股份有限公司
地　址：231 新北市新店區寶橋路 235 巷 6 弄 6 號 4F
電　話：(02)2917-8022　　　　傳　真：(02)2915-6275